LE PACTE DES LIONS

Thierry LODÉ

LE PACTE DES LIONS

Une socioécologie de la vie sauvage

Illustrations réalisées par Dominique Le Jacques

Odile Jacob

3, rue Auguste-Comte, 75006 Paris

www.odilejacob.fr

ISBN : 978-2-4150-0870-3

« Les physiologistes devraient hésiter à considérer l'instinct de conservation comme instinct fondamental de tout être organisé. Avant tout, c'est quelque chose de vivant qui veut épancher sa force. La vie elle-même est volonté de puissance. La conservation de soi n'en est qu'une des conséquences indirectes les plus fréquentes. – Bref, ici comme ailleurs, gardez-vous des principes téléologiques superflus, tels que l'instinct de conservation (l'effort de persévérer dans l'être que l'on doit à l'inconséquence de Spinoza). Car c'est ainsi que l'exige la méthode qui doit être avant tout économe dans ses principes. »

Friedrich NIETZSCHE, *Par-delà le bien et le mal. Prélude d'une philosophie de l'avenir*, 1886.

Sommaire

Prologue à une dissidence 11
1. Le pacte des lions 27
2. La vigilance des antilopes 45
3. Mésententes dans la colonie de fourmis 63
4. La confidence des termites 81
5. Une socioécologie des animaux solitaires 97
6. Changement de direction chez les maquereaux 113
7. La réciprocité des moqueurs 133
8. La promesse des chauves-souris 151
9. Des phoques et des despotes 165
10. L'improbable alliance des loutres 183
11. Le biais des suricates 201
12. La démocratie des pintades 217
Épilogue. Vers une écologie évolutive 233
Références 247
Remerciements 283

Prologue à une dissidence

Loutre cendrée d'Asie

Vivre ensemble n'est pas de tout repos. Nous autres, humains, ne l'ignorons pas. On dirait qu'une force inconnue nous pousse intimement dans les histoires sociales des autres.

D'ailleurs, les animaux s'y précipitent aussi depuis la nuit des temps. Aujourd'hui encore, les rennes arctiques *Rangifer tarandus* forment d'immenses troupeaux qui vagabondent dans les toundras, et les minioptères de Schreiber *Miniopterus schreibersii* se rassemblent en colonies de plusieurs milliers de chauves-souris, occupant les vastes cavités cavernicoles du Massif central. Quant aux flamants roses nains *Phoeniconaias minor,* sur le lac salé de Bogoria, ils attendent de se regrouper par millions pour commencer leurs étonnantes parades amoureuses synchrones.

Pourtant, à y regarder d'un peu plus près, les bénéfices potentiels d'une vie commune ne semblent pas si évidents. Le péril est grand de côtoyer les autres. La promiscuité engendre des coûts qui paraissent parfois largement outrepasser les avantages présumés d'une réunion. Outre que cette fréquentation indécise peut impliquer certains malentendus et des rivalités individuelles, la proximité du voisinage pèse sur l'ensemble des activités intimes de chacun. Les espèces sociales restent confrontées à des risques plus élevés d'être soumises à des épidémies[1] ou à des parasites[2]. Le statut d'un individu dans un groupe social influence le risque d'infection[3]. Les ressources vitales doivent être partagées sans trop empiéter sur les besoins des autres, mais l'obtention d'un petit espace à soi ou la pression exercée sur les sources alimentaires conduisent à une acquisition inégale de la nourriture, entraînant des batailles[4] ou des renoncements difficiles à tolérer[5].

Se rassembler en grandes cohortes rend même chacun plus susceptible encore d'être détecté par des prédateurs à l'affût, car le risque d'être aperçu s'accroît avec le nombre. L'agrégation peut aussi mener à généraliser une compétition agressive, tout autant pour jalousement s'affilier avec un partenaire que pour élever un jeune. La crainte des querelles peut aussi provoquer des abandons et des divorces. Évidemment, la menace d'un infanticide, par des femelles concurrentes ou des mâles ombrageux, accable aussi les hardes. Chez les éléphants de mer nordiques *Mirounga angustirostris*, l'étrange habitude des accouplements polygames qui suivent de quelques heures la venue des naissances constitue le plus sévère danger de blessures traumatiques qui accroît la mortalité des juvéniles[6].

Vivre en groupe, c'est décidément bien dangereux.

L'énigme de la vie sociale prend un sens encore plus mystérieux lorsque des animaux, privés de se reproduire, s'assemblent avec des congénères ou des parents, participant même à l'élevage d'une progéniture qu'ils n'ont pas conçue[7].

Ainsi vont les méliphages bruyants *Manorina melanocephala*[8], déambulant dans les sous-bois australs d'eucalyptus. Les vocalisations de ces petits oiseaux gris et noir, suceurs impénitents de miellat, accordent tant d'importance à la cohésion des associations que plus de vingt adultes peuvent s'occuper d'une même couvée.

Si les habitudes grégaires des espèces trouvent leur origine dans la nature, d'autres curieusement s'y refusent, comme les musaraignes, préférant peut-être l'insipide tranquillité d'une vie solitaire. Il n'empêche, si la coordination des bancs de harengs atlantiques *Clupea harengus* ou l'étroite coopération des dholes indiens *Cuon alpinus* fascinent autant, c'est que ces regroupements semblent étrangement s'opposer à l'idée reçue de la compétition farouche et égoïste de la lutte pour la vie[9].

Une question reste majeure pour comprendre le secret de l'association des êtres vivants. Doit-on l'émergence des habitudes grégaires et des coopérations aux gènes qui se diffusent à chaque reproduction ? ou bien peut-on envisager que génétique et conditions écologiques interfèrent dans la mise en place de la vie sociale des animaux ?

Mais que sait-on réellement de la socialité des animaux sauvages ?

Existe-t-il des espèces plus altruistes qu'égoïstes, et pourquoi ? Les animaux entrent-ils délibérément dans des associations et comment s'organisent leurs décisions sociales ? Le territoire et la hiérarchie sont-ils des conditions nécessaires à la socialité ? Les individus qui forment des groupes sont-ils apparentés, et pourquoi ? Qu'est-ce que les sexualités déclenchent dans les sociétés animales ? Et comment comprendre l'émergence de l'empathie dans tout ça ?

Si l'écologie est la science des interactions, la socioécologie étudie la manière dont ces interactions influencent la vie sociale.

Les questions soulevées par les premiers travaux naturalistes d'écoéthologie et de sociophytologie ont montré combien les processus d'assemblage des organismes entre eux sont porteurs de débats sur l'adaptation et sur le problème de la niche écologique, de la spéciation*, des compétitions en cours et de la colonisation, mais aussi sur le climat, l'altitude et la sélection des habitats. Dès 1982, Jean-Yves Gautier[10] fut l'un des premiers à annoncer qu'il fallait percer la part des influences pour ouvrir les discussions de la socioécologie. L'étude de ces interrogations biologiques va alors amener à prendre en compte à la fois l'aventure sexuelle des animaux et leur mode de vie dans la nature.

Car sexualité et socialité paraissent beaucoup plus imbriquées qu'on ne saurait l'imaginer. Et les espèces sociales voient poindre des formes nouvelles du développement cognitif et de la mise en réseaux des communications, apportant des conclusions nouvelles permettant de comprendre qu'on évolue toujours avec les autres. Tandis que la toute-puissante sociobiologie s'imposait depuis les années 1960, l'étude de l'organisation des relations chez les animaux conduit aujourd'hui à réévaluer le poids des facteurs écologiques et ouvre alors des perspectives inattendues sur l'évolution biologique.

On sait aujourd'hui que le vivant est le fruit d'une longue histoire naturelle, commencée il y a déjà plus de trois milliards d'années dans les tourments d'une planète furieuse. Mais la découverte de l'évolution a été et est encore une histoire pleine de rebondissements. Georges Louis Leclerc de Buffon avait à peine égratigné le mythe de la création en plaçant résolument l'humain parmi les primates dès 1783. Mais il fallut attendre 1799 et le crépuscule de la Révolution française, qui émerveilla et terrifia l'émancipation du monde, cette même époque qui glorifia les explorateurs impudents des grandes découvertes, fermant les yeux sur les génocides coloniaux et les débuts impitoyables

* La spéciation est la formation d'une espèce.

de l'exploitation industrielle. Une époque de troubles contradictoires affirmant pourtant l'exigence universelle d'égalité des droits humains contre les inégalités sociales.

Même le monde animal était changeant. Entre 1799 et 1809, analysant méticuleusement les formes larvaires, Jean-Baptiste de Lamarck[11] est le premier scientifique à formuler la thèse de l'évolution biologique. Il discerne que le changement des êtres vivants se déroule lors de la reproduction de descendants modifiés. Mais d'où viennent les changements dans les corps ? Lamarck propose que les espèces modifient leurs habitudes de vie. « Tout ce que la nature a fait perdre ou acquérir par l'influence des circonstances [...] elle le conserve par la génération aux nouveaux individus qui en proviennent, pourvu que les changements acquis soient communs aux deux sexes. » Lors de la reproduction, ces infimes bouleversements se glissent dans les corps et modifient les silhouettes. Une infinie divergence guide cette aventure du vivant depuis les formes les plus primitives, et le biologiste présente même une esquisse de l'évolution des humains à partir d'un primate primitif, le « joko ». Aussi Lamarck veut-il que la raison l'emporte sur les prophéties de l'hypothèse ridicule des « créations continues » en vogue à l'époque. L'évolution du vivant est une réalité qui n'obéit ni à une volonté supérieure ni à un projet de la nature. C'est une histoire naturelle parcourue de troubles et non pas la séquelle d'une intervention miraculeuse. Et, ne nous y trompons pas, c'est bien cette idée lamarckienne d'une évolution autonome et matérielle et celle d'un humain issu du singe primitif que les créationnistes détestent, préférant soumettre la raison à leur foi. Arguant que les variations des espèces ne seraient pas inégales, mais *différentes*, Lamarck a développé l'idée que leurs divergences n'étaient que le reflet d'une adaptation mécanique aux circonstances environnementales. Génial ! s'exclamera Charles Lyell*, quarante ans plus tard.

La théorie transformiste progresse en Europe[12], bien que toujours controversée**. Mais comment s'est déroulée cette lente transformation des êtres vivants ? On se souvient bien sûr que Charles Darwin s'est converti à l'idée de l'évolution biologique vers 1844. Il veut maintenant apporter une théorie décisive. Ce sera la *sélection naturelle* décrite dans son livre de 1859[13], mais largement révisée dans l'édition de 1863.

Darwin aussi a analysé les corps. Mais il affirme rejeter les idées de Lamarck, postulant que des variations spontanées apparaissent et que seules les meilleures sont conservées. Darwin sentait qu'il devait proposer une théorie de l'hérédité. Les croisements qu'il a opérés entre différentes races de pigeons domestiques lui ont permis de prouver qu'à partir d'un ancêtre commun (le pigeon de roche) les variations apparaissent spontanément au fil des ans, les éleveurs n'intervenant que pour les fixer ensuite, à travers une sélection artificielle des formes. Les variations corporelles apparaissent donc d'une manière aléatoire, et Darwin introduit la notion scientifique de hasard orienté par la sélection. Car la vie ne serait que l'issue d'un combat pour des ressources rares qui conditionnent la survie. Dans la nature, les formes les plus adaptées sont fixées par une sélection naturelle, imagine-t-il, c'est-à-dire par la compétition pour la survie et la reproduction des protagonistes de cette lutte pour la vie. Le concept de sélection

---

* Lyell C., lettre à Darwin [1848] : « Avec Lamarck, l'évolution est le résultat d'une loi et non d'une intervention miraculeuse. »

** Voir Cuvier G., « Éloge de M. de Lamarck » [1832]. C'est en grande partie sur ce texte que se fondent les calomnies suivantes sur les idées de Lamarck.

naturelle, central dans la théorie darwinienne, stipule simplement que les plus aptes survivent et répandent alors leurs traits favorables à travers les populations. « C'est la sélection des individus légèrement mieux dotés et l'élimination des individus légèrement moins bien dotés qui conduit à l'avancement d'une espèce », affirme-t-il, sans jamais oser l'usage du mot « évolution ».

L'incroyable diversité de la nature montre que les propriétés intrinsèques des êtres vivants varient d'un individu à l'autre, au sein d'une même espèce, et que les sources de cette variation restent internes à chaque organisme. Chacun, en se reproduisant, apporte d'infimes modifications qui se transmettent peu à peu à travers la descendance. En même temps, les organismes sont confrontés à un monde extérieur, un environnement indépendant d'eux-mêmes. Alors, affirme-t-il, chaque être vivant est adapté dans la nature parce que ceux qui gagnent le meilleur ajustement aux conditions extérieures survivent mieux et donnent une meilleure progéniture que ceux dont l'adéquation reste plus pauvre. Simple. Les différences entre les êtres vivants sont donc d'abord conçues comme des inégalités naturelles, triées par des pressions sélectives d'un environnement aveugle. Car la survie des espèces dans la « lutte pour la vie » dépendrait seulement de leurs batailles. Mais ici s'introduit subrepticement le dangereux précepte qui traduit par *inégalités* la valeur supposée des *différences organiques*. En insérant l'axiome d'une *valeur* des différences se glisse la convocation des inégalités naturelles, encore revendiquées dès la préférence nationale, l'eugénisme ou la hiérarchie des races.

La plupart des organismes vivants semblent en effet parfaitement adaptés aux milieux dans lesquels ils vivent, mais c'est le fait que certains traits héréditaires soient liés à un plus grand succès reproductif qui conduit les organismes à apparaître comme s'ils étaient admirablement « conçus » pour cet environnement.

Encore faut-il, cependant, que ces variations naturelles s'avèrent héréditaires. Ici se situe, à la suite des études de l'hérédité initiées par des botanistes comme Augustin-Pyramus de Candolle[14] en 1813 ou Augustin Sageret en 1826[15], la découverte des caractères héréditaires et des caractères indépendants ou dominants qui seuls se transmettent et s'expriment dans la filiation. Comprendre l'hérédité des formes, c'est aussi décrypter la génétique et les mutations de caractères. Voilà que commence l'histoire des petits pois fripés. Hugo de Vries[16] va s'emparer des calculs statistiques d'un botaniste créationniste Gregor Mendel[17] pour clarifier la génétique. Car, en croisant des variétés de petits pois, lisses ou ridés, jaunes ou verts, ce dernier a mis en lumière des lois héréditaires statistiques qui fixent les agencements possibles de caractères indépendants. Puis, dans les années 1920, Thomas Hunt Morgan va métisser des mouches drosophiles pour étudier la fixation de ces gènes qu'on qualifie de « mutants » et qui rendent les ailes vestigiales ou les yeux blancs[18]. Il faudra encore attendre pour connaître le support de cette hérédité parentale, car ce n'est qu'en 1944 qu'Oswald Avery[19] comprendra l'implication de l'ADN du noyau cellulaire dans la formation d'une paroi bactérienne, révélant le rôle déterminant des gènes dans la formation des corps.

En conséquence, il a fallu intégrer la théorie de l'information génétique dans la compréhension de l'évolution. Entre 1944 et 1960, Theodore Dobzhansky[20], Julian Huxley[21] et Ernst Mayr[22], en particulier, se sont attachés au problème de cette mise à jour en proposant la fondation de la théorie synthétique de l'évolution.

On le voit, les connaissances scientifiques sont constituées de milliers d'observations fragmentaires et de raisonnements déductifs qui tentent de converger vers une explication[23]. La théorie synthétique de l'évolution est fondamentalement basée sur les règles d'hérédité découvertes par la génétique et suggère la transformation d'une population au fil du temps sous l'effet de la sélection naturelle opérant sur la propagation de traits favorables. L'écologie semble ne jouer qu'un faible rôle dans cette synthèse, bien que la théorie reconnaisse l'influence majeure des processus écologiques. L'idée qui se trouve au cœur du cadre théorique est que l'évolution adaptative est due à la sélection naturelle, une force qui affirme la valeur adaptative de chaque variabilité héréditaire à travers le plus ou moins grand nombre de descendants viables produits. Ainsi, les traits héréditaires associés à un plus grand succès reproductif auront tout simplement tendance à s'accumuler mécaniquement dans les populations biologiques, en suivant les règles génétiques de l'hérédité mendélienne.

Évidemment, les gènes y sont pour quelque chose. La variabilité génétique qui résulte des mutations est directement due à des erreurs de transcription, dont certaines seraient bénéfiques par hasard, c'est-à-dire qu'elles accompagneraient ou favoriseraient un meilleur succès reproductif dans un environnement donné. C'est ce que les biologistes appellent la *fitness,* l'« adaptation biologique », et cette idée simple paraît si efficace et si parcimonieuse qu'elle devient le fondement de la mesure de l'évolution de toutes les espèces. Par conséquent, tout dépendrait d'une programmation génétique[24] étroite des comportements qui optimiseraient la reproduction.

Pourtant, aucun concept n'a été plus déroutant.

D'abord, la théorie synthétique est assimilée à un néo-darwinisme. Or Darwin n'a jamais vraiment utilisé ce concept de *fitness* puisqu'il faisait plutôt référence à des organismes individuels comme étant « plus ou moins aptes » que les autres individus. Mais il a introduit le problème en affirmant que les organismes les mieux adaptés (*fit*) survivaient et reproduisaient leur espèce mieux que les autres. L'explication adaptative darwinienne classique vante ainsi une sorte de concurrence d'ingénierie des organismes naturels[25], dont les caractères ajustés, comme les dents, les ailes ou les griffes, permettent d'accroître la reproduction des individus dans des milieux particuliers.

Dans ce monde, les organismes semblent en effet conçus pour atteindre au mieux la réussite d'une progéniture, un meilleur succès reproductif. Mais, dans le schéma darwinien, la sélection agit toujours pour l'augmenter, et ce raisonnement paraît à première vue bien circulaire. Les plus aptes se reproduisent mieux et démontrent ainsi qu'ils sont les mieux adaptés. L'adaptation semble être conçue comme une réponse à la sélection naturelle, et la théorie confond un peu le problème avec la solution proposée[26], puisque la sélection naturelle est définie comme l'ensemble des contraintes qui gouvernent le processus d'optimisation des organismes. Néanmoins, la question qui apparaît comme essentielle à Darwin s'avère être l'origine de ce merveilleux ajustement entre les caractères des représentants d'une espèce et le milieu qu'ils occupent. Une adaptation inouïe.

Supposons maintenant que ce qui doit être expliqué est simplement l'évolution, c'est-à-dire la modification continue de changements naturels au cours des temps immémoriaux. Et que les individus, même les meilleurs, n'apparaissent adaptés que parce qu'ils se reproduisent mieux dans leur milieu. Alors, il suffit que des individus laissent des variations dans leur descendance. Inutile de faire référence à des allégations intuitives sur l'ajustement des individus, avoir des descendants viables suffit pour proliférer. Si les propriétés originales apparaissent spontanément dans les gènes, toute la lumière vient de ce que ces caractères sont héréditaires et associés à une reproduction, à une *fitness* plus élevée[27]. La population d'origine change et connaît un remplacement progressif par des individus possédant cette nouvelle aptitude à la reproduction.

En fait, le terme « sélection darwinienne » devait donc se référer maintenant à de nombreux mécanismes différents, parfois contradictoires, qui *peuvent être impliqués dans des taux de reproduction plus élevés*. Occultant ainsi la fameuse lutte pour la vie, voilà qui guidait désormais tout le raisonnement de la théorie moderne[28]. Et masquait l'idée-force de la concurrence de chacun avec chacun, nécessaire au darwinisme classique.

Seulement, l'idée même de sélection naturelle, basée à l'origine sur l'observation de la sélection artificielle des races domestiques, garde encore une connotation d'élimination eugénique pour des « races favorisées », comme l'annonçait Darwin. Certes, Darwin n'est pas à l'origine des horreurs eugénistes et suprémacistes, mais nombre de chapitres de son livre de 1871 valident et accumulent les passages sexistes* et eugénistes**, trouvant même à se féliciter des

* Par exemple « la moyenne de la puissance mentale chez l'homme doit être supérieure à celle de la femme », ou « pour rendre la femme égale à l'homme, elle devrait, lorsqu'elle est presque adulte, être entraînée à l'énergie et à la persévérance [...] et alors elle transmettrait probablement ces qualités principalement à ses filles adultes » (Darwin C., *The Descent of Man, and Selection in Relation to Sex* [1871]). Évidemment, femmes et hommes sont justes différents et ne sont inégaux que dans la compétition.

** Par exemple : « Nous, les hommes civilisés, en revanche, faisons tout notre possible pour contrôler le processus d'élimination ; nous construisons des asiles pour les imbéciles, les mutilés et les malades ; nous instituons la travaux racistes « admirables » de son cousin Galton[29]. Inspirateur du darwinisme social, le programme eugéniste de Francis Galton s'appuyait sur une sélection artificielle visant à produire une « race humaine supérieure » par le contrôle du mariage et par l'élimination des individus « dégénérés ». Beaucoup de biologistes de l'époque ont été eugénistes, mais Patrick Tort dément l'importance de ce côté sombre du darwinisme[30] et en dénie l'interprétation[31]. Au contraire pourtant, dès 1880, Émile Gautier tente de contrer cette idéologie sociale-darwiniste avec verve[32]. Car c'est bien au nom de la « nature » que l'hystérie des racistes, des sexistes, des ultranationalistes et des fanatiques est implacable. Plus tard, l'historien André Pichot note cet aspect idéologique fondateur de la théorie en soulignant : « Darwin a raisonné d'abord du point de vue du darwinisme social. Et c'est ce darwinisme social qui a fait le succès du darwinisme biologique de la sélection naturelle[33]. »

On peut clairement suggérer que les idéologies et les cultures ont eu beaucoup plus d'impact sur la biologie que prévu. Une telle conception de la sélection n'est pas vraiment neuve en 1859, et l'industriel Andrew Carnegie traite de la concurrence et de la survie du plus fort d'une même manière particulièrement explicite pour illustrer les positions du capitalisme[34]. Si extrapoler des opinions morales et politiques à partir de la science reste une démarche contestable, les préjugés sociaux très idéologiques sur les inégalités viennent encore envenimer les questions scientifiques.

---

loi des pauvres… Ainsi, les membres faibles des sociétés civilisées propagent leur espèce. Personne qui s'est occupé de l'élevage d'animaux domestiques ne doutera que cela doit être très préjudiciable à la race de l'homme. Nous devons donc supporter sans nous plaindre des effets indubitablement néfastes des faibles qui survivent et propagent leur espèce » (*ibid.*).

Balayer ce problème en ânonnant la primauté d'une neutralité de la science paraît insuffisant, alors que les études actuelles sur les scores polygéniques effleurent la crête d'une vague nouvelle de racisme, comme le redécouvre en 2019 Angela Saini[35], en analysant les origines toxiques de l'eugénisme.

Quoi qu'il en soit, le darwinisme reste une théorie suspecte pour beaucoup de gens, plus de cent cinquante ans après la publication de *L'Origine des espèces,* les faits évolutifs et le raisonnement scientifique étant aussi beaucoup dépréciés *a priori.* La raison devrait-elle se taire sous les coups de boutoir d'abord des préjugés et des convictions religieuses, ensuite des opinions obscurantistes et des idéologies marchandes ?

L'hypothèse moderne de la *fitness* pouvait-elle y remédier ? Ou même faire enfin totalement sombrer ces pâles diffamations héréditaires ?

Ce n'est pas si simple. L'évolution, dépendant seulement de la propagation de caractères impliqués dans des taux de reproduction plus élevés, paraît sans nul doute une explication scientifique parcimonieuse. La mesure de la *fitness* s'est donc concentrée sur le succès reproducteur annuel, parfois associé à la longévité de l'espèce considérée. Le résultat de cette orientation nouvelle a permis, dans les années 1980, le développement d'une théorie générale, de plus en plus centrée sur le gène, mais dans laquelle les mécanismes génétiques n'ont pas d'histoire naturelle, l'adaptation étant restreinte au seul succès reproductif. Dans la mesure où seul le gène persiste identique à lui-même, il constituerait le seul élément matériel pertinent pour penser l'évolution. Depuis lors, l'être vivant est prétendument « programmé » par ses gènes. La sociobiologie et la théorie du gène égoïste allaient y prendre toute la place.

Si le seul moteur évolutif est la réplication des gènes[36], l'adaptation des organismes était-elle vraiment un trompe-l'œil, qui pouvait être, à ce point, négligé au seul profit de la reproduction différentielle, chacun s'efforçant simplement de mieux se reproduire que les autres ? Fallait-il admettre que nombre de biologistes puissent résumer l'écologie au seul dénombrement des facteurs de l'environnement ?

Diantre ! Pourtant, l'écologie des espèces résulte de la structuration des écosystèmes de la planète. L'écologie scientifique étudie depuis des lustres le rôle des milieux naturels en tant qu'ils constituent la pression sélective majeure sur la biodiversité, et la socioécologie s'est déjà largement intéressée à la vie des communautés du vivant. Bien que Darwin soit l'un des premiers biologistes à introduire la notion scientifique de hasard, il expose immédiatement que la sélection naturelle en dirige l'orientation vers une amélioration continue des procédures organiques. Ainsi, observant la taille démesurée du calice de l'orchidée *Angraecum sesquipedale*, il imagine la croissance continue de la trompe du papillon sphinx de Madagascar plusieurs années avant la découverte de l'animal. La sélection naturelle est donc décrite comme l'effet additif de circonstances univoques se poursuivant dans une même direction. On peut s'interroger pour imaginer si la biodiversité ne procède pas davantage d'une interrelation entre les animaux et leur milieu, c'est-à-dire d'un lien de réciprocité beaucoup plus équivoque, d'un rapport beaucoup plus complexe. C'est bien dans leur écologie que peut être visible l'émergence de propriétés nouvelles. L'adaptation biologique n'est pas un but, mais simplement le résultat aléatoire des interactions du vivant.

Seulement, nous allons voir qu'en modifiant son environnement l'organisme change aussi sa propre « sélection ». Ce qui est désormais nouveau dans notre approche originale ici, c'est de rétablir les boucles de rétroactions qui montrent que les interactions ont un double effet évolutif.

Ainsi, le phalanger renard *Trichosurus vulpecula* est un mammifère marsupial arboricole australien de 1,5 kilo, à la petite bouille très sympathique. Un réseau d'individus partage une même tanière et entretient différents types d'interactions sociales. L'animal est toutefois l'un des vecteurs de la tuberculose bovine, et on a pu relier la propagation de cette maladie aux modalités de l'organisation sociale des phalangers partageant une même tanière[37]. Aussi, la manière dont les animaux s'associent a des répercussions directes sur la transmission de la maladie et sur la survie des phalangers et des autres victimes.

Ainsi, si l'on considère que l'évolution des espèces est liée à leur succès reproducteur, il reste encore bien des choses à clarifier et, au premier chef, à expliquer pourquoi des espèces sociales peuvent réduire ou juguler la reproduction de leurs propres membres.

« Tu as aimé la vie : il faut maintenant tâcher de la comprendre*. »

Les phalangers n'ont pas livré tous leurs secrets. Les lions vont parler.

---

* Dostoïevski F., *Les Frères Karamazov* [1880].

Chapitre 1
Le pacte des lions

Lion d'Afrique.

Il est un désert étonnant qui ne respire que des brouillards. Les dunes et les rochers de cette frange côtière s'étendent sur plus de 500 kilomètres, tout le long de la Namibie, sur le front d'une mer houleuse. Elle reçoit peu d'humidité de l'océan, moins d'un demi-centimètre par an, puisque la remontée du courant froid de Benguela se heurte aux vents de la terre. Sur ce rivage embrumé, rongé de sel et mêlé d'ossements de grands cachalots échoués, quantité d'épaves de navires, drossés à la côte, imprègnent une atmosphère lugubre qui lui a valu le nom macabre de côte des squelettes.

Ici loge l'une des plus grandes colonies de reproduction d'otaries à fourrure australes *Arctocephalus pusillus*. Mais ce qui retient l'attention est plus curieux encore. Là, des lions viennent à la pêche.

Pour le moins, la force du lion d'Afrique *Panthera leo* est fascinante. La croissance des lionceaux s'avère très rapide, mais les jeunes mâles grandissent beaucoup plus vite que les femelles, pour atteindre leur masse adulte de 230 kilos contre 140 kilos chez les dames. Le tigre *Panthera tigris* ne connaît pas une telle différence. Le dimorphisme sexuel des lions est encore accentué par la crinière flamboyante qu'arborent les mâles, une fois adultes, renforçant leur fière suprématie sur la savane.

Fait exceptionnel, ils sont les seuls félins à vivre en groupe. Ils forment des bandes très flexibles d'une vingtaine de prédateurs[1]. Ils se font reconnaître par de puissants rugissements, audibles à plus de 6 kilomètres. Mais le plus frappant est la fantastique puissance de ce carnivore capable de mettre à terre un buffle de 1 tonne.

Sur la côte des squelettes, les lions ont glissé en dehors de leur niche écologique. Ils avaient ici été quasiment éliminés : leur retour est d'autant plus inattendu qu'ils se sont distingués en s'attaquant à des animaux marins. Le grand prédateur n'a jamais dédaigné les otaries, et il est bien des endroits, sur la côte africaine, où il se repaît de lions de mer, à l'occasion. Revenant sur ces côtes, le lion a mis près de quinze ans à redonner à ces proies la place qu'elles avaient pour ses prédécesseurs. On a observé en 2017 deux lionnes occupées à chasser des petits cormorans noirs *Phalacrocorax spp*. Et, plus tard, trois autres s'en prenant à des flamants roses *Phoenicopterus roseus*. En fait, les études ont révélé un régime alimentaire inhabituel, incorporant maintenant près de 80 % de ressources liées aux zones maritimes[2]. Certains lions se sont même mis à pêcher des tortues et des poissons de roche.

La plage n'est plus tranquille. Même les hyènes brunes *Parahyaena brunnea* délaissent leurs habituels goûts charognards pour s'attaquer, encore maladroitement, aux jeunes otaries sans défense. Ces apports de proies marines pallient certainement la pauvreté des ressources terrestres de la côte des squelettes, mais ils exigent des techniques tout autres, qui entraînent à leur tour des aménagements sociocomportementaux propres à cet étrange environnement. Or ces nouvelles habitudes pourraient constituer un préliminaire aux variations opérant sur la génétique des lions, qui les feraient diverger de leurs congénères et devenir plus polissons.

Si ces lions de l'ouest forment encore des petites unités familiales, leur chasse aux oiseaux aquatiques se révèle plus individualiste que dans les plaines d'Etosha et bien davantage encore qu'au Kruger sud-africain. Les spectaculaires oryx gazelles *Oryx gazella*, des bovidés très bien adaptés au climat aride du pays, sont nombreux et constituent une proie disponible dans le parc d'Etosha. Là, les lions les traquent ensemble. Mais, lorsque les conditions de vie habituelles des animaux sont modifiées, ils montrent d'impressionnantes capacités d'adaptation, allant jusqu'à changer leur régime alimentaire et leurs tactiques. La modification des mœurs alimentaires influence alors leur vie sociale. Ainsi, le système social des lions d'Etosha apparaît plus flexible par rapport à celui des autres groupes, les femelles étant périodiquement vues en train de fréquenter des mâles non privilégiés pour profiter d'accouplements quasi adultérins[3].

Revenons. Si la crinière fait la fierté du lion, on ignore encore une part du sens de ce majestueux attribut. Cette fourrure grandiose, qui apparaît chez les jeunes mâles à partir de 4 ans, manifeste surtout une bonne constitution physique. Les hormones de croissance et sexuelles influencent à la fois l'épaisseur et la longueur de la toison, et on dit que les lionnes ne seraient pas insensibles à la couleur foncée de la crinière des grands mâles bruns[4]. La crinière pourrait constituer une certaine protection contre les coups de griffes que s'assènent les mâles lors de combats entre rivaux. La température pourrait aussi influer sur sa longueur.

Que serait un lion sans crinière ? Eh bien, justement, il existe des lions qui en sont dépourvus. Les lions du Tsavo n'ont pas de crinière, ils ne portent que des favoris maigrement garnis. Des niveaux élevés de testostérone pourraient avoir entraîné cette insolite calvitie. Mais on l'attribue plus souvent à une autre particularité, beaucoup plus effroyable. Car cette région du Kenya a été confrontée aux lions dits mangeurs d'hommes.

Nous sommes en pleine expansion coloniale britannique, sur le chantier d'un chemin de fer en 1898. Trente-cinq ouvriers africains et indiens ont été dévorés par deux lions. Certains disent même que cent quarante personnes auraient trouvé la mort avant que les deux prédateurs ne soient abattus. Bien qu'on ait avancé qu'un abcès dentaire[5] a pu conduire l'un des lions à se rabattre sur des proies plus faciles, il faut convenir que l'écologie particulière des lions du Tsavo pourrait fournir aussi une autre explication.

Serait-il possible que l'absence de crinière ait pu faire chuter l'attractivité sexuelle de ces grands mâles barbus et ait entraîné une diminution de la taille des bandes ? Étonnamment, alors que les bandes comportent seulement un mâle ou deux, soit l'équivalent de ce que l'on observe dans le Serengeti, le nombre de femelles qui les accompagnent est bien plus faible, environ 3,4 en moyenne. Il s'agit donc de confréries plus réduites[6]. En revanche, les lions célibataires s'associent plus souvent dans des coalitions de deux à trois lions. Toutefois, une épidémie de peste bovine avait, à l'époque, décimé les troupeaux d'antilopes.

De plus, les broussailles quasi impénétrables de la forêt sèche du Tsavo favorisent l'éparpillement des proies en petits groupes difficiles à traquer. Dans ce jeu de colin-maillard, la réduction de la barbe des lions a sans doute facilité leur progression dans les fourrés épineux pour acculer les petits ongulés, les phacochères de Somalie *Phacochoerus aethiopicus* ou les babouins. Dans ces massifs buissonneux si fermés, la traque comporte un élément de surprise qui vaut aussi pour le prédateur, car il n'identifie son butin qu'à la dernière seconde. Dans ce contexte, les humains aussi sont devenus plus vulnérables.

Mais, même ailleurs en Afrique, la puissance du lion est difficilement disputée, et les attaques des félins sur le bétail et les paysans ne sont pas si exceptionnelles[7].

Depuis l'adoption de la théorie synthétique, les analyses évolutives qui relèvent la manière dont un organisme « s'adapte » à son environnement intègrent les interactions qui contribuent à la survie et à la reproduction des espèces. De fait, les lions savent user de tactiques et portent des caractères bien différents selon les milieux qu'ils occupent. La biologie distinguait entre des causes *proximales* qui entraînaient la formation de caractères organiques et des causes *finales* qui en dégageaient la raison. Dans ce contexte, la crinière, qui excitait la sexualité des lions, apparaissait comme une cause proximale au service d'une finalité essentielle : la reproduction.

Mais la traditionnelle sélection darwinienne des variations individuelles selon leur utilité pour la survie et la reproduction ne pouvait pas expliquer l'apparition des instincts sociaux, apparemment contradictoires avec la sélection elle-même. Les propriétés naturelles des individus constituent pourtant les causes de leur adaptation et le succès reproductif, la *fitness,* la mesure.

En somme, la caractéristique inouïe des lions était la formation de leurs bandes sociales, fait unique chez les félins. Il était temps d'accumuler plus d'informations sur le curieux pacte des lions.

Le gnou est une antilope disciplinée. Dans la savane africaine, le conformisme des gnous bleus *Connochaetes taurinus* est une marque de prudence. L'antilope grégaire se sait menacée par de nombreux ennemis : en se fondant dans des groupes immenses, elle trouve une certaine sécurité. Les troupes de milliers d'animaux sont souvent accompagnées par des zèbres de Burchell *Equus burchellii* qui, eux aussi, comptent sur la protection relative du nombre. Les gnous mâles s'arrogent des harems de femelles, contenant avec vigilance les occupations de cinq à plus de cent vingt femelles suitées de leurs petits.

Et quand, en juillet, la saison sèche commence à clairsemer l'herbe des prairies du Serengeti en Tanzanie, les gnous savent qu'il est l'heure de recommencer la grande migration. Les troupeaux se lancent dans le long voyage vers les pâturages du Masai Mara au Kenya où ils arrivent en septembre après un périple qui a laissé certains d'entre eux aux prédateurs. Ce cycle de migration favorise la cohabitation des grands herbivores qui se partagent les différentes herbes du tapis végétal[8] au fil des saisons. L'odyssée du retour achève la boucle en décembre, mais la longue route des gnous traverse le territoire des lions. Et le gnou bleu est pour eux une proie de choix[9] .

Cachée dans les hautes herbes, une lionne s'approche, ventre à terre, puis brusquement se détend, provoquant la fuite des ongulés dans tous les sens possibles. Une autre lionne apparaît qui poursuit quelques gnous et les entraîne à fuir. L'un des bovidés, moins prudent ou plus fatigué, s'écarte de plus en plus du troupeau, mais, tapie derrière un buisson, voilà qu'une troisième lionne surgit et l'attrape. Les lionnes chassent ainsi en embuscade, et les rabatteurs ont su envoyer la course d'un gnou de plus de 200 kilos vers les lionnes à l'affût. L'acte de chasse égoïste est devenu coopératif.

Bien sûr, d'autres bovidés, comme le grand koudou *Tragelaphus strepsiceros,* offrent parfois au lion jusqu'à 250 kilos de viande. Mais, lorsque les gnous et les zèbres partent pour leur longue randonnée, les lions ne disposent guère plus que des 80 kilos du phacochère *Phacochoerus africanus*, des petites gazelles de Thomson *Gazella thomsonii* d'une vingtaine de kilos, et du passage des énormes buffles noirs *Syncerus caffer*. Il s'agit alors d'un autre combat pour mettre à terre un bovidé dont les adultes de près de 1 tonne opposent une défense collective pour protéger les veaux du troupeau. À côté du harcèlement continu des lionnes, le concours de la formidable puissance des lions mâles est nécessaire à l'entreprise. La proie mise à terre, le prédateur étrangle ensuite l'animal en mordant à la gorge pour écraser la trachée ou enferme le museau du buffle dans sa gueule pour l'étouffer. Deux techniques imparables.

Mais comment l'association des lions favorise-t-elle la survie de chacun ?

À vrai dire, les lionnes adoptent plus souvent un pacte d'alliance que ne le font les mâles. Le groupe des lions se constitue sur l'entente des femelles qui composent un noyau auquel des mâles s'attachent temporairement. Isolées, les lionnes gravides ne réussiraient ni à nourrir ni à sauver leur portée et font coïncider les parturitions avec le pic de proies disponibles[10]. Après une mise bas solitaire dans un endroit protégé et discret, les bandes se forment d'une vingtaine de lionnes accompagnées de leurs différents jeunes. Les adultes tiennent des crèches communautaires qui accueillent les lionceaux vers deux semaines, et ils peuvent être allaités par d'autres femelles que leur mère[11]. L'élevage coopératif des portées augmente la survie des lionceaux, puisque l'allaitement indifférencié remédie aux longs moments de privation.

Le pacte qui conduit à l'adoption de femelles étrangères non apparentées et à l'accueil simultané de plusieurs mâles[12] procure à la fois les avantages de la chasse collective et la protection contre les prédateurs des petits. L'embuscade coopérative y gagne. Mais, si la taille du clan maximalise la défense, il se pourrait, si son augmentation se poursuit, qu'elle devienne excessive par rapport au bénéfice des captures collectives. En fait, les lionnes restent fortement connectées à leur réseau social[13], et la surface des territoires ne change pas beaucoup avec la taille du clan, obligeant à un partage plus serré des proies au fur et à mesure de l'accroissement des bandes.

En 1978, Craig Packer a installé son équipe de recherche dans le vaste parc du Serengeti, qui abritait environ vingt-trois troupes de lions, et a fourni l'essentiel des observations naturalistes. Il y a trouvé un animal extraordinairement ennuyeux, complaisamment assoupi près de dix-huit heures par jour dans la fournaise des journées africaines, de sorte, plaisantait-il, qu'il faudrait ajouter le lion à la liste des xénon, argon et autres gaz inertes.

Le grand félin s'ébat davantage dans la fraîcheur crépusculaire et nocturne. Les lionnes ne connaissent pas vraiment de hiérarchie[14], mais leur expérience compte pour beaucoup dans la vie du groupe. Les décisions dépendent des opportunités et des motivations de chacune à entraîner les autres. Rassemblant des sororités, elles sont souvent apparentées, filles, sœurs, grands-mères, cousines. Non seulement cette reproduction plurielle donne un nombre approximativement similaire de descendants, mais les lionnes adoptent des relations symétriques entre elles, ne contribuant aux soins que lorsque leurs petits ont rejoint la communauté. Le mélange des lionceaux des différentes femelles empêche sans doute qu'une lionne puisse contrôler les autres naissances[15] et favorise un tel égalitarisme. Aussi, il est possible de conclure que les lionnes s'avèrent plutôt démocrates, qu'elles ont tendance à se rapprocher et à réagir de façon solidaire face au risque de perdre leur portée, et que chacune présente une *fitness* individuelle sensiblement égale.

On imagine que le bénéfice du nombre est de favoriser un meilleur apport alimentaire par rapport à une vie solitaire. Ce n'est pas le cas[16]. Certes, une organisation égalitaire facilite le succès des chasses collaboratives, le plus souvent organisées par les lionnes. Toutefois, les membres d'une grande troupe doivent se partager le butin, et la plupart ne mangent pas plus qu'un chasseur solitaire. En fait, l'efficacité des captures atteint son meilleur rendement pour deux lionnes seulement. Les lionnes montrent toujours la plus grande efficience individuelle pour l'apport de nourriture en collaborant en groupe de deux, quelle que soit la proie. Or l'effectif des ligues observées dépasse souvent largement cette taille optimale pour l'efficacité de la chasse : en effet, la plupart des associations comportent cinq à vingt femelles autour de deux mâles codominants[17]. Pourtant, les félins qui s'attaquent à trois à une gazelle de Thomson n'obtiennent jamais le nombre de calories nécessaire pour compenser leur dépense énergétique. Et l'arrivée du lion affamé grève encore ce bénéfice insuffisant.

Conséquence : les repas nourrissent trop peu. Néanmoins, l'effectif moyen des bandes va de 3,7 à 7,3 lionnes qui s'en prennent à des gnous ou à des zèbres, un nombre bien supérieur à celui qui permettrait d'optimiser l'apport quotidien de chaque membre. En d'autres termes, 48 % des chasses sont le fait de une à deux lionnes, contre 30 % de chasses plus collectives. George Schaller[18] a trouvé que 27 % des lionnes débusquent et attrapent la gazelle de Thomson, en groupes de trois ou plus, et plus de 63 % de celles qui chassent les gnous et les zèbres forment des groupes de plus de quatre et jusqu'à quinze lionnes. La majorité des clans de lions dépasse donc simplement la taille requise pour une action efficiente et une optimisation du rapport coût/bénéfice énergétique.

Mais alors, si l'efficacité des prédateurs recule avec le nombre, pourquoi les lionnes s'assemblent-elles en meutes plus grandes que prévu par les modèles ?

Après une séparation des membres de l'union, les lions additionnent les caresses mutuelles, les léchages ou les cognements de tête lors des retrouvailles, comme autant de signes d'affection. Les liens entre lions sont très forts. Aussi la démonstration répétée de ces signes de reconnaissance et d'attachement a-t-elle fait soupçonner que la parenté pouvait accroître la cohésion des bandes.

Les avantages de l'élevage coopératif pourraient-ils être amplifiés lorsque les femelles sont étroitement apparentées ? Cette hypothèse apparue dans les années 1970 annonçait déjà l'ampleur du bouleversement théorique de la biologie qu'imposerait la *fitness inclusive* mise au premier plan des explications théoriques[19].

Les lionnes qui quittent la troupe ne partent pas très loin. En revanche, les mâles se dispersent jusqu'à 200 kilomètres de leur lieu de naissance. Les flux génétiques nord-sud montrent que la dispersion est biaisée par les trajets des mâles et atteint une distance moyenne supérieure à 25-30 kilomètres[20]. Les troupes de lionnes possèdent, elles, une parenté certaine. Dans le sud du Kruger, toutefois, les taux de dispersion à plus de 20 kilomètres restent élevés chez les femelles, suggérant une structure de territoire plus instable. Chaque fois, ces migrantes présentent une plus faible condition physique. Aussi, on peut envisager *a contrario* que l'accueil de femelles non apparentées génétiquement et physiquement affaiblies puisse encore davantage compliquer l'élevage coopératif.

En revanche, s'obstiner en famille plus étroite offrirait un authentique privilège. Héréditaire, celui-là. Le concept de *fitness,* l'« ajustement » tel qu'introduit par Darwin, n'apparaît pourtant plus dans la théorie moderne. La parenté génétique le surpasse. L'idée de base de cette explication par la parenté est que les assemblages se forment et persistent parce que tous les individus y gagnent génétiquement.

Mais il y a quelque chose de singulier dans l'ascendance commune, contrairement aux autres mécanismes qui peuvent conduire à ce que les individus soient génétiquement apparentés. La famille unit les intérêts des gènes à travers le génome, permettant des adaptations communes et multigéniques. Et les caractères héréditaires associés à un plus grand succès de reproduction auront tendance à s'accumuler dans les populations biologiques. La *fitness* agirait alors comme une *cause* du regroupement des lions. L'avantage d'une parenté élevée dans la population permettrait de comprendre l'évolution du rassemblement. En outre, si les premières femelles fondatrices avaient déjà une parenté élevée entre elles, comme des sœurs, l'ajout de femelles extérieures de moindre parenté à la tribu pourrait compenser la diminution substantielle de la *fitness* individuelle, le succès reproducteur, en renforçant la *fitness* moyenne du groupe, donnée par l'addition de leur parenté respective. Si l'objectif final du vivant est de transmettre ses gènes, le gain génétique moyen pourrait alors consolider la survie et le succès de la descendance.

Toutefois, il serait encore nécessaire à la fois que la protection du groupe limite effectivement le risque de déprédation des portées et que la nature des ressources alimentaires rende impraticable l'éclatement de l'alliance.

Les contraintes écologiques continuent donc de peser sur le pacte des lions. Le groupe, puisqu'il s'impose chez les lions, devrait aussi augmenter l'efficacité de la prédation et compenser les coûts de la vie en commun. On peut alors se demander en particulier si le rapport de taille du prédateur/taille de la proie rend compte de l'association des lionnes. Car, pour débusquer et abattre une grosse proie, la tactique de chasse collective devient beaucoup plus efficace. C'est une raison plausible, mais elle est encore débattue et ne constitue pas vraiment la cause principale de leur serment.

Si les lionnes savent garder un territoire, c'est surtout aux lions mâles adultes qu'il revient – cela semble être leur rôle principal – de défendre et de garantir l'usage de cette aire d'activité. Ils affrontent farouchement leurs rivaux afin de conserver un accès exclusif aux femelles en œstrus. Néanmoins, le lion participe parfois aux chasses collectives qui s'attaquent à de grosses proies, comme les buffles. Dans ce contexte, les groupes peuvent accepter la domination de un à trois mâles adultes, parfois jusqu'à sept, qui restent pendant moins de cinq ans avant d'être destitués par des plus jeunes.

Mais cette prise de pouvoir impose aux femelles un lourd tribut.

En fait, les mâles n'atteignent leur pleine puissance que vers l'âge vénérable de 6 à 9 ans, et ils ne disposent guère que de trois ou quatre ans pour rester à la tête du groupe, avant de trop vieillir pour réussir à s'opposer à des rivaux.

En conséquence, les jeunes lions n'ont tout simplement pas le temps d'attendre que les lionceaux de leurs prédécesseurs, pas encore sevrés, soient devenus adultes, et les femelles à nouveau en état de procréer. S'invitant chez les lionnes, ils doivent conquérir leur territoire pour les séduire et se reproduire. Et, pour évincer le vieux mâle, les lions se battent durement. L'ancien maître des lieux vaincu, il s'échappe au loin, errant une dernière fois jusqu'à la fin de ses jours. En s'emparant d'un nouveau territoire et des lionnes qui l'exploitent, le ou les félins vainqueurs vont alors mettre systématiquement à mort les portées précédentes. En effet, en privant les mères de leurs petits allaitants, le mâle déclenche l'ovulation des lionnes que la lactation avait arrêtée et peut faire son affaire. Voilà désormais le grand félin devenu patriarche d'une future descendance.

Si les femelles le laissent faire. Car l'un des secrets de la vie sociale des lionnes tient dans leur résistance à ces infanticides, et bien des lions se sont fait surprendre par une coalition de femelles en colère[21]. La réunion des lionnes défend âprement le site où les lionceaux sont dissimulés. Dans cette démonstration du rôle évolutif du conflit des sexes, le succès des femelles complices dépend alors, en grande partie, de l'effectif du groupe, mais aussi du sevrage des lionceaux qui détermine la possibilité d'un nouvel accouplement.

Les jeunes mâles adultes s'avèrent impitoyables, mais séduisants. À vrai dire, un lion ne saurait être toujours redoutable. Ce qu'il faut ici souligner d'abord, c'est que ce sont les lions qui s'invitent chez les lionnes. En écologie, le territoire primaire est toujours celui des femelles. Les mâles s'octroient aussi des zones exclusives pour eux-mêmes, mais leur territoire chevauche le domaine des lionnes qu'ils peuvent contrôler secondairement. Le caractère jalousement territorial des lions se traduit d'abord par l'exclusion des mâles concurrents du territoire déjà occupé par les lionnes. Quasiment toutes les espèces connaissent ce glissement des mâles sur le territoire écologique des femelles, qui gardent elles-mêmes une certaine maîtrise du processus dans la mesure où elles contrôlent la disponibilité des ressources : un coup porté au patriarcat présumé qui ferait du grand mâle dominant le propriétaire des lieux, le souverain d'un groupe de femelles.

Par ailleurs, les richesses de l'endroit attirent la convoitise d'autres grands prédateurs. Par exemple, les lionnes subissent régulièrement les menaces des hyènes. Une concurrence importante existe pour les proies avec les hyènes tachetées. Dans ce rapport de force, une lionne seule doit céder devant la menace de trois à cinq hyènes. Pour les lionnes en bande, les chances de conserver leurs proies face aux charognards sont améliorées si un grand lion mâle défend le même territoire.

En contrepoint, le clan des hyènes tachetées *Crocuta crocuta* connaît le même problème, en s'attaquant aux mêmes proies. Le chevauchement de niche alimentaire entre lions et hyènes atteint 6 9 % ; c'est dire si la concurrence est féroce. Le succès des hyènes est dû à la plasticité de leur prédation[22]. En employant une tactique de chasse par harcèlement, elles collaborent étroitement, à cris railleurs, pour mettre à terre les gnous ou les zèbres.

Pendant longtemps, ces carnivores étranges ont été regardés comme des charognards détroussant les lions de leur butin. La réalité est assez éloignée de cette vue simplissime, car elles se font dérober leur prise dans 60 % des cas[23]. Elles n'accèdent souvent qu'à des proies plus légères, comme le phacochère ou l'impala, parfois le cob à croissant *Kobus ellipsiprymnus*, ce qui leur donne un régime plus généraliste[24]. Dans le Namib, les prélèvements sur l'oryx, le springbok *Antidorcas marsupialis*, l'autruche *Struthio camelus* et le grand koudou montrent un caractère plus opportuniste encore[25]. Aussi doit-on convenir que la chasse collective des hyènes ne suffirait à organiser le groupe social qu'à la condition qu'il permette de conserver le bénéfice de la proie et l'accès aux ressources.

Souvent, lionnes et hyènes engagent la bataille[26]. Chaque clan d'hyènes tachetées est décrit comme structuré[27] par une dominance quasi linéaire autour d'une femelle focale[28], les femelles adultes dominant complètement les mâles reproducteurs[29]. Pourtant, les hyènes maraudent souvent en tout petit comité, et la grande variabilité des tendances de chacune à s'associer aux autres confirme l'organisation d'une société de type fission/fusion[30], où chacune s'invite ou quitte la meute à son gré. Les hyènes prennent des décisions flexibles pour intervenir ou non dans les conflits internes, selon leur environnement social et écologique immédiat[31].

Et puis, c'est coquin. Les hyènes dominantes arborent un phallus, et même un faux scrotum. Ce clitoris en forme de pénis est supposé faciliter leur dominance, mais résulte mécaniquement bien plus de la production égale chez les deux sexes d'hormones androgènes pendant la gestation que de cette finalité. Stephen J. Gould présente donc cet accroissement du clitoris comme une exaptation[32], une adaptation dérivée d'un autre changement qui n'avait pas ce rôle au départ. Les attributs des femelles ont changé les rituels amoureux, et celles-ci ont pu s'emparer de la dominance puisqu'elles disposaient de cette modification automatique de l'organe engendrée par des taux inhabituels de testostérone. Ainsi, l'agressivité et le statut social durant le jeune âge s'avéreraient de bons prédicteurs de la *fitness* des hyènes[33]. Mais il semble que disposer d'alliées constitue alors l'essentiel[34] pour se maintenir dans une savane si disputée.

Au demeurant, on peut s'interroger sur le besoin de reproduction que manifestent aussi les hyènes dominées en dépit des coûts sociaux de leur subordination.

La chasse collective, qui exige ici une entente assez stricte, est souvent initiée par les cris d'un des congénères les plus affamés qui tente de gagner à lui la motivation du groupe. Ce processus de prise de décision, qui suppose de rallier un quorum, ressemble à celui qu'on observe chez des canidés qui vivent en meutes, comme les lycaons africains *Lycaon pictus* ou même comme les loups gris *Canis lupus*. Et, lorsque les hyènes, qui approchent des 50 kilos, partent en chasse, la taille du groupe constitue déjà un facteur de sélection des proies. En effet, il est plus facile de s'attaquer à un troupeau de gnous qu'à la famille d'un zèbre : la capture d'un zèbre requiert une dizaine de chasseuses tandis que la prise d'un gnou n'en réclame qu'une demi-douzaine. Néanmoins, la voracité des hyènes les rend très opportunistes : elles ont tendance à attaquer tout ce qui apparaît comme une proie potentielle[35] .

Cependant, elles maintiennent un élevage communautaire des petits. Les jeunes, pendant le temps de la chasse, sont gardés dans une tanière surveillée par quelques membres de la troupe. Car les portées des animaux sont le plus souvent agressées dès qu'elles sont découvertes par les uns ou par les autres. C'est là pour elles une des plus grandes causes de mortalité, et cette menace d'anéantissement direct des juvéniles oblige à d'infinies précautions.

Il existe par conséquent deux raisons complémentaires qui favorisent les alliances, aussi bien chez les lionnes que chez les hyènes, la protection des petits et la conservation des proies. La différence essentielle tient dans la soumission des mâles chez les hyènes, qui contraste avec la revendication de la suprématie des grands lions.

Aussi, un pacte d'alliance implicite est exigé chez les lions. Car « c'est n'être bon à rien de n'être bon qu'à soi* ».

* Voltaire, *De la modération en tout* [1737].

Chapitre 2
La vigilance des antilopes

Bubale roux

Le célibat des lions suscite-t-il la vigilance des antilopes ? Voilà vraiment une question bizarre.

Voyons. Une myriade d'opportunistes erre dans la savane. Chaque fois, le vol des vautours africains *Gyps africanus* signale une dépouille couchée dans les hautes herbes. Mais ils ne sont pas les seuls à s'attarder sur un trophée. Et beaucoup d'autres assaillent le butin des prédateurs.

Toutefois, la plupart des carnivores solitaires connaissent une difficulté identique[1], que ce soient les léopards *Panthera pardus* ou les guépards *Acinonyx jubatus*, eux aussi largement tourmentés par les lions et les hyènes. Là encore, la relation taille de la proie/taille du prédateur ne prend sens que sous l'effet des interactions compétitrices[2]. De sorte que des facteurs écologiques et sociaux supplémentaires doivent expliquer la variation de la diversité des proies entre ces prédateurs sympatriques (c'est-à-dire appartenant à des espèces qui partagent le même espace).

Le guépard, qui pèse une trentaine de kilos, possède une pointe de vitesse fantastique. Mais il se concentre sur la capture de jeunes gazelles. La gazelle de Thomson *Gazella thomsonii*, d'à peine 20 kilos, exploite les prairies ouvertes. Après une course à près de 70 km/h[3], le guépard la déséquilibre d'un croc-en-jambe ajusté et la mord à la gorge. En revanche, à la nuit tombée, le léopard, qui atteint 40 kilos, attrape des antilopes de 50 kilos, comme l'impala *Aepyceros melampus*, ou de 30 kilos, comme le gérénuk *Litocranius walleri*, en se précipitant depuis une embuscade où, invisible, il se retranche. Lui s'oblige à davantage de discrétion et d'opportunisme sur le choix de ses menus, diversifiant ses sources de nourriture, alors que le guépard sélectionne plus souvent des gazelles qu'il sait battre à la course[4].

Ces carnivores essaient parfois de jouer les trouble-fêtes en s'en prenant aussi à d'autres proies, comme les très jeunes gnous, les topis *Damaliscus korrigum* ou les cobs des roseaux *Redunca redunca*. Mais, face aux hyènes, l'un et l'autre décampent en abandonnant leur trophée, le léopard réussissant parfois une certaine intimidation devant une hyène isolée. Ils ont intérêt à des mises à mort rapides et essaient d'escamoter leur butin en le dissimulant dans les herbes hautes ou, pour le léopard, excellent grimpeur, en le plaçant à califourchon dans les branches d'un arbre pour le soustraire aux autres. En outre, les guépards célibataires se regroupent à deux ou trois, facilitant à la fois la conservation des proies et la résistance devant les animaux territoriaux[5]. Pas si solitaire, l'animal.

La taille comparée des proies insistant sur la prédilection des tactiques, le petit chacal à chabraque *Lupulella mesomelas*, d'une dizaine de kilos, ne profite généralement que de dîners de dépouilles, qu'il goupine à la desserte, après le repas des grands carnivores. Mais la formation de couples soudés, acceptant, quelque temps, leurs juvéniles auprès d'eux, conforte la collaboration des chacals[6], tant pour soustraire des morceaux d'une charogne que pour tourmenter le petit d'une gazelle. En collaborant avec un ou deux juvéniles subalternes, le couple alpha s'en prend le plus souvent au springbok, une petite gazelle de 60 kilos capable de réaliser des bonds extraordinaires. La disponibilité des springboks favorise la philopatrie* des jeunes chacals, leur maintien dans la tribu familiale. Aussi, un mode d'exploitation de proies de taille modeste, relativement au prédateur, induit une stratégie plus individualiste ou par paire, pour des prédateurs de petite taille, tandis que la recherche de « grosses » proies entraîne la formation de groupes sociaux plus complexes. La famille du chacal facilite clairement l'obtention de proies trop grandes pour un canidé isolé.

Néanmoins, le modèle reste très imparfait : comment ranger des animaux comme les léopards, très individualistes, qui chassent des proies moyennes, ou encore les mangoustes, petits herpestidés à la fois amateurs de menus arthropodes et vivant en groupe structuré ?

Les lycaons *Lycaon pictus* se trouvent à la croisée des mondes puisque leur petite taille individuelle de moins de 30 kilos n'est guère compensée que par le nombre des assaillants contre des proies en moyenne plus grosses[7]. La prédation des lycaons n'est possible qu'en meute, après la poursuite épuisante d'une victime.

---

* La philopatrie est la tendance des individus à rester près du lieu de leur naissance.

Ces canidés diurnes de la savane, au pelage coloré de teintes jaunes, brunes, blanches et noires, forment des bandes d'une vingtaine à une quarantaine de chiens jeunes et subadultes, autour d'un pack de cinq à douze adultes. Un couple alpha règle l'organisation de la troupe dans une tanière commune. La femelle dominante semble monopoliser la reproduction d'une portée qu'elle allaite trois mois, et qui est élevée par tous les membres de la meute. Il arrive que d'autres femelles puissent mettre bas, le devenir de la portée dépendant alors du nourrissage plus ou moins confisqué par la dominante[8]. Aussi, la femelle accouche dans un repaire séparé, évitant le contrôle de la dominante[9]. Mais les mâles plus jeunes participent aussi à l'organisation du groupe[10]. Et tous montrent une forme accentuée de solidarité. Les lycaons régurgitent la nourriture aux plus jeunes, aux individus vieillissants ou handicapés.

C'est en toussant qu'on se fait comprendre chez les lycaons. Ils se colportent leurs intentions d'entreprendre une battue à travers de drôles d'éternuements, accompagnés de petits cris aigus. La chasse est sollicitée par l'individu le plus affamé, mais la traque ne commence que lorsque le quorum d'éternuements est atteint. Cinq accords suffisent quand le couple dominant participe au suffrage. Ils ne peuvent généralement pas capturer une antilope de plus de 100 kilos[11], mais leur stratégie de harcèlement, soutenue par leur endurance à la course, leur permet de s'attaquer même à de jeunes gnous bleus. Seulement, les hyènes pistent les lycaons en chasse. Ils subissent alors un fort klepto-parasitisme* des hyènes, qui leur dérobent assez facilement leurs proies dès qu'elles sont assez nombreuses pour intimider les canidés.

---

* Le klepto-parasitisme consiste à voler la proie d'un autre prédateur.

Considérer l'efficacité individuelle additive des prédateurs ne rend pas vraiment compte de l'importance des interactions dans leur socioécologie. Le pacte des lions ne se pénètre pas facilement. D'autant que nous ne comprenons toujours pas le rôle que jouent les lions mâles dans la constitution de la troupe. Vous vous souvenez, leur célibat.

Si les lionceaux sont élevés ensemble, les mâles se dispersent vers l'âge de 2 ou 3 ans, s'essayant à un nomadisme difficile. Parfois, ces frères célibataires prennent la route à plusieurs, mais ils finissent presque toujours par former une coalition masculine, qui compte jusqu'à sept individus. Ils s'engagent dans des liens affectifs robustes, et près de 8 % des rapports sexuels ont lieu entre lions mâles. Les lionnes dans leur clan peuvent aussi interagir entre elles, montrant des signes de relations homosexuelles. Mais, dans leurs ligues de célibataires, les mâles s'y adonnent plus fréquemment et persistent dans ces rapports même après qu'ils ont intégré une troupe de lionnes. Ces mâles coalisés accomplissent des vagabondages de longue distance sans respecter les frontières des autres lions, mais ne fondent pas leur propre territoire. En revanche, en s'associant, les lions célibataires peuvent plus facilement exploiter et accaparer un nouveau territoire[12]. Ces coalitions de mâles essaient d'évincer un mâle résident pour avoir accès à des femelles.

Dans le parc Kruger, les jeunes lions forment six à huit ligues de trois à sept célibataires qui errent ensemble entre les territoires exploités. Des lions âgés de plus de 8 ans peuvent rejoindre ces coalitions, mais ce sont les mâles de 5 ou 6 ans qui sont au faîte de leur puissance. Certaines ligues patrouillent régulièrement à proximité des groupes formés, comme pour évaluer les potentialités d'installation. Les combats peuvent s'avérer sanglants, d'autant que le lion territorial se doit de tenir tête aux agresseurs tant que les lionceaux de son clan ne sont pas assez âgés pour être épargnés ou pour le quitter. Dans ces situations, le renfort des lionnes venant soutenir le ou les mâles qui sécurisent leur territoire constitue une aide non négligeable face aux dangers que ces coalitions font courir aux lionceaux. Les troupes de célibataires entretiennent ainsi une instabilité dans l'organisation sociale des lions, mais, par leurs affinités propres, leurs coalitions résistent aux pressions exercées par les hyènes et par les autres lions en attendant qu'ils s'arrogent un territoire.

Certes, l'aptitude à la chasse de ces fauves imposants mais isolés est plus faible que celle des femelles, et nombre d'entre eux se contentent souvent de proies très petites, lapins, tortues, gazelles ou charognes dérobées. Ils trouvent néanmoins dans ces coalitions le réconfort du groupe, affrontent les hyènes tachetées, comme le fit très fréquemment la troupe des quatre mâles de Majingilane, et certains lions peuvent y passer leur vie entière, comme ce fut le cas des six lions de la réserve de Sabi Sands Game. Enfin, lorsque les lions d'une ligue réussissent à évincer le patriarche âgé d'une troupe territorialisée, ils se partagent souvent l'accès aux copulations, et leur entente entretient aussi la cohésion émotionnelle des familles.

L'importance de la sexualité dans la formation du pacte des lions s'affirme clairement. Les grands mâles espèrent un accès plus ou moins exclusif à l'appariement. Mais les femelles, en réussissant à s'accoupler avec plusieurs mâles différents, parviennent à semer la confusion dans leur paternité : comment s'en prendre à des lionceaux dont on est potentiellement le géniteur ? Ces copulations multiples non seulement permettent une protection des portées, mais montrent que la *fitness* des femelles peut surpasser celle des mâles[13], puisqu'elles sont capables d'accroître et de diversifier leur progéniture.

Alors, comme un lion ne peut guère tenir un territoire plus de trois à cinq ans, le grand mâle d'une ligue peut tenter d'exclure ses partenaires et de se réserver seul les accouplements pour assurer sa propre descendance. L'augmentation du ratio des mâles rend cependant plus difficile de monopoliser l'accès aux femelles. La reproduction occasionnelle par les mâles de rang inférieur dans les coalitions devient davantage possible si ce groupe final est plus grand[14]. Le nombre de lions mâles défendant une association de lionnes sur un même territoire peut atteindre jusqu'à sept individus, à la condition que la bande montre une grande efficacité pour prélever assez de proies pour nourrir tout le monde et élever des jeunes. Les copulations accessoires des lionnes en dehors de la troupe révèlent donc une cohésion plus fragile, annonçant souvent un éclatement du groupe, surtout si les grands mâles détectent l'imposture. L'évolution des congrégations participe, en outre, d'un tir à la corde évolutif entre, d'une part, l'obtention et la conservation des ressources et, d'autre part, le partage de la reproduction. Encore que la superficie du domaine vital des félins paraisse plus indépendante de la taille du clan que de la richesse des ressources, la fréquence des fissions du groupe[15] et de la débandade des juvéniles augmente à mesure que l'effectif des lions s'agrandit.

Au vu de ces données, il est légitime de s'interroger : est-il pertinent de négliger l'aspect fonctionnel des espèces pour se concentrer sur la seule reproduction ?

Si l'adaptation se mesure en nombre de descendants viables, le tandem cause proximale-cause finale se réduit désormais à la seule notion de *fitness* pour les deux aspects : l'ajustement du phénotype au milieu (la physionomie de l'individu) et la reproduction. Il serait donc nécessaire que l'obtention d'un caractère fonctionnel adaptatif soit associée à un succès reproducteur plus élevé pour émerger. Mais, si intuitive que la *fitness* puisse paraître pour rendre compte de l'adéquation adaptative, il serait pour le moins discutable d'affirmer que son rôle explicatif est pleinement clair. Car, si la *fitness* individuelle mesure le succès reproductif, elle est incapable de rendre compte également de la différence entre les traits du phénotype, barbu, crinière, tactique de chasse, etc. : elle ne fournit en effet qu'une explication circulaire en affirmant que ces caractères augmentent la *fitness*. Mais comment ? En outre, puisque l'environnement opère un tri aveugle des populations, quelle est donc la place des habitudes alimentaires et autres ajustements dans l'évolution des espèces* ?

Dans des environnements différents, les êtres vivants se voient obligés d'étendre leur niche écologique, en exploitant d'autres ressources de l'habitat. Le changement de ressources trophiques ne constitue pas une petite affaire, puisque la survie des espèces engage alors des modifications génétiques qui font diverger les populations entre elles, insérant des particularités génétiques qui diffèrent d'une population à l'autre. Les lions de Namibie, du Tsavo ou d'ailleurs exploitent clairement l'hétérogénéité écologique à travers toute l'Afrique, et des variations locales influencent la structure génétique des populations.

Et, ce faisant, celle du loup gris, qui n'avait rien demandé. De fait, se nourrissant de plusieurs espèces de mammifères marins dans les zones côtières du Canada et étendant leur chasse sur la mer de glace au large, on observe chez les loups gris une forte

---

* Pour Lamarck, l'évolution résultait aussi d'un changement d'« habitudes ».

divergence écologique[16] selon qu'ils vivent dans les îles ou sur le continent côtier. La dislocation des loups gris a introduit des différences génétiques entre les groupes marins et les meutes de chasseurs d'ongulés qui pourraient installer une divergence entraînant potentiellement une spéciation nouvelle[17].

Les loups sont casaniers. Chez le loup européen *Canis lupus*, en dépit de son aptitude à passer les barrières géographiques lors de la dispersion des jeunes, les populations présentent une structuration génétique spécifique. À partir de refuges glaciaires, l'adaptation aux environnements locaux a façonné trois clusters génétiques isolés en Italie, dans les Carpates et dans les Balkans dinariques en Europe, sans compter des différenciations entre les loups en Grèce et en Bulgarie[18]. La préférence pour l'habitat natal montre comment une dispersion biaisée peut contribuer à la différenciation génétique. Chez des insectes prédateurs de pucerons, les chrysopes vertes *Chrysoperla carnea*, la différence de l'alimentation et de l'utilisation des habitats introduit aussi une spéciation éthologique, écologique et génétique[19].

Mais qu'on ne s'y trompe pas, sans le sexe, l'individu ne peut rien. Depuis l'arrivée du sexe et de la méiose (la partition sexuelle des chromosomes) dans l'évolution des espèces, la question majeure vient du fait que le génotype de la progéniture de l'une des protagonistes dépend aussi du génotype de son compagnon. Dans le couple reproducteur, le succès de l'un dépend d'abord de l'autre. Du moins, de sa contribution, même minime, à la portée. De la sorte, la fécondité des femelles ne peut pas seule générer un changement des fréquences des phénotypes dans les générations futures, elle peut juste la diluer. La *fitness* individuelle s'avère donc insuffisante pour rendre compte de l'évolution réelle d'une population. Il semble ainsi que la fertilité soit à l'entrecroisement de très nombreuses variables écologiques qui dessinent le rôle des interactions réciproques avec l'environnement.

Mais, alors, où se trouve l'origine de la vie sociale ?

La vie sociale des espèces, y compris des humains, semble d'abord fondée sur les liens familiaux primaires. Ce postulat sur la parenté est censé répondre à l'occurrence répétée d'un problème naturel qui contredit apparemment le darwinisme : comment des animaux peuvent-ils s'entendre alors que l'évolution promeut la survie égoïste[20] de chacun ?

Depuis ses débuts, la biologie radote en réitérant régulièrement la même opposition : la coopération d'un côté, la question de l'égoïsme vital supposé des individus de l'autre. Dans la lutte pour la vie, puisque les individus seraient fondamentalement égoïstes pour survivre, quelle serait donc la force qui les conduit à coopérer ? Il fallait inventer un concept qui permette de dire que, dans certains cas, les individus pouvaient coopérer bien que ce ne soit favorable *a priori* ni à leur survie ni à leur reproduction. L'altruisme pouvait entrer sur la scène d'une coopération dont le rôle évolutif semblait si souvent indiscernable dans un régime de concurrence. Il fallait expliquer l'instinct apparent des fourmis à l'altruisme, qui les privait de leur reproduction et même parfois de leur survie, par la sélection naturelle qui, pourtant, exige l'énergie de l'égoïsme et de la concurrence. Une force contraire à la survie des individus pourrait donc participer à expliquer la sélection même de ces individus.

On a avancé l'hypothèse que même des comportements qui nuisent à l'individu en tant que tel pourraient néanmoins se diffuser s'ils présentent un avantage pour la survie du groupe. Un zoologiste britannique, Vero Wynne-Edwards, s'est faite le chantre officiel d'une théorie conciliant les deux aspects du problème, la *sélection de groupe*[21]. La sélection naturelle agirait sur les individus, mais elle ne serait qu'une partie d'une sélection plus forte qui piloterait aussi la survie des collusions. Ainsi, les abeilles *Apis mellifera*, lorsqu'elles piquent pour défendre la ruche, s'arrachent en même temps leur dard et en meurent. La question était alors posée dans ces termes : comment comprendre ce qui peut rendre un individu altruiste au point d'accepter de mourir pour la survie des autres ?

Mais cette idée naïve porte en elle-même un malentendu. En effet, les abeilles possédant ce gène « suicidaire » sont éliminées par la sélection. Forcément, puisqu'elles meurent en défendant la ruche. Alors, comment se fait-il qu'aux générations suivantes des abeilles puissent encore disposer d'une copie de ce gène ambigu que la sélection élimine en même temps qu'elles s'immolent ? La sélection de groupe semblait diriger la question dans une impasse et, en outre, elle invoquait le finalisme pervers d'une sélection naturelle qui chercherait le « bien de l'espèce ». De toute manière, le concept d'altruisme lui-même présente une forte dissymétrie discutable. L'altruisme ne s'oppose pas symétriquement à l'égoïsme, il est déjà donné comme perdant, puisqu'il interdirait à terme toute issue reproductrice.

Le céphalophe bleu *Philantomba monticola* est la plus répandue des antilopes africaines. Petit animal prudent d'à peine 7 kilos, il est confiné aux franges boisées de la forêt tropicale. Si le feuillage frais et les fruits constituent 72 % de son alimentation favorite, il peut se régaler de champignons et même de fourmis récoltées sur le sol[22]. Dans ces couverts forestiers, les habitudes secrètes du céphalophe dissimulent ses activités, en dépit des appels criards qu'il lance à la cantonade. Mais, sortie de ces gazouillis, notre minuscule antilope limite tellement ses contacts avec les autres qu'elle a adopté une vie très solitaire. Ou presque, car, adeptes d'une monogamie assez stricte, monsieur et madame céphalophe résident en couple une moitié de l'année.

À parcourir les grands espaces encore sauvages du continent africain, notre regard entrevoit immédiatement combien le couvert végétal influence la distribution des différents ongulés. Selon qu'ils occupent les grandes prairies, les troupeaux rassemblent quantité d'animaux tandis que des petites antilopes habitent plus secrètement dans les couverts forestiers. Mais, de fait, toute l'écologie des espèces pèse sur leurs choix. En plus des quatre espèces de buffles qui leur sont assimilées, les antilopes africaines assemblent soixante-quatorze espèces, sur les quatre-vingt-onze connues dans le monde. Élégantes, elles se distinguent par leur corps souvent svelte et élancé, et par leurs cornes annelées que les mâles et la plupart des femelles arborent sur le front. Les antilopes les plus frêles sont dénommées gazelles. Disposant de sabots « fendus », ces ruminants ne connaissent que la course pour échapper aux multiples prédateurs qui les débusquent. À ce jeu de la poursuite, le springbok *Antidorcas marsupialis* d'Afrique australe s'avère le plus rapide, capable de bondir à 4 mètres de haut et 15 mètres de long, en dépassant les 80 km/h. Souvent, la femelle ne met bas qu'un seul petit qui se dissimule rapidement dans les hautes herbes, mais le faon peut marcher dès sa naissance et même courir auprès de sa mère quelques jours plus tard.

L'analyse des variations de la vie de ces animaux figure comme un cas d'école socioécologique. Ici, les manières de se nourrir et le choix des végétaux, le couvert arbustif et le système sexuel jouent sur la formation des groupements. À leur tour, les règles de leur organisation sociale agissent sur les grands prédateurs. La cohabitation des grands herbivores favorise l'écologie de la multiplicité des espèces de la prairie et empêche la forêt de coloniser la savane.

En épiant les broussailles, Peter Jarman[23] a observé qu'il pouvait partager ces antilopes sympatriques en cinq grands types d'organisation sociale et a étudié les différentes corrélations qui semblent se dessiner entre leur alimentation, leur vie sociale et sexuelle. Ces cinq classes se distinguent aussi en grande partie par les stratégies utilisées par les mâles actifs sur le plan de la reproduction, notamment pour garantir des droits d'accouplement.

Tout en bas de cette classification socioécologique, le dik-dik de Kirk *Madoqua kirki* et le céphalophe bleu sont des antilopes toutes menues, assez monogames, qui exploitent les sous-bois sur des territoires stables. De même, le néotrague ou antilope naine de Bates *Neotragus batesi* atteint à peine 3 kilos et semble le seul bovidé folivore à la vie complètement sédentaire et individualiste. Le néotrague, aussi dénommé antilope royale, est le plus petit des ongulés africains. Chaque fois, isolés ou en couple, ces animaux figurent dans la classe A et possèdent une alimentation très sélective, tournée vers les parties les plus nutritives des plantes, les graines ou les fruits.

Viennent ensuite des gazelles comme les ourébis *Ourebia ourebi* d'une quinzaine de kilos et les gérénuks ou antilopes-gazelles *Litocranius walleri* pesant de 20 à 30 kilos, qui accèdent à une classe B. Leur régime alimentaire incorpore sélectivement de jeunes pousses, des bourgeons et des plantes herbacées de forte valeur nutritive, mais qui présentent une disponibilité plus variable selon la saison. Les gérénuks adoptent même une posture debout sur leurs pattes arrière pour cueillir le feuillage tendre des arbres. Ces antilopes se groupent en alliances familiales d'une dizaine de femelles dans les fourrés et les savanes arbustives. Cette organisation en petites unités sociales assez sédentaires favorise encore leur discrétion. Chez la plupart de ces ruminants, les femelles, plus grandes, s'imposent sur les mâles[24] qui mènent une vie plus solitaire.

Placé dans la classe C avec ses 50 kilos, l'impala commun *Aepyceros melampus* est une antilope moyenne qui fréquente les savanes mixtes, formant des unités polygynes territoriales d'une trentaine à une cinquantaine de femelles. L'animal se contente de pousses et de plantes herbacées, dénotant une sélectivité moyenne qui s'adapte à la saison et conduit à la constitution de groupes plus réduits.

Enfin, dans la classe D, les gnous bleus et les bubales roux *Alcelaphus buselaphus* se caractérisent par leur grande taille, le bubale ou kongoni atteignant fréquemment les 180 kilos. Grégaires, ces antilopes se rassemblent en troupeaux de plus de trois cents individus et, chez le gnou, largement agrandis à plusieurs dizaines de milliers durant la saison des pluies. Ces animaux broutent les pelouses herbacées, peu nutritives, en vadrouillant à pas de sénateur.

Quant aux buffles noirs, il a fallu classer à part ces animaux de près de 900 kilos et les inscrire dans une catégorie E, à la fois parce qu'ils parcourent la savane boisée en troupeaux bisexués de taille moyenne, une trentaine d'animaux parfois associés avec d'autres hardes, et parce qu'ils mastiquent toutes sortes de plantes herbacées.

Ainsi, l'habitat et le style d'alimentation permettent de prédire la taille du groupe. Les modes d'alimentation semblent directement en relation avec l'effectif maximal du rassemblement des animaux à travers l'influence de la sélectivité alimentaire et de la dispersion des végétaux. Les espèces de la classe A, plutôt solitaires ou monogames, sont également petites et exploitent des items riches dispersés dans les milieux boisés, tandis que les antilopes de la classe D et E sont plutôt grégaires, de grande taille et se nourrissent collectivement d'aliments moins riches dans des savanes basses. Les migrations sont possibles parce que l'alimentation peu sélective n'implique pas de défense des ressources, et les reproductions peuvent être synchronisées pour favoriser l'effet protecteur du troupeau. Au contraire, les animaux de la classe A comptent sur leur discrétion et la dissimulation dans le sous-bois, leur vigilance nécessitant une organisation territoriale.

À considérer les déambulations des femelles, les antilopes disent aussi autre chose. Curieusement, la plupart des ongulés dévoilent une organisation matriarcale, ce sont les mâles qui quittent le rassemblement, formant des coalitions de célibataires. Puis ils suivent la réunion des femelles qui les y invitent. La grandeur de l'attroupement a un effet d'entraînement sur les systèmes d'accouplement[25]. L'effectif et la manière dont les femelles occupent et exploitent le domaine vital déterminent la probabilité des rencontres. En suivant le chemin qu'elles empruntent dans leurs déplacements, les mâles se focalisent sur la présomption de trouver des femelles dans un endroit donné à un moment précis. C'est cette probabilité qui encourage la stratégie qu'un mâle doit employer pour conter fleurette. La dimension du territoire d'accouplement qu'un mâle peut définir pour en exclure ses rivaux influe sur son aptitude à retenir un harem de femelles. On pourrait dire qu'il détermine son degré de monogamie ou de polygynie*.

---

* Le terme « polygynie » se réfère à l'accouplement d'un mâle avec plusieurs femelles, et « polyandrie » à celui d'une femelle avec plusieurs mâles.

Ici, les exigences de l'habitat influencent le régime alimentaire des antilopes et leur stratégie d'exploitation des ressources. Mais le style d'occupation des milieux est d'abord influencé par la tranquillité qu'il confère, et, là, les prédateurs y jouent le rôle essentiel. Sommairement, plus le couvert forestier s'étend, plus les espèces se doivent d'adopter des habitudes secrètes, renforçant l'évitement des zones à risque. Dans ce gradient imposé, la discrétion oblige à limiter les rassemblements à quelques individus ou même à se restreindre au seul couple parental, la meilleure protection restant de n'être pas détecté. Au contraire, dans les habitats ouverts de la savane, la vigilance des ongulés diminue avec la taille du ralliement, qui permet de brouter les végétaux dans une plus grande sérénité. La corporation des antilopes s'inquiète moins de guetter des prédateurs, à la fois parce que plus d'yeux peuvent les repérer très tôt et que la fuite déjoue les attaques. Dans la stratégie grégaire, nul besoin de renforcer les interactions, car une seule alarme permet de déclencher une débandade générale. À mesure que les espèces pâturent sur de grands espaces, quittant la protection relative des milieux arbustifs, le rassemblement en hardes devient l'option préférentielle, car, bien que la troupe manque à la discrétion élémentaire, elle augmente le degré d'attention collective.

La vigilance de l'antilope constitue bien une réplique, et cela à double titre. L'animal élève son niveau d'éveil pour décrypter, d'une part, les anomalies de l'environnement et, d'autre part, pour détecter l'alarme des congénères et imiter leur fuite. Pourtant, le fardeau global de la surveillance diminue pour chaque individu parce qu'une interaction minime est suffisante pour enclencher la cascade des informations au sein du groupe. Individuellement, l'antilope consacre moins de temps la tête en l'air et dispose de plus de temps pour brouter. La panique est atténuée par la seule présence des autres.

L'affluence des individus accroît mécaniquement le nombre des interactions entre congénères. Chacun est rassuré par l'autre, et l'expérience que chaque antilope a de la fiabilité des comportements des autres détermine des affinités plus durables. Voilà que les flux des interrelations volatiles entre les individus se complexifient, que le nombre d'échanges s'accroît et que les actions à venir, les vagabondages vers les points d'eau ou les verts pâturages se délibèrent entre tous, sur le mode du quorum (un nombre d'individus suffisant pour emporter la décision) ou des affinités particulières. Au sein du groupement, un début de solidarité s'engage. Et, si les alarmes conduisent ponctuellement à une dépense d'énergie, le troupeau, rassuré, développe une confiance collective.

Clairement, la menace d'une prédation potentielle agit sur la grégarité. Dans toutes les espèces, la menace des attaques favorise l'instinct grégaire et encourage ensuite des formes de complicité. Une distribution régulière des ressources trophiques – les aliments propres à une espèce – implique que les animaux ont plus d'avantages à résider en solitaires ou en couples monogames. Les mâles sont alors en mesure de garder les femelles et de contrôler les accouplements. En revanche, lorsque les ressources sont moins prévisibles ou saisonnières, la formation de grands rassemblements d'antilopes peut être la seule stratégie disponible pour esquiver la prédation. Dans le cas d'une disponibilité intermédiaire des ressources, les antilopes forment des tribus polygynes de taille moyenne, ce qui permet un certain équilibre entre la concurrence intragroupe et la protection contre les prédateurs.

Les grandes espèces finissent même par employer des tactiques collectives et par développer des répliques collectives orientées :

quelquefois, la coopération d'un ensemble d'individus produit des réactions de défense assez vives pour renvoyer au diable vauvert les hyènes et même les lions. Les buffles africains se mesurent ainsi couramment aux bandes de lionnes en additionnant leur force en riposte à un assaut, et parfois défendent leurs congénères les plus vulnérables, comme les veaux par exemple. Le collectif déclenche un tel accroissement des interrelations tolérantes qu'il fait passer le mode de sauvegarde de la dimension individuelle à une dimension collective : du simple réflexe de suivre l'alarme d'un congénère, il passe à une stratégie de prévention et de préservation des plus faibles au milieu du troupeau.

Mais d'autres événements pourraient agencer les groupements. On peut s'en apercevoir en prêtant attention à plus petit que soi : les fourmis.

Qui aurait jamais pensé qu'un lion d'une fourmi eût à se soucier ?

Chapitre 3
Mésententes dans la colonie de fourmis

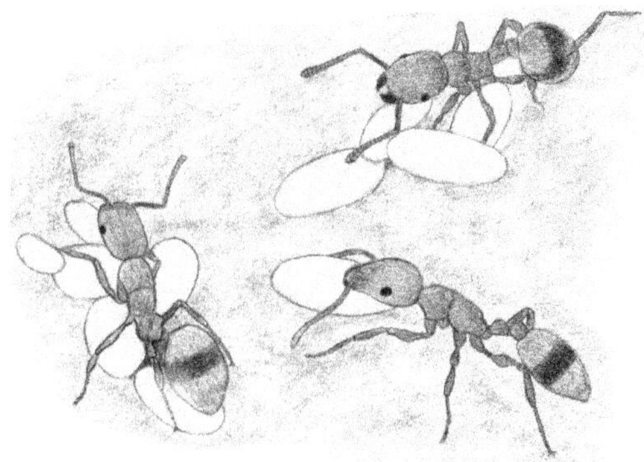

Temnothorax rugatulus

N'en déplaise à Ésope, la fourmi n'est peut-être pas aussi laborieuse qu'on la décrit. Si la famille des formicidés compte à elle seule plus de douze mille espèces, elle a aussi une parenté avec les guêpes et avec quelque cinq cent mille autres insectes hyménoptères, dont plusieurs espèces ont développé, dans leurs colonies assurément sociales, une forme de division du travail[1].

Pourtant, si beaucoup de fourmis travaillent durement dans les fourmilières, toutes ne s'activent pas dans un labeur acharné. Sont-elles inspirées par le droit à la paresse* ? Environ 30 % des individus se complaisent en tout cas dans un certain farniente. Par exemple, chez *Temnothorax rugatulus,* dans la plupart des cas,

* Voir, bien sûr, Lafargue P., *Le Droit à la paresse* [1883].

les fourmis désœuvrées[2] ne se réservent pas comme une force de soutien destinée à intervenir en renfort. Non, elles abandonnent toutes les tâches nécessaires aux puéricultrices chargées du couvain, aux glaneuses qui approvisionnent le nid, aux généralistes et aux soldats. Notez que beaucoup de leurs cousines, les abeilles, apprécient tout autant de ne rien faire dans la ruche[3]. Les fourmis nonchalantes vivent avec les castes de travailleuses sans prendre part à l'animation générale. Bien sûr, les fourmis travailleuses font régulièrement des pauses dans leur activité quotidienne, mais les fourmis inactives, elles, se sont spécialisées dans l'art de ne rien faire.

On a longtemps considéré que ce comportement restait anecdotique, et cette oisiveté déplaisante était attribuée au grand âge des individus. Des retraités en quelque sorte.

En fait, la cause immédiate de cette étonnante négligence tient à leurs très faibles interactions avec les laborieuses. En temps normal, les insectes sociaux collaborent d'une façon remarquable, échangeant des parcelles alimentaires par trophallaxie* en même temps qu'elles s'enduisent des parfums de la fourmilière. Mais, quand elles se trouvent isolées, certaines fourmis peuvent rester désœuvrées. La limitation des contacts directs avec leurs congénères actives enraye leur recrutement dans l'activité collective.

Or cette inactivité buissonnière pourrait bien changer des choses pour comprendre la suite. Longtemps, en effet, on a vu dans ces colonies d'insectes innombrables un modèle extraordinairement sophistiqué de l'agencement social. Une société parfaite. C'est pourtant une bien curieuse philosophie que de vivre toujours au

---

* La trophallaxie consiste en une régurgitation d'une partie du contenu du jabot, partagée entre individus.

futur, dirait la cigale. Encore et toujours, l'esprit des fourmis est à l'hiver, et chacune n'a d'autre occupation que d'amasser des provisions sans fin, sans retenue, sans pause. Les entomologistes ont acclamé l'assiduité fervente des fourmis, leur discipline, leur organisation, qui les rend capables de récolter d'immenses réserves, d'élever des pucerons ou des cochenilles, de pratiquer inlassablement l'agriculture champignonnière et même de faire la guerre[4].

Agricultrices, les fourmis champignonnistes *Acromyrmex octospinosus* ou *Atta colombica* se nourrissent d'un champignon qu'elles cultivent sur les végétaux qu'elles découpent et transportent inlassablement. Elles fabriquent le terreau, ensemencent le champignon, procurent des engrais, désherbent, et le récoltent. Les scientifiques estiment qu'un seul nid d'*Atta colombica* récolte 400 kilos de matière sèche par an. Et cette activité exige au moins vingt-neuf tâches différentes confiées à plus de vingt catégories d'ouvrières selon leur âge.

Il y a un revers. Le traitement des déchets générés par la culture du champignon est l'activité des ouvrières médianes les plus âgées. Débarrassant les ordures où les bactéries prolifèrent, les fourmis éboueuses, une fois rentrées dans ces chambres agricoles, ne les quittent plus et y meurent. Ouvrières âgées en fin de vie, leur mort n'affecte pas beaucoup le devenir de la fourmilière ingrate.

Beaucoup d'espèces de fourmis comme les petites *Lasius*, mais aussi les *Camponotus*, les *Formica*, les *Myrmica* consomment du miellat produit par les pucerons qu'elles protègent contre les coccinelles et les chrysopes. Si les fourmis prennent soin des pucerons, c'est donc tout simplement parce qu'elles en font l'élevage pour récupérer ce miellat. Elles le sollicitent de leurs antennes, jusqu'à ce que le puceron en excrète une goutte. Au total, une fourmilière peut récupérer une vingtaine de kilos par an.

Sous les épicéas du Jura suisse prospère la plus grande colonie d'Europe de *Formica paralugubris*, une société multiple de plus de mille colonies assemblées reliées par des pistes olfactives sur plus de 100 kilomètres. Les supercolonies de fourmis rousses édifient de grands dômes d'aiguilles d'épicéa, mais suivent un régime alimentaire prédateur. Toutes sortes d'arthropodes, comme des araignées, des chenilles, des larves et des diptères, sont activement chassés et capturés. Une seule fourmilière de fourmis rousses détruit chaque jour plus de huit mille chenilles, trois mille six cents nymphes et trois mille trois cents papillons adultes.

Certes, il faut environ cinq millions de fourmis pour égaler le poids d'un seul humain. Mais une seule colonie de fourmis rousses peut totaliser plus de deux cents millions d'individus. Ces insectes sociaux se structurent en sociétés si complexes qu'on les a regardés avec un intérêt inaccoutumé comme des modèles de socialité laborieuse. En modifiant leur environnement, ces assemblages animaux avaient accompli une « œuvre de civilisation » en ne disposant pourtant que de quelques ganglions nerveux. Une sorte de merveille, s'exclamait William Wheeler[5], en 1911. Il a entretenu en grande partie cette confusion en inventant le mot « superorganisme » pour vanter l'organisation des colonies. Comme un corps entier solidaire dans tous les efforts d'unités insignifiantes.

Tant s'en faut pourtant, cette apparente solidarité n'en est pas une. La structure de l'empire des fourmis tient d'abord à l'addition de leurs palpations réciproques. Les sécrétions des glandes sont utilisées pour la reconnaissance de chacun. Elles marquent aussi le sentier des individus permettant aux autres de suivre leur piste olfactive attractive, mais déclenchent aussi les alarmes. Dans l'abdomen, la glande à acide formique constitue le poison défensif. De plus, la plupart des espèces de fourmis pratiquent la trophallaxie : une fourmi régurgite une partie de la nourriture qu'elle a ingérée pour la céder à une autre fourmi de sa colonie qui la sollicite. Ainsi, chacune dispose dans son jabot de particules alimentaires et de sécrétions qui leur sont communes.

Chez les araignées, en revanche, dans une quinzaine d'espèces sociales, on observe des regroupements atteignant parfois plusieurs milliers d'individus, mais les cartels d'arachnides paraissent nettement moins structurés que chez les insectes sociaux. Ici, la cohésion des colonies est garantie par l'intervention de phénomènes vibratoires répétés par les araignées. Le plus souvent, comme chez *Agelena consociata*, *Anelosimus eximius* ou encore *A. jucundus*, les femelles prédominent dans le ralliement, représentant jusqu'à 90 % des individus. Et la plupart des femelles matures se reproduisent. Les araignées se contentent d'abandonner des proies aux jeunes[6], et le rassemblement social aveugle se limite surtout ici à l'exploitation trophique de proies de grande taille[7].

À l'opposé, la force des fourmis tient à d'intenses interactions. Vaillante mais minuscule, que ce soit pour moissonner ou attaquer, une fourmi isolée a toujours la ressource de faire appel à ses comparses en utilisant la chimie secrète de ses effluves : il faut alors peu de temps pour qu'elle se trouve accompagnée par une armée de centaines d'intrépides combattantes. À tel point que nombre de chercheurs fascinés par cette apparente solidarité ont placé les fourmis en haut d'une hiérarchie de la vie sociale en qualifiant ces sociétés d'*eusociales* (« vraies sociétés » en grec). Cette classification hiérarchique bien rangée énumère ainsi une gamme de notions dérivées depuis l'état le plus « primitif », solitaire, présocial, parasocial, subsocial, semi-social et, au-dessus encore, eusocial. Ce modèle établi, mais peu interrogé dès sa conception, a pourtant permis des analogies équivoques et d'indiscutables préceptes dont la doctrinale sociobiologie va livrer des exemples trompeurs.

Tout est venu des insuffisances de la théorie. De fait, la question de la vie groupée des animaux sauvages a été posée dès le début de la fabrication de la théorie de l'évolution biologique. En 1901, Piotr Kropotkine[8] s'était déjà interrogé sur l'existence des relations d'entraide en détaillant des centaines d'exemples de relations mutuelles entre les êtres vivants. Si la concurrence était si sévère, comment pouvait-on expliquer ces milliers de relations d'assistance entre les individus ? L'entraide constituait forcément une force dans l'évolution. Mais la vie sociale des animaux demeurait toujours une énigme biologique qui semblait s'opposer à l'individualisme de la survie de chacun. Par la suite, de très nombreux biologistes ont encore et encore posé cette question des relations réciproques non seulement entre les espèces (car l'écologie avait déjà largement révélé l'interdépendance des végétaux ou des animaux entre eux), mais surtout au sein de chaque espèce.

Ainsi, la question de la collaboration et de la formation des groupes est périodiquement revenue, chacun proposant une solution à ce problème biologique. N'oublions pas que la théorie synthétique de l'évolution affirmait que les organismes vivants évoluent parce qu'ils se reproduisent mieux, et que leurs caractères novateurs, mutés, se déploient alors d'autant plus dans une population qui les propage.

Or – voilà le point épineux – les fourmis ouvrières sont stériles : elles ne se reproduisent pas. Et, malgré cela, les phénotypes des travailleuses se sont répandus. La division du travail implique parfois même un polymorphisme, le *polyéthisme*, c'est-à-dire que certains individus vont présenter une morphologie et des mœurs différentes des autres, avec parfois des traits physiques particuliers, par exemple une hypertrophie des mandibules chez les fourmis soldats. C'est singulier.

Le partage des rôles est aussi souvent lié à l'âge des animaux qui changent de condition au fur et à mesure, devenant ouvrières, nourrices, éclaireuses, pourvoyeuses. Il ne s'agit pas d'un simple déterminant génétique. L'âge est un critère important pour définir le poste occupé par une fourmi, selon l'activité des hormones. Dans leur jeune âge, les ouvrières assurent le rôle de nourrice et vont nourrir les larves, les déplacer en fonction de la température ou entretenir le cocon. Les tâches sont donc multiples et différentes même dans une sous-caste, comme chez les fourmis *minor*, les plus soumises de la société. Ensuite, ces ouvrières deviennent de véritables « fourmis de ménage », qui ont la responsabilité d'entretenir le nid et d'évacuer les déchets. Plus tard, quand elles seront *media*, plus âgées, elles deviendront éclaireuses et prendront en charge les fonctions de pourvoyeuse. Enfin, les fourmis ouvrières adoptent le rôle de gardiennes et patrouillent autour de la fourmilière. Par ailleurs, si un manque d'effectif se fait ressentir pour telle ou telle affectation, les fourmis d'un autre poste peuvent venir prêter main-forte.

La division du travail chez les fourmis présente donc une certaine flexibilité, surtout quand elle est régie par le polyéthisme d'âge. Mais il existe aussi des espèces chez qui la variation n'apparaît pas. Les fourmis majors nomades d'Amérique ou d'Afrique s'imposent toutes comme des soldates prédatrices, réservant à d'autres espèces domestiquées les soins de leur fourmilière : on parle alors d'« esclavage ». Car le monde des fourmis peut s'avérer cruel – même si, objectivement, il ne l'est guère plus que celui d'une baleine bleue *Balænoptera musculus,* le plus grand prédateur de la planète, engloutissant sans scrupule des milliers de crevettes à la fois.

Si, dans les sociétés humaines, l'esclavagisme est une exploitation abjecte qui a été pratiquée dans l'Antiquité égyptienne et gréco-romaine, et plus tard par le monde arabe et occidental, les fourmis « esclavagistes » ne le sont pas vraiment. Elles s'en prennent à une autre espèce. Des *Polyergus* vont faire travailler des *Formica fusca,* par exemple. Chez une espèce d'Afrique du Nord *Formica wheeleriella,* la reine pénètre le nid d'une autre espèce *Monomorium salomonis.* Les ouvrières interviennent pour rejeter l'intrus, mais leur comportement de défense est inhibé par les sécrétions particulières de l'usurpatrice. Totalement séduites par cette étrangère, les ouvrières vont même complètement délaisser leur reine et élever la progéniture de l'étrangère. Une cinquantaine d'espèces de formicidés pratiquent ce parasitisme social ou dulotisme[9]. D'autres, comme les *Bothriomyrmex decapitans,* déploient une stratégie plus radicale. La reine s'introduit dans le nid de fourmis du genre *Tapinoma* où elle passe inaperçue, sécrétant des phéromones similaires, et atteint la chambre des reproductrices. Elle entreprend alors de cisailler la tête des reines de *Tapinoma* et se fait admettre comme reine par les ouvrières qui s'occuperont désormais de sa postérité comme si c'était celle de leur propre reine.

Au contraire de ces reines qui se font adopter, les fourmis sanguines *Raptiformica sanguinea* ou les fourmis amazones *Polyergus rufescens* envoient carrément des éclaireuses à la recherche des colonies de petites fourmis. Après qu'une cible comme *Formica fusca* a été repérée par les éclaireuses, les amazones partent en masse pour effectuer leur raid. Elles s'engouffrent dans le nid des *fusca,* écartent toutes les ouvrières et tous les soldats, et emmènent entre leurs mandibules les cocons des larves de *fusca* jusqu'à l'intérieur de leur propre fourmilière. Les jeunes ouvrières *fusca,* nées dans un milieu inconnu, se familiariseront avec leur nouvelle colonie et vont alors dérouler leur programme comportemental en s'occupant des larves amazones et de la reine comme si elles étaient de leur propre espèce. Il arrive néanmoins que les « fourmis esclaves » se rebellent et éliminent les nouvelles larves. Mais, dans la mesure où il s'agit de s'attacher une *autre espèce* pour la contraindre au travail, on devrait parler plutôt de domestication que d'esclavagisme.

Cependant, l'ensemble des ouvrières de la colonie présente une anomalie déconcertante. Les fourmis sont toutes sœurs et vivent chastement, accomplissant leurs besognes ouvrières et demeurant leur vie entière vierges et infertiles. Toutefois, elles travaillent, avec acharnement, au service de leur mère, la reine, à l'élevage d'une incroyable progéniture majoritairement stérile et apparemment condamnée d'avance à une vie de forçat.

Joliment, on nomme ce comportement « altruisme », car une telle spécialisation répond à la définition d'une activité au service de la descendance d'une autre génitrice, au détriment de la *fitness* propre de l'individu, de son propre succès reproducteur. Une aide sans retour. Et, nous le savons aussi, les ouvrières savent se sacrifier, tant pour défendre la colonie que pour faciliter son déménagement. Chez les fourmis pot-de-miel *Camponotus inflatus*, certains individus sont même transformés en outres vivantes accrochées sans bouger dans une salle de la fourmilière, afin que les autres ouvrières viennent y puiser leur ration de miellat. Les *Myrmoteras* se muent, elles, en combattantes impitoyables dont les mandibules hypertrophiées, pour découper et décapiter dans les batailles, les empêchent de se nourrir seules. Elles dépendent totalement des autres.

Quitte à se noyer, les fourmis de feu *Solenopsis invicta* servent de radeau en s'accrochant les unes aux autres pour transporter la colonie dans la forêt inondée, utilisant les cocons pour en faire des flotteurs stables. C'est pire chez les fourmis *Camponotus truncatus*. La forme de la tête est convertie en un tampon dur et pressé. Leurs nids creusés dans le bois s'ouvrent à l'extérieur par un petit orifice cylindrique, et certaines ouvrières possèdent cette tête aplatie qui vient s'ajuster dans le trou comme un bouchon. Ces « portiers » ouvrent l'orifice seulement quand une ouvrière reconnue revient au nid.

On a souvent vanté la magnifique organisation sociale des fourmis comme un modèle à imiter. Pourtant, si on la transposait au monde humain, que pourrait-on y voir sinon des comportements altruistes insensés, des obligations aberrantes dans une société absurde vouée au pire travail forcé… Ces castes déforment même l'aspect physique des insectes au seul bénéfice du collectif sous le despotisme des reines. Encore qu'elles-mêmes, parfois seules dans une colonie monogyne, parfois en nombre d'une petite centaine chez les polygynes, ne sont destinées qu'à pondre presque indéfiniment. Les autres se sacrifient au devenir des poupons.

La vie eusociale des fourmis ne paraît pas un modèle si civilisé.

Pourtant, un individu qui ne transmet pas ses gènes, parce qu'il est stérile ou parce qu'il meurt pour le groupe, ne peut pas résister dans l'évolution. Il disparaît, et avec lui ses gènes et ses conduites altruistes. Il lui est impossible de jamais distribuer héréditairement son dévouement. Comment les fourmis transmettent-elles ces comportements stéréotypés à leur progéniture puisque seule se reproduit la reine, qui, elle, ne manifeste aucune de ces activités industrieuses ? Dans ces sociétés matriarcales, en effet, seules les reines sont fécondes, tandis que les mâles sont cantonnés au rôle de simples réservoirs à spermatozoïdes. Ils libèrent leur semence pendant leur accouplement en vol, au cours d'une parade sexuelle avec des reines également ailées pour l'occasion. Lors de la fécondation, la reine accumule dans l'organe spécialisé de sa spermathèque le sperme de différents mâles, dix-sept en moyenne. Ensuite, elle brise ses ailes et s'empresse de chercher une galerie, une fissure. Voilà, la saison des amours est terminée, et la jeune reine ne copulera plus jamais. Elle pond alors quelques premiers œufs, qu'elle entretient scrupuleusement afin d'empêcher le développement des moisissures. Les larves sont nourries par leur mère grâce à un aliment trophallaxique qui provient d'un changement de son métabolisme. Elle fait fondre son corps en quelque sorte : ainsi, les muscles des ailes, désormais inutiles, sont métabolisés. Ensuite, toute sa vie, elle se fécondera elle-même avec le sperme en réserve, à mesure qu'elle produit ses descendants.

Les œufs pondus donneront naissance à des femelles diploïdes, c'est-à-dire disposant de deux jeux de chromosomes, provenant l'un du père, l'autre de la mère. Ces œufs diploïdes sont à l'origine de tous les individus femelles chez les hyménoptères, qu'elles soient des reines ou des ouvrières. Mais, chez les fourmis, le déterminisme du sexe est particulier, et, quand la reine vieillissante a utilisé tout le sperme disponible, elle engendre alors des œufs mâles par parthénogenèse, c'est-à-dire en recourant à un développement embryonnaire qui s'enclenche sans aucune fécondation. L'ovule se développe et donne un embryon haploïde, c'est-à-dire qui ne possède qu'un seul jeu de chromosomes : c'est ce qui caractérise les mâles, chez les hyménoptères. Ainsi, la reine engendre des ouvrières diploïdes et, à la fin de sa vie, ayant épuisé son stock de sperme, elle produit des mâles haploïdes à partir de ses ovules non fécondés. Ce déterminisme du sexe, appelé *haplodiploïdie,* fournit donc des mâles qui n'ont pas de père et héritent du seul génome de la mère.

Le roi était donc nu. Eurêka ! Il était tentant de supposer un lien entre ce système haplodiploïde extraordinaire et l'organisation eusociale des fourmis. Aussi, en 1964, William Hamilton[10] propose une théorie qui fait reposer toute la vie sociale des fourmis sur le déterminisme haplodiploïde du sexe des fourmis, qui crée une asymétrie d'apparentement entre la mère et les filles. Comme elles ont toutes le même père, argumente-t-il, les ouvrières sont forcément plus apparentées entre elles qu'avec leur mère. Elles sont en moyenne parentes à 75 % entre sœurs, tandis que leur parenté descend à 50 % avec la reine mère. De même, si ces ouvrières étaient tentées par la maternité, elles n'auraient que 50 % d'apparentement avec leurs propres filles. Ainsi, s'il faut transmettre le plus possible de gènes, les fourmis ouvrières ont plus intérêt à aider leur mère à engendrer leurs sœurs et à donc s'investir dans la postérité de la reine, plutôt que se reproduire elles-mêmes.

Résultat, selon Hamilton : elles se transforment en ouvrières altruistes qui coopèrent pour diffuser le plus de leurs gènes, une hypothèse qui permit de proposer le concept de *valeur sélective globale*, la théorie de la *sélection de parentèle*[11], épaulée par un modèle mathématique de parenté génétique. Plus précisément, Hamilton démontre qu'une *fitness inclusive* permet le maintien des caractères eusociaux en étant soutenu par cette parenté généalogique particulière. La parentèle fournissait enfin une explication vraisemblable, la parenté expliquant l'augmentation de la tolérance et le sacrifice dans la vie commune.

Ainsi, il devenait plausible que le pacte des lions ait été aussi inspiré par la parenté des lionnes.

Revenons. Si les mutations modifient le patrimoine génétique, de nombreuses expériences que les néodarwinistes ont menées au fil des décennies ont souvent entraîné des dommages à l'être vivant concerné, comme l'apparition d'ailes vestigiales ou les yeux blancs des drosophiles. Le caractère bénéfique présumé des mutations observées ne pouvait donc être déduit que de la *reproduction quantitative différentielle*, de la taille de la progéniture de chacun. Les êtres vivants laissaient plus ou moins de descendants dont le patrimoine modifié envahissait les populations, les caractères à « faible valeur adaptative » étant supplantés sous l'effet de cette sélection naturelle. Voilà comment les gènes mutants remplaçaient les autres.

Il faut bien sûr admettre l'hypothèse de départ : que chacun cherche naturellement à diffuser ses propres gènes. À la suite des travaux de Hamilton, Richard Dawkins[12] a préféré dire : « L'évolution est la sélection des bons gènes. » En effet, annonce-t-il, nous devons abandonner l'hypothèse selon laquelle les individus seraient des agents adaptatifs en eux-mêmes, et considérer que seuls leurs gènes se transmettent. L'évolution centrée sur les gènes est alors conçue comme une fonction mathématique d'invasion, les copies du gène excédent se diffusent, et les traits favorables se répandent progressivement dans la nouvelle population, soutenant l'idée baroque d'un « grand remplacement des populations ». En cela, le gène immortel est égoïste, un simple réplicon puisqu'il utilise la machinerie reproductive des êtres vivants dans le dessein de se disséminer sans fin. Le vivant n'est plus regardé autrement que comme « une machine à reproduire des gènes ».

Aussi, allègue Dawkins, il conviendrait de conjecturer que la sélection naturelle agit *via* la dynamique des gènes, de sorte que le succès de la reproduction individuelle mais aussi celui de tous les apparentés influenceraient la propagation des gènes. Additionnant la réussite de la descendance à chacun des porteurs du même gène, selon son degré de parenté, le triomphe des gènes de cette *fitness inclusive*, puisqu'elle inclut tous les porteurs du même gène, encouragerait la vie sociale. Dawkins s'appuie ensuite sur l'hypothèse de stratégies évolutivement stables, tirée de John Maynard Smith[13], pour montrer que le gène favorise sa *propre* transmission, y compris la reproduction de tous les individus porteurs de ce gène. C'est la proposition finale de la *fitness inclusive*.

La *fitness inclusive* mesure en même temps le succès de tous les individus qui portent ce gène, et, donc, tous les animaux sociaux devaient être engagés dans l'hypothèse de la *fitness inclusive*. Comme les caractères adaptatifs sont généralement exprimés par plusieurs gènes impliqués ensemble, l'hypothèse de la *fitness inclusive* semble alors assez pertinente pour expliquer comment les adaptations multigéniques pourraient évoluer. Dans sa forme la plus générale, l'aptitude d'un génotype est définie comme la contribution de l'organisme au pool génétique total de la population de la génération suivante. Mais la mesure paraît souvent beaucoup moins générale, la contribution aux générations suivantes est comprise comme le *succès reproducteur* immédiat de l'organisme lui-même. La *fitness inclusive* se réfère donc à la fois à un aspect conceptuel et à une technique comptable. Nous allons voir que les éléments développés dans ce livre ne prétendent pas suffire pour réfuter ces travaux complexes, complétés à travers cent autres arguments. Mais ils jettent un doute sur la *fiabilité* de certains fondements de la théorie.

De toute manière, la recette de la parentèle allait bientôt être appliquée bien au-delà des seules fourmis. Si un gène peut accroître son succès évolutionnaire en favorisant la survie et la reproduction, alors la sororité et le cousinage gouvernaient la vie sociale des abeilles, des frelons, puis des vertébrés et, pourquoi pas, des lions. En mesurant leur parenté génétique, on se félicita de découvrir combien les groupes sociaux de nombreuses espèces étaient d'ailleurs apparentés, confirmant succinctement la théorie.

L'enthousiasme gonfla encore quand on put qualifier l'organisation des rats-taupes glabres d'eusociale[14].

Voilà des animaux myopes qui mènent une vie souterraine. Grignotant les racines sous terre, le rat-taupe glabre *Heterocephalus glaber* est un petit rongeur africain de 35 grammes. Sa peau nue, dépourvue de poils, lui donne le teint rose. Sa vie sociale rigide est moins rose, car, si les rats-taupes glabres forment une colonie d'une cinquantaine d'animaux coopératifs, une seule femelle dominante se reproduit avec quelques mâles casaniers[15]. Les autres membres de la colonie souterraine participent à l'élevage et à la défense collective sans emporter aucun droit à copuler. La mère supérieure met bas de trois à cinq portées d'une dizaine de petits qui sont alimentés, après le sevrage, par les membres non reproducteurs de la colonie, et cela d'une manière bien singulière : à partir de boulettes fécales, les cæcotrophes, déposés en tas dans les galeries. Et là se pose un problème. Ces rongeurs ne digèrent bien les nutriments qu'après que ceux-ci ont effectué un premier passage dans le tube digestif. Ils abandonnent les caecotrophes produits, qu'ils doivent ensuite réingérer pour une digestion complète. En se privant de leurs cæcotrophes, les rongeurs subordonnés s'amaigrissent et doivent redoubler d'efforts.

Les rats-taupes ont développé en réponse une organisation structurée des activités. Les animaux les plus jeunes construisent les galeries et amassent des provisions dans le nid central, tandis que les individus les plus gros s'activent épisodiquement à la défense contre les intrus[16]. L'un d'entre eux s'arroge le titre de mâle reproducteur auprès de la reproductrice. Cela ressemble à l'eusocialité des fourmis, mais, ici, les animaux subalternes sont socialement inhibés, subissant un stress d'agression permanent qui les stérilise, et les femelles subordonnées ne montrent pas de traces de développement des follicules ovariens. La coopération des rats-taupes semble quelque peu forcée.

Dans les groupes sociaux, les individus socialement dominés échouent souvent à se reproduire. Ce phénomène est actuellement attribué au contrôle par le couple dominant. Cependant, les subordonnés n'ont souvent pas accès à des partenaires non apparentés, et une autre possibilité est que leur reproduction soit plutôt limitée par l'*évitement* de la consanguinité. Chez un autre rat-taupe eusocial, le rat-taupe de Damaraland *Cryptomys damarensis*, les femelles subordonnées, alors qu'elles sont dominées en présence des femelles dominantes, peuvent néanmoins accéder à des partenaires non apparentés. Dans ce cas, beaucoup copulent aussitôt, révélant qu'esquiver la consanguinité reste attrayant dès que cela s'avère possible[17].

En fait, c'est à partir de la conjecture d'un biologiste britannique, John Haldane, que l'explication a commencé[18]. En 1955, Haldane[19] livre ses soupçons : « Supposons que vous soyez porteur d'un gène rare qui affecte votre comportement de telle manière que vous vous jetez dans une rivière en crue pour sauver un enfant, mais que vous avez une chance sur dix de vous noyer, tandis que je ne possède pas ce gène et que je reste sur la berge à regarder l'enfant se noyer. Si l'enfant est votre propre enfant, ou votre frère ou votre sœur, il y a une chance égale que cet enfant soit également porteur de ce gène, de sorte que cinq gènes seront sauvés chez des enfants pour un perdu chez un adulte. Si vous sauvez un petit-enfant ou un neveu, l'avantage n'est que de deux et demi pour un. Si vous ne sauvez qu'un cousin germain, l'effet est très faible. » Plus vous avez une parenté proche avec celui que vous sauvez, plus la population pourra alors conserver le gène rare, même si vous risquez la noyade. Haldane n'est pas allé plus loin, n'y a plus réfléchi. Il était déjà assez controversé puisqu'il avait commis le péché d'être communiste aux États-Unis.

Une porte s'était cependant entrouverte pour un chercheur plus orthodoxe qui appliquerait des idées plus conventionnelles. Wilson va rencontrer le jeune Hamilton dans un colloque sur les hyménoptères sociaux. La parentèle s'afficherait comme une loi décisive. À la fin de cette réflexion, Wilson et Hamilton s'enthousiasment de retrouver le fonctionnement de la société « supérieure » dans la parentèle des hyménoptères sociaux. Il fallait juste mathématiser les coefficients de parenté.

Le succès des équations de Hamilton a été considérable. Mais c'est leur ratification empirique généralisée qui a imposé la démarche sociobiologique. La publication en 1975 d'un gros ouvrage de synthèse, *Sociobiology : The New Synthesis*, par Edward Wilson[20], entérinait l'idée que les bases biologiques des comportements sociaux étaient dissimulées dans les gènes. « Dans un sens darwinien, l'organisme ne vit pas pour lui-même. Sa fonction première n'est même pas de reproduire d'autres organismes ; il reproduit des gènes, et il leur sert de porteur temporaire. » Tous les êtres vivants feraient leur possible pour accroître le bénéfice de la diffusion de leurs propres gènes. En transcription vulgaire, ils se reproduisent, quoi. Mais, si l'on se réfère non pas au succès reproductif d'un organisme pris isolément, mais qu'on considère sa *fitness inclusive*, le coût du comportement engendré par les gènes altruistes chez certains des porteurs de ces gènes – par exemple les fourmis ouvrières – peut être compensé par les bénéfices de la *fitness* pour ceux qui en sont les bénéficiaires – par exemple les reines. Le coût du gène chez les ouvrières serait donc compensé par ses bénéfices chez les reines.

L'énigme de la vie sociale était-elle éventée ?

Mais pourquoi la vie en société le leur permettait-elle mieux que si elles vivaient seules ? La *fitness* des ouvrières stériles est toujours nulle, alors que frères et sœurs, même individuellement et sans vivre en groupe, diffuseraient aussi bien les mêmes copies d'un gène dans leur progéniture ?

La sociobiologie n'en disait rien.

« À cet endroit, jusqu'à la tombée de la nuit, j'ai attendu Godot*. »

* Beckett S., *En attendant Godot* [1948], Éditions de Minuit, 1952.

Chapitre 4
La confidence des termites

Grand fourmilier

L'observation des fourmis ne clarifiait donc encore pas grand-chose de la vie en société.

Même en admettant que tous les individus d'une espèce propagent mieux les gènes apparentés, pourquoi préféreraient-ils une vie en société totalitaire plutôt qu'une existence solitaire pour accomplir cette même performance ? Appliquée à regarder la vie sociale des fourmis, la nouvelle biologie n'avait négligé les autres espèces qu'à cause de son postulat sur la parentèle. Pendant plus de vingt ans, on mesura donc la parenté des animaux sociaux, s'émerveillant toujours davantage d'y trouver des fratries et des cousinages. La parenté était patente, mais le modèle d'étude favori restait les insectes haplodiploïdes et leurs sociétés fantastiques.

Seulement, quelques anomalies auraient pu éveiller des soupçons sur la validité de la méthode. Certains hyménoptères résistaient irrévocablement à la sociobiologie. La plupart des hyménoptères, abeilles, fourmis, frelons ou encore des guêpes parasitoïdes présentent ce système asymétrique de reproduction dont seule l'absence de chromosomes Y différencie des mâles haploïdes. Néanmoins, la plupart de ces espèces se complaisent dans une vie solitaire.

Mais alors, si leur reproduction permettait de distribuer les mêmes gènes tout autant en vivant seules, la raison sociale de l'haplodiploïdie se fourvoyait.

Ainsi, toutes les guêpes ne tournent pas ensemble autour des confitures. L'ichneumon commun *Ephiailtes manifestes* est une petite guêpe parasitoïde dont la reproduction persiste dans un système haplodiploïde. Elle part à la recherche des larves de *Cerambyx*, des insectes longicornes xylophages qui vivent cachés dans de longues galeries individuelles. Mais l'ichneumon sait lire les signes qui trahissent leur présence. Après une minutieuse inspection de l'arbre, le parasitoïde creuse, avec sa longue tarière, un trou dans l'écorce pour atteindre la loge secrète du *Cerambyx*. La guêpe attentive plante un œuf directement dans le corps du *Cerambyx*. L'œuf se développe, et la larve de la guêpe s'installe dans son hôte impuissant, pour peu à peu dévorer tous ses organes en allant, de façon plus ou moins précise, des moins vitaux aux plus vitaux. La larve du *Cerambyx* meurt vidée de ses chairs en même temps que naît le descendant de l'ichneumon.

D'autres, comme le petit hyménoptère *Litomastix truncutellus,* parasitoïde des papillons *Plusia,* peuvent produire plus de mille descendants à partir d'un seul œuf polyembryonnaire. Mais, de colonies sociales, point. Aucune société, *nada*.

Ainsi, on savait que tous les hyménoptères ne cédaient pas à la vie eusociale en dépit de leur système haplodiploïde. Car de très nombreuses espèces sauvages d'abeilles solitaires butinent sans vivre en colonie. Chaque femelle fertile construit seule ses cellules de cire et s'occupe de les fermer, sans avoir ensuite de relation avec la progéniture. De même, la guêpe maçonne solitaire *Celonites abbreviatus* nourrit sa larve de pelotes de pollen dans une cellule de terre en forme de tube, accrochée sur les murets. Même le comportement constructeur n'identifie pas la vie sociale puisque sept mille sept cents espèces de guêpes fouisseuses *Sphecidae*[1] entreprennent la construction de chambres d'incubation, tout en gardant une vie solitaire.

Cela aurait pu inquiéter les tenants de la parentèle.

D'ailleurs, chez les fourmis elles-mêmes, la distribution de la parenté est moins claire qu'ils ne l'affirmaient. En fait, la fourmilière résulte d'une organisation complexe. Souvent, la colonie est monogyne, cependant il existe de nombreux cas où il n'y a pas qu'une seule reproductrice, mais où plusieurs reines se partagent l'activité de ponte. Lorsque de jeunes reines ailées tombent au voisinage d'une fourmilière de leur espèce, elles pénètrent dans la fourmilière et font élever leur nouvelle progéniture par les ouvrières de la société d'accueil. On a alors plusieurs reines dans le nid qui devient ainsi polygyne. Mais, de plus, les reines ont favorisé des accouplements polyandriques, c'est-à-dire avec plusieurs mâles. En moyenne, sept mâles vont fournir à la future reine la quantité de semence suffisante pour sa vie entière. Comme les reines pondent des œufs fécondés à partir de ce mélange de sperme stocké dans leur spermathèque, les larves qui en sont issues n'ont pas toutes le même géniteur. Ainsi, les ouvrières n'ont aucun gène en commun avec certains mâles et, quand il y a plusieurs reines, ne sont apparentées en moyenne qu'à moins de 25 % dans la fourmilière.

De surcroît, il existe aussi des reines haploïdes. Les fourmis méditerranéennes *Cataglyphis cursor* produisent bien des mâles haploïdes à la fin de leur vie, mais les jeunes reines sont elles-mêmes le fruit d'une parthénogenèse royale, contredisant complètement la théorie. Chez une fourmi d'Amérique du Sud, *Wasmannia auropuntata*, les nouvelles reines sont aussi issues de la ponte parthénogénétique de leur mère. En revanche, ici, les mâles sont issus d'un œuf fécondé, dans lequel le matériel génétique transmis par la mère dans l'ovule disparaît. Il ne reste que le matériel génétique apporté par le spermatozoïde, donc par le père. Autrement dit, les mâles de cette fourmi sont les clones de leur père. Voici donc une fourmi dont les reines sont les clones de leur mère, et les mâles, les clones de leur père. Seules les ouvrières sont issues d'une reproduction recombinante sexuée.

Par conséquent, il semblait que la reproduction haplodiploïde n'offrait pas non plus les conditions requises pour engendrer des espèces eusociales. De fait, ce mode de reproduction si singulier constitue plus une exception que la règle naturelle des insectes. Nombre d'espèces communautaires ne connaissent que des accouplements diploïdes, une progéniture fertile et admettent des individus non apparentés dans leur vie sociale. En outre, les conditions d'application des coefficients de parenté restent délicates pour prédire la direction de la sélection agissant sur les supposés « gènes de l'altruisme ». La *fitness* du bénéficiaire peut donc n'être augmentée que de manière infinitésimale par l'altruisme[2].

Il reste que Wilson avait défini une société comme « un groupe d'individus d'une même espèce organisé d'une manière coopérative ». Mais comment vérifier et définir la coopération ?

On voit vagabonder dans le Pantanal brésilien un drôle de mammifère au poil gris long et à la bouche transformée en un tube aspirant. En dépit de sa physionomie avenante, le grand fourmilier *Myrmecophaga tridactyla* n'est pas si pacifique : l'animal terrorise les termites, des insectes isoptères, éloignés phylogénétiquement des fourmis hyménoptères. Si les insectes, et au premier chef les coléoptères, semblent dominer la zoologie, les classes qui forment des corporations sociales ne sont pas si nombreuses. Qu'importe pour le fourmilier, animal solitaire, l'effectif des termites l'intéresse justement à cause du regroupement des individus. Le prédateur sait fendre, avec ses énormes griffes, de larges crevasses dans la paroi dure de la termitière pour en aspirer les ouvrières collées sur sa langue très longiligne. Un repas entier additionne des centaines d'insectes englués.

Mais il lui faut poinçonner un trou. Or les termites paraissent admirablement combattre la moindre fissure dans l'architecture complexe de leur abri. Les réparations de la croûte brisée, si elles mobilisent ensemble nombre d'ouvrières, ne constituent pourtant pas une marque de solidarité délibérée entre ces insectes. Les termites, quasi aveugles, vivent dans l'obscurité des galeries souterraines, comme chez *Kalotermes flavicollis* ou le très commun *Reticulitermes flavipes* en France. Mais ils peuvent édifier une construction épigée parfois gigantesque[3] chez *Macrotermes michaelseni* ou les *Termitidae*. Une architecture grandiose dissimule la chambre de la reine, les dépôts de nourriture et les cellules du couvain. Les *Macrotermitinae* savent aussi cultiver des champignons qu'elles alimentent à partir des eaux souterraines. L'espèce australienne *Macrotermes bellicosus* bâtit et entretient ainsi un véritable immeuble au-dessus des chambres à couvain.

Dès que la lumière dévoile un trou dans une galerie, le termite enclenche, en réflexe, un comportement stéréotypé pour mâchouiller la terre et boucher l'orifice inattendu. Pétrissant une boulette de « salive » et de glaise, le termite façonne une boule imprégnée d'une phéromone, qui crée une concentration olfactive sur l'endroit du dépôt de la boulette. Est-ce l'émotion induite par ces flux de phéromones ? Toujours est-il qu'un autre termite, puis encore un autre s'attellent à cette besogne de rebouchage.

Mais, en y regardant avec plus d'attention, on aperçoit que ce travail n'a rien d'une coopération[4]. Les termites n'instaurent pas d'équipes de travail, et leur labeur n'est pas coordonné. Chaque insecte accomplit une tâche pour laquelle il semble instinctivement programmé. Les termites se rassemblent du bon côté de la déchirure de la paroi simplement parce que le taux des stimulations olfactives augmente avec le nombre d'actifs, même si chacun travaille sans concertation et parfois contradictoirement d'une manière décousue. Ici, on ne parvient à un résultat, obturer un trou dans la galerie, que parce que l'addition de l'ensemble des activités individuelles finit par s'orienter vers le plus grand nombre, sous l'effet des stimuli biochimiques. L'univers confiné de la termitière multiplie simplement la dissémination des effluves de phéromones.

On retrouve ce type de déplacements désordonnés chez les fourmis, qui découpent et tirent chacune à hue et à dia[5], mais finissent tout de même par transporter une grosse proie vers le nid, répondant plus à des mathématiques du chaos qu'à la mise en œuvre d'une stratégie collaborative. Bien que cette tactique primitive reste terriblement efficace, elle ne diffère pas fondamentalement des activités habituelles des autres insectes. De fait, ce qui paraissait signer la virtuosité d'une organisation eusociale, au comble de la socialité, semble s'avérer beaucoup plus primaire qu'une collaboration collective. Suffisante pour des insectes, certes, mais apportant bien peu d'information sur la coopération.

Du reste, les termites ne subissent rien de l'haplodiploïdie, bien que tous les isoptères soient unanimement sociaux. Ces insectes, proches des blattes, sont diploïdes, et, si une reine engendre une multitude d'ouvrières, un mâle l'accompagne dans la chambre royale, générant une parenté égale et diploïde dans la société. Parfois, comme chez les reticulitermes, des reines « secondaires », sans ailes, escortent tout ce petit monde et peuvent également produire une descendance. Mais le roi et la reine bloquent chimiquement le développement du potentiel reproductif des autres membres de la colonie. À maturité, l'abdomen distendu des reines (une physogastrie) leur fait atteindre des dimensions considérables jusqu'à 7 centimètres de long pour produire trente mille œufs par jour. Pourtant, le couple royal montre une exceptionnelle pérennité pour des insectes, de près de vingt ans. Cette longévité semble dériver d'une réponse physiologique à l'hypoxie* régnante dans les chambres fermées[6], lien qu'on retrouve aussi chez le rat-taupe nu[7].

L'élevage est effectué par leur propre progéniture aptère et stérile. Ici, cependant, vont des individus morphologiquement si différents que le système des castes s'organise d'une façon très rigide. Les « ouvrières » assument la construction et la ventilation de l'édifice du nid, la collecte de nourriture, l'évacuation des déchets et l'alimentation du couvain. La défense de la colonie est confiée à des individus terrifiants, à la tête prognathe et aux mandibules hypertrophiées, les « soldats ».

Le polyphénisme des castes de termites est un phénomène postembryonnaire, conditionné par l'activité du système endocrine sous la dépendance de phéromone inhibitrice sécrétée

---

* L'hypoxie est un apport réduit en oxygène.

par la reine et d'autres individus. L'appellation de travailleuses demeure encore très ambiguë puisque la communication émane d'une gamme de réactions réflexes induites par des facteurs biochimiques. Mais, si la parenté mutuelle est insuffisante pour expliquer la collaboration, les termites restent indéniablement des espèces très sociales, se rassemblant en milliers d'individus. Les immenses termitières où réside *Amitermes meridionalis* peuvent abriter jusqu'à un million de membres.

Les termites montrent aussi la particularité alimentaire d'un régime très pauvre axé sur la cellulose du bois. Les espèces « supérieures » de *Termitidae* digèrent elles-mêmes la cellulose, mais des micro-organismes symbiotiques intestinaux résolvent cette épreuve d'une si maigre nutrition chez la plupart des autres. Ces insectes sociaux organisent également un soigneux élevage des larves.

L'accent parfois mis sur les soins parentaux a pu biaiser notre vision de la socialité[8]. Certains insectes, comme les forficules perce-oreilles chez les dermaptères *Forficula auricularia*, apportent eux aussi des soins méticuleux à leur progéniture[9], mais sans sacrifier du tout à une vie sociale. L'incroyable ingéniosité des termites, édifiant des cathédrales de terre, a bien dû émerger sous l'effet de facteurs très différents de la parentèle et dément toutes les bases spéculatives que la sociobiologie avait imposées.

Au demeurant, les fourmis les plus primitives peuvent aussi révéler d'autres caractéristiques qui défient les effets supposés de la parentèle.

Ainsi, chez environ cent cinquante espèces de fourmis recensées, il n'existe pas de vraies reines. Ces fourmis, comme *Dinoponera quadriceps*, sont considérées comme assez archaïques. Toutes sont aptes à se reproduire, pourtant, elles ne le peuvent pas toutes.

Ces fourmis ouvrières fécondes sont des gamergates. Il n'existe pas de reine morphologiquement différenciée du reste des ouvrières. Chez les *Streblognathus peetersi*, au cours du vol nuptial, toutes les ouvrières ailées ont la possibilité de s'accoupler et de produire des œufs fécondés. Ici, la colonie résulte simplement de la première fourmi qui naît. Chez les gamergates comme *Streblognathus aethiopicus*, toutes les fourmis sont des ouvrières après leur naissance. La gamergate ne cohabite avec ses sœurs que pendant un bref laps de temps, avant son accession au statut royal. L'une d'entre elles va s'accoupler la première et monopoliser la colonie. Parfois, la première fourmi va couper les ailes de ses sœurs qui éclosent, car cette amputation empêche le déroulement normal de leurs potentialités reproductrices et entraîne rapidement leur stérilité. Dans cette guerre des trônes, la première fourmi qui y réussit confisque le pouvoir de laisser une descendance.

La mutilatrice devient donc la reine, non parce qu'elle a des meilleurs gènes, mais par hasard, juste parce qu'elle est la première-née.

Ensuite, elle produit une sécrétion chimique inhibitrice, dont elle macule les autres, déclenchant peu à peu leur infertilité. Si une autre ouvrière échappe à ce premier barbouillage, la gamergate la badigeonne d'une substance biochimique qui déclenche une attaque par les autres ouvrières. Le massacre de ses sœurs pourvoit au maintien de la royauté. La première gamergate reconnaît aussi les œufs des ouvrières à leur odeur différente des siens et en mange les trois quarts. Donc les autres sœurs n'ont plus d'avantage évolutif à pondre des couvains qui seraient détruits et vont peu à peu partir. Par la suite, la gamergate vit entourée principalement de ses propres filles, toutes remerciées par la logique de leur badigeonnage de sécrétions inhibitrices.

C'est une parfaite démonstration de l'importance des signaux chimiques dans le conflit sexuel et la vie sociale des fourmis. Ensuite, la gamergate vieillissante sera remplacée par l'une de ses filles. L'avènement de la nouvelle gamergate comme reine résultera d'alliances ésotériques entre les ouvrières chastement induites par les fluides de ses glandes. Ces coalitions se défont peu à peu, au fur et à mesure que la gamergate n'est plus assez fertile.

Cette dynamique de conflit construit la vie des fourmis primitives, mais les résistantes donnent une leçon inattendue. Au cours de l'évolution, la société des hyménoptères sociaux s'est hiérarchisée et est devenue complexe, mais toujours sur la base d'un antagonisme originel entre les femelles reproductrices. Pourtant, en dépit du conflit fondamental, chez les gamergates, le conflit ouvert reste faible, car le privilège reproductif des reines pourra être remis en cause par des rivales au cours de joutes phéromonales et de disputes ritualisées.

En revanche, les fourmis coloniales ou les abeilles *Apis mellifera* dans la ruche entretiennent la stérilité des ouvrières parce que la reine les enduit de phéromones mandibulaires que chacune disperse à chaque contact. Dès le printemps, la reine pond deux mille œufs par jour qui deviendront majoritairement ses ouvrières. Au cours de l'évolution, les reines se sont fait aider par cette caste faite des premières abeilles et fourmis privées d'une motivation sexuelle. Soumises par ces poudres de perlimpinpin, elles les diffusent sans cesse aux autres à chaque échange trophallaxique. C'est donc un gradient de stimuli biochimiques qui entretient la docilité dans la société hiérarchisée. Les abeilles et fourmis ouvrières, inhibées par les sécrétions royales, condamnent les déviantes qui réussissent tout de même à pondre en mangeant leurs œufs ou en tuant la larve produite.

L'ordre ne règne que parce qu'une glande sauve sa majesté despotique. Voilà aussi pourquoi les fourmis qui présentent le moins d'interactions avec les autres dans la fourmilière peuvent avoir tendance au désœuvrement. Les hyménoptères, submergés de substances biochimiques à travers des milliers d'interférences quotidiennes, enclenchent individuellement les stéréotypes comportementaux de leurs activités. Et seuls ceux qui voient la vigilance olfactive des gardiennes s'affaiblir s'affranchissent ou errent oisifs.

À l'interface d'une vie sociale émancipée par l'interruption des ordres chimiques, les réticences de certaines abeilles à effectuer des tâches qu'on leur assignait finissent par les faire parfois accéder à une reproduction. Ainsi, 7 à 30 % des ouvrières développent des ovaires et déposent des œufs donnant des mâles par parthénogenèse[10]. Non marquée par le sceau royal de sa glande de Dufour, cette progéniture est condamnée par les gardiennes les plus zélées de la reine[11], mais certaines de ces anarchistes[12] trouvent la force de s'y opposer, déjouant le marquage pour les nettoyeuses. En comparant les profils chimiques de ces ouvrières, les chercheurs ont remarqué que la production d'esters constitue une réponse flexible. Quelques ouvrières déviantes dans des colonies orphelines voient leur glande de Dufour amplifier la production de ces esters. L'anarchie des abeilles constitue clairement une contre-stratégie contre la police de la reine[13].

Ainsi, la colonie des insectes sociaux ne consiste pas dans le compagnonnage délibéré de sœurs apparentées et génétiquement altruistes. Non, c'est une dictature, médiée par les phéromones. Les insectes sociaux ne renoncent pas à leur aptitude à se reproduire, ils y sont condamnés. Cette situation totalitaire n'est pas liée à des qualités intrinsèques ou génétiques des reines, juste à un mécanisme aléatoire désignant la fonction de génitrice, chez des espèces dont le programme comportemental reste en grande partie stéréotypé.

Le système chimique et olfactif des insectes génère donc autant de résistance à la pression du groupe que de soumission. Certes, la reine et ses soldates barbouillent les ouvrières de substances qui les rendent stériles et travailleuses, affectant le développement des ovaires, mais il existe de nombreuses résistantes qui échappent à la quantité de substance chimique nécessaire. Au cours de cette histoire, certaines vont se reproduire seules, d'autres vont quitter la fourmilière, enfin d'autres finissent par ne rien faire et se laisser vivre. La stratégie des fourmis ou des termites n'est pas vraiment une histoire collective. Non, il s'agit d'une histoire individuelle qui révèle également que le conflit reproducteur entre la reine et les ouvrières est géré de manière partielle. La reine bricole avec ses filles et garde surtout, avec elle, un quarteron de soldates dévouées qui deviendront ses âmes damnées, sa police en quelque sorte.

Hamilton et Wilson avaient imaginé que la reine et les ouvrières se différenciaient grâce à des gènes qui déterminaient naturellement leur statut en relation avec leur parenté, parce qu'une *fitness* majorée découlait naturellement du succès des gènes. Mais, même chez la guêpe sociale haplodiploïde *Ropalidia marginata*, une ouvrière devient hyperagressive quand la reine est ôtée. Ne subissant plus le flux hormonal inhibiteur de la reine, cette première résistante s'empare du trône. Les différents modèles de parenté testés démontrent que la filiation génétique est très insuffisante pour prédire qui succédera à la reine[14]. Les facteurs écologiques pourraient avoir un bien meilleur pouvoir explicatif.

Même en s'agrippant au modèle mathématique de la parentèle des fourmis, aucun sociobiologiste n'a encore pu décrire par quel mécanisme biologique l'haplodiploïdie et les coefficients de parenté pouvaient stimuler la sociabilité des insectes sociaux. À côté de l'hypothèse de la *fitness inclusive* et de l'approche génétique qui met l'accent sur l'ascendance commune, il devient de plus en plus difficile de négliger des mécanismes héréditaires et écologiques dont le pouvoir explicatif semble s'imposer.

La dépendance de la théorie biologique à une simple ressemblance de la progéniture aux parents rend la compréhension de l'évolution encore bien incomplète. Dans un premier temps, l'intérêt méthodologique du concept de *fitness* a été de regrouper les propriétés naturelles en une seule variable, qui avait l'avantage d'être aisément mesurable. Elle occultait les différences entre ces propriétés, de sorte que les individus pouvaient être évalués les uns par rapport aux autres même lorsqu'on ignorait ces différences entre les traits naturels. Celui-ci avait une meilleure *fitness* que celui-là, donc la sélection naturelle diffusait mieux ses gènes.

Seulement, une impasse mécaniste venait troubler la question. La fabrication des cellules sexuelles, ovules et spermatozoïdes, suit plus souvent une règle aléatoire de recombinaison génétique, la *méiose,* un type de division cellulaire qui réduit de moitié le nombre de chromosomes dans une cellule. Le partage des gènes n'est pas égal dans chaque cellule. Au lieu de cela, après la méiose, chaque cellule sexuelle haploïde (à un seul jeu de chromosomes) contient un mélange de gènes de la mère dans l'ovule, ou un mélange des gènes du père dans le spermatozoïde. En biologie, le *principe de l'assortiment* décrit comment, dans les chromosomes, différents gènes se séparent indépendamment les uns des autres, mais il détermine ensuite une immense conséquence, lors de la recombinaison du génome de chaque descendant. La méiose brise, puis recombine des morceaux d'ADN pour produire de nouvelles combinaisons originales de gènes. La recombinaison associe des morceaux de gènes maternels et paternels, ce qui assure que les gènes varient indépendamment les uns des autres.

À l'arrivée, le bébé ne ressemble que superficiellement à sa grand-mère. Chaque organisme est unique. Chaque descendant dispose d'une combinaison originale d'allèles, ou de gènes dominants et récessifs, qui s'expriment différemment de ceux des parents. De sorte que la propagation d'un gène mutant a une très faible probabilité de s'imposer dans le pool génétique d'une population s'il n'exprime pas un avantage concret, une adaptation. Il ne le peut pas non parce que les conditions naturelles en limiteraient l'expression, mais par insuffisance d'assortiment.

La colonie des fourmis évolutivement archaïques comprend peu d'individus, moins d'une centaine, mais leur fonctionnement montre comment, à l'origine, s'est constituée la fourmilière. Le fondement de la vie sociale des fourmis réside bien plutôt dans le conflit sexuel et reproducteur que dans un déterminisme des gènes. Cela donne un coup de pied dans la fourmilière !

Le mode d'organisation de ces fourmis, avec des adultes tous capables de se reproduire, existe chez bien d'autres animaux. Même chez les mammifères, comme les loups, les lycaons et les suricates, un couple adulte engendre la plupart des petits, tandis que les autres membres de la troupe en prennent soin et ne se reproduisent pas ou peu. Ces groupes sociaux biaisés sont aussi parcourus par le conflit sexuel. Les brimades déterminent alors, comme chez les rats-taupes, une *inhibition sociale* de la reproduction des subordonnés.

La sociobiologie avait décrété que les sociétés d'hyménoptères qualifiées d'eusociales constituaient la forme la plus aboutie de toutes les sociétés. Malheureusement, dans le monde réel, l'haplodiploïdie des insectes tolérait les fécondations multiples. Alors, si au cours de son vol nuptial la reine mère admettait la semence de plusieurs mâles, que devenait la proximité génétique nécessaire à la théorie de la parentèle ? Et la vie sociale des rats-taupes glabres provenait d'animaux tous diploïdes, pas d'haploïdie ici. La sociobiologie écarta ce problème, sans dévier de son idée fixe. Pourtant, si le nombre de pères se multipliait, l'explication par les gènes perdait un peu de son pouvoir déterministe. La théorie de la parentèle se serait-elle méprise sur la sexualité ?

La *fitness* a, elle, permis une parfaite simplification, et le travail de recherche y a gagné une méthodologie logique inflexible, drastiquement entretenue par les statistiques. Il suffit désormais que le chercheur rigoureux isole un trait physique différent, la longueur des pattes ou le taux d'ocytocine par exemple, ou un caractère comportemental nouveau comme le degré de vie sociale ou la polygynie. Ensuite, il doit rapporter la mesure de la *fitness* de l'individu étudié avec au moins l'un des deux paramètres vitaux suivants, d'une part, la survie, par exemple la longévité de l'individu, ou, d'autre part, son succès reproductif, entre autres le nombre de descendants annuels engendrés. Il pourra alors décider que le caractère examiné constitue une *bonne* adaptation si l'individu qui le porte obtient un *meilleur* score qu'un autre pendant la durée de l'étude. Irréfutable. Évidemment, si le gène est associé à une meilleure *fitness*, les copies de ce gène sont censées envahir les génomes, dont on découvre la pauvreté adaptative, en entraînant un remplacement de la population.

Même l'identification d'une séquence génétique précise n'est pas obligatoire, puisqu'il suffit que le trait accroisse la *fitness* pour qu'on puisse affirmer qu'il est adaptatif. La variation est ici comprise comme une inégalité qui démontrerait que des « pressions sélectives » ont joué pour favoriser tel trait ou tel caractère.

L'écologie de l'espèce disparaît de l'équation, mais elle peut aussi être réintroduite partiellement sous la forme des pressions sélectives des conditions environnementales. Sommairement, la reproduction d'un individu dans un contexte donné confirme qu'il est adapté à ce contexte, mais ce raisonnement un peu circulaire ne précise pas comment. Les variables écologiques n'interviennent dans l'équation qu'à la condition qu'elles soient équivalentes durant l'étude ou, si on soupçonne que ce n'est pas le cas, hiver froid ou sécheresse, on présumera que les variables écologiques soit ne sont que des perturbations négligeables permettant d'entériner le résultat, soit en biaisent l'issue si la corrélation paraît trop faible entre *fitness* et caractères. L'écologie n'est plus qu'un bruit de fond.

Au demeurant, passé la question de l'haplodiploïdie, il faut remarquer que, même si la *fitness* calculait la contribution aux générations futures, les insectes sociaux ne pourraient pas être considérés comme ayant une plus grande *fitness* qu'un couple d'animaux solitaires, en tout cas rien qui permette d'attribuer un bénéfice de leur vie eusociale. La *fitness* de la reine ne résulte que de sa production de futures génitrices, qui seules contribueront génétiquement aux générations futures.

Ce que les animaux solitaires font également, acquérant séparément une *fitness* équivalente, par un malin plaisir à semer le trouble.

« Qui s'est abaissé devant la fourmi n'a plus à s'abaisser devant le lion*. »

---

* Michaux H., *Face aux verrous*, Gallimard, 1992.

Chapitre 5
Une socioécologie des animaux solitaires

Putois d'Europe

L'âge adulte lui vient vers 7 ans[1]. Alors il délimite jalousement un territoire par des jets tournoyants d'excréments sur le sol. Le mâle de l'hippopotame commun *Hippopotamus amphibius* ne peut maîtriser l'appropriation que d'une petite étendue d'un point d'eau ou d'une rivière, d'en moyenne 250 mètres de long. Mais ici se réfugient plusieurs dizaines de femelles, dont il garde le seuil.

Chaque nuit, l'animal broute à terre des herbacées et il revient s'immerger dès que le soleil darde ses rayons brûlants. La vie d'un hippopotame se déroule surtout dans l'eau. Il est vrai que l'hippopotame et les cétacés ont une ascendance commune[2]. Le troupeau comporte souvent un harem de femelles, accompagnées de leurs petits, duquel s'écartent les subadultes célibataires. Les animaux pâturent individuellement la nuit et ne se rassemblent que dans leur famille respective, bien que la pénurie des milieux aquatiques les contraigne à tolérer une forte promiscuité, en dépit de fréquentes disputes territoriales.

La vie sociale des hippopotames est donc assez lâche, et les interactions, souvent agressives, mais cela ne les empêche pas de se reconnaître. Solitaires pour se nourrir, regroupés dans la rivière pour la plupart des autres activités, les hippopotames forment un curieux mélange d'oppositions. Il est probable que la menace des lions en façonne aussi l'organisation. Les mères très protectrices regroupent souvent leurs jeunes dans des nurseries où ils trouvent une certaine quiétude. Là encore, si le territoire monopolise l'activité du groupe polygame, la menace des prédateurs semble instaurer le rassemblement.

Maintenant dûment armée des méthodes génétiques de la sociobiologie, l'écologie comportementale, qui n'est pas une écologie du comportement, s'est alors rapidement détachée de l'écoéthologie. L'écologie comportementale a avalisé la seule *fitness inclusive* comme la règle indéfectible de ses recherches. En affichant que les comportements pouvaient être traités comme des gènes, la simplification méthodologique appelée le « gambit phénotypique », c'est-à-dire la réduction abstraite du comportement à un gène, a permis de voir émerger la découverte théorique du gène de ceci ou de cela, depuis le gène de l'ocytocine, attribué à la fidélité conjugale, à celui du VMAT2 ou *vesicular monoamine transporter*, censé déterminer la croyance en Dieu[3]. Cette position conduisit à mettre en avant un ensemble de gènes présomptifs qui firent parfois les gros titres de la presse, mais, en fait de révolution génétique, ne représentèrent que des contributions mineures à l'avancée des connaissances, voire des erreurs maladroites.

Le postulat fondamental fait du comportement un caractère semblable à un trait héréditaire. Mais l'être vivant lui-même est relégué au rôle d'intermédiaire et de passeur de gènes, selon la position popularisée par Richard Dawkins. Dommage collatéral : puisque la réplication des gènes était la mesure essentielle de la valeur adaptative des comportements, la domination sociale, l'agression sexiste, la diffamation raciste devaient aussi constituer des adaptations soutenues par la sélection naturelle. Voilà que le darwinisme social qu'on essayait de sortir par la porte revenait par la fenêtre. Même en rejetant ces spéculations réactionnaires, il reste que cette réduction à l'*intérêt final* du gène se complaît encore dans une vaine tautologie : l'action de la sélection naturelle détermine le gène alors qu'il est déjà défini comme l'unité de sélection. La simple diffusion eugénique des gènes, se répandant au fur et à mesure des générations, organisait le grand remplacement des populations.

Cette hypothèse sociobiologique très darwinienne[4] pouvait être appliquée à tous les êtres vivants, et expliquerait ainsi la formation des sociétés humaines, de l'entraide morale et des hiérarchies prétendument naturelles. Mais, dès sa sortie, le livre de Wilson déclencha une immense polémique, accrue par l'enthousiasme de la « nouvelle droite européenne ». Car sociobiologie et écologie comportementale s'affirmaient comme deux disciplines biologiques renouvelant et simplifiant enfin les méthodes du travail de recherche. La finalité du gène étant de se répliquer, les gènes donneraient accès à tous les comportements. Un déterminisme absolu des gènes était de retour et emprisonnait le destin des cultures. Les sociologues protestèrent en vain, s'énervant à en dénoncer l'idéologie réactionnaire sous-jacente.

La controverse qui a entouré les thèses sociobiologiques a dépassé le cadre scientifique et s'est étendue à l'idéologie et à la politique, et ses thèses ont été souvent reprises par les tenants de l'extrême droite. Mais le succès de la sociobiologie dans les universités du monde entier a été facilité par l'apparence indiscutable de la biologie des lois naturelles, par la simplicité de l'équation de Hamilton et par l'aura académique de Wilson.

La polémique autour de la sociobiologie a finalement profité des réponses silencieuses et des haussements d'épaules arrogants de nombreux sociobiologistes à ces critiques « politiques ». Le best-seller de Richard Dawkins, qui attribuait l'égoïsme au gène, a porté le coup final.

Contradictoirement, des voix se sont élevées contre cette lecture idéologique qui retrouve des fondamentaux autoritaires contre les Lumières[5]. Dénonçant les effets pervers de ces conceptions de la nature, Richard Lewontin n'y trouve qu'« une forme de déterminisme biologique selon lequel l'organisation sociale humaine résulte d'une contrainte des gènes sélectionnés durant l'évolution. En particulier, elle considère la domination du mâle, la hiérarchisation sociale, l'activité économique de l'entrepreneur, la territorialité ou l'agression comme des conséquences de la génétique humaine[6] ».

À mesure que la polémique politique s'immisçait dans le débat scientifique, la lassitude a fini par gagner les chercheurs, la plupart se montrant de plus en plus réservés vis-à-vis des défenseurs de la méthode du gambit. De guerre lasse, le débat tendu s'est progressivement tari sans même que les questions litigieuses ne soient scientifiquement ouvertes. On assimilait les contradictions à une logorrhée inutile. Seul Jean-Yves Gautier a tenté d'élaborer en 1982 une critique scientifique de la sociobiologie[7] en réinvitant les analyses socioécologiques, malheureusement passées inaperçues chez la plupart des biologistes.

Vertuchou ! Les perspectives scientifiques ouvertes par le concept de *fitness inclusive* ne pouvaient pas progresser sans écarter les relents politico-fascistes qui s'étaient insérés dans certaines de ses propositions. Mais, curieusement, le mur de silence élevé semblait suffire pour se débarrasser de ces scories et se concentrer sur les apports supposés de la théorie. Du coup, la « psychologie évolutionniste » en a alors cultivé les avatars réactionnaires pour les sociétés humaines, renvoyant la sociologie à des fantaisies littéraires.

Pendant plus de quarante ans, des biologistes ont travaillé à la mise en forme de modèles mathématiquement plausibles et compatibles avec la sociobiologie, tandis que d'autres se heurtaient aux préceptes de la parentèle et tentaient d'en préciser les obstacles. La sociobiologie et son émanation, l'écologie comportementale, ont exercé une incroyable force d'inertie sur les analyses socio-écologiques des interactions. C'était oublier que l'évolution reste un bricolage aveugle et que, à proprement parler, les gènes ne programment rien. « Un bricoleur qui ne sait pas encore ce qu'il va produire, mais récupère tout ce qui lui tombe sous la main […] pour en tirer quelque objet utilisable[8]. »

Néanmoins, la sociobiologie, dénoncée comme une imposture dès le début[9], restait entérinée comme la meilleure théorie possible par une majorité de chercheurs. Puis, en 2010, une publication iconoclaste, signée de Martin Nowak et d'Edward Wilson[10], a renié la vertu explicative des lois de la parentèle pour retrouver les bases standards de la sélection de groupe, avec en conséquence un repli de la *fitness inclusive*[11]. Dans l'intrépide volte-face de Wilson, après quarante ans d'hégémonie de la sociobiologie qu'il avait lui-même inspirée, fallait-il voir une trahison des fondements de la biologie ou une correction indispensable enfin reconnue ?

Ces tentatives de réfutation ont, en tout cas, déclenché des séries de tapageuses répliques. La repentance des mathématiques de la parentèle fit naître un débat chez les biologistes. Beaucoup d'auteurs s'enferraient dans les louanges de la *fitness inclusive,* réfutant les « distinctions fallacieuses » de sa critique. Les reproches, disait-on, n'étaient pas applicables ou, fondés sur de fausses prémisses, ne proposaient aucune solution[12]. Les protestations de Dawkins ont même conduit à des pétitions dénonçant l'inconstance apparente de Wilson, comme si le nombre d'avis, avec plus de cent trente scientifiques coalisés[13], avait un poids pour établir la validité d'une question scientifique.

Qu'importe, une nouvelle bataille était lancée, et un doute majeur planait désormais sur la sociobiologie. L'amende honorable de Wilson a suscité un réexamen critique courageux de notions biologiques fondamentales, ce qui n'est pas courant. Car, dans la plupart des différends scientifiques, on n'accorde que peu d'importance aux argumentaires contradictoires, et les problèmes biologiques sont réduits à des malentendus, des billevesées ou des erreurs résolues, dont la discussion dépassée serait assignée à des affaires classées.

Il est difficile de conjecturer si l'aventure sociale est première ou si elle est le résultat d'une évolution à partir d'organismes originairement solitaires, mais on peut affirmer que l'existence des interactions intraspécifiques est bien, dès la naissance, ce qui organise la solidarité. Ainsi, les jeunes hiboux moyens-ducs *Asio otus* se perchent côte à côte, juste après avoir quitté le nid. Ils ne font pas qu'attendre un parent nourricier, ils se serrent entre eux pour lutter contre le froid et, déjà, se confrontent au monde.

La sociobiologie reposait sur l'hypothèse fondamentale que l'état de vie solitaire consistait en un stade plus primitif que la vie sociale[14]. L'aspect primitif de la vie solitaire n'a guère été testé et constitue un *a priori*, un préjugé sur l'état de nature. En revanche, si la vie sociale est un processus primaire lié à l'ontogenèse, l'état social des animaux qui vivent en groupe pourrait bien plutôt découler d'une réticence devant une aventureuse dispersion. La socialité émergente, si elle procure des avantages, conduit alors à l'accroissement démographique du groupe et à l'augmentation des interactions entre les individus.

Dans la forêt primaire, le rhinocéros de Sumatra *Dicerorhinus sumatrensis* ne connaît qu'une vie individualiste, et cependant il communique avec ses congénères en émettant des infrasons à 10 kilomètres de distance, dévoilant l'importance de ses contacts sociaux[15].

Bien que, dans les groupes sociaux, l'apparentement des individus puisse s'avérer important, il existe des animaux individualistes dont l'apparentement est comparable. Les recherches ont longtemps persisté dans la négligence coupable des mécanismes ontogénétiques qui façonnent la vie familiale, entravant notre compréhension de l'évolution précoce de la vie sociale. Même les animaux « solitaires » connaissent des phases de vie sociale, notamment lors de la reproduction. Le plus souvent les jeunes sont élevés ensemble, interagissant les uns avec les autres, formant parfois un rassemblement d'immatures proche de leurs géniteurs. Ils expriment des intérêts plus ou moins communs et apprennent la valeur des interactions, en général traitées au cours de ces phases juvéniles.

Les espèces dites solitaires déploient donc des relations sociales élaborées. À l'inverse, les animaux dits sociaux ou vivant en groupes solidaires connaissent aussi des dislocations solitaires et emploient des stratégies de vie analogues aux animaux individualistes. Il est donc parfaitement envisageable de supposer que la formation du groupe social, loin d'être un événement secondaire, constitue au contraire une phase primaire de l'association des individus. Les congénères se séparent après, ou pas. Une phase de vie individualiste se développe ensuite et s'établit à l'état adulte, accompagnée par une accentuation des antagonismes et de la concurrence. Mais, même sans aucun *a priori* sur la vie sociale, la socioécologie peut étudier ce qui déclenche les modes de dispersion et les conditions d'émancipation des subadultes.

Les yeux cachés dans son masque noir, le putois d'Europe *Mustela putorius* figure ainsi parmi les prototypes de mustélidés dits solitaires. Ressemblant au furet domestique dont ils sont les ancêtres, le mâle et la femelle de ce petit carnivore de nos bocages humides ne se rencontrent qu'à l'occasion de leurs brèves amours. Pourtant, le dimorphisme du mâle, qui, avec 1,5 kilo, pèse le double d'une femelle, est attribué au conflit sexuel et à ses rivalités intraspécifiques[16].

L'animal chasse seul, quoiqu'il ait dû apprendre durant son ontogenèse des comportements singuliers.

Avec ses airs de bandit sarde, notre mustélidé a assimilé une attitude vraiment extraordinaire. Le putois sait mettre en réserve des grenouilles et autres amphibiens lors de leur regroupement sur les sites de ponte[17]. Une prévention contre la disette. La séquence particulière est déclenchée par trois facteurs. Tout d'abord, l'habitude, dès le plus jeune âge, de transporter les proies entières que la mère apporte, avant de les manger, pour les soustraire aux autres petits de la portée[18]. Deuxièmement, un changement printanier de régime alimentaire lorsque la disponibilité des proies communes, rats et campagnols, est drastiquement réduite de l'hiver au début du printemps[19]. Un vrai temps de famine. Le passage d'une alimentation composée de mammifères à une prédation sur des animaux ectothermes* comme les amphibiens exige aussi un apprentissage pendant l'élevage des putois.

Et, troisièmement, le rassemblement printanier très précoce des crapauds *Bufo bufo* et des grenouilles *Rana dalmatina* sur leurs sites de ponte offre en même temps une soudaine disponibilité de ressources concentrées, plus nombreuses que ce que le putois peut immédiatement consommer[20]. Son comportement de prédation ne s'éteint pas sous l'effet de l'abondance provisoire des grenouilles : le petit carnivore les ramasse, puis va dissimuler le surplus de ses proies dans des cachettes naturelles[21]. Les aptitudes cognitives de l'animal sont encore sollicitées quand il doit apprendre à « éplucher » les crapauds, pour éviter leurs glandes épidermiques vénéneuses. Une prouesse tactile.

L'autre particularité du putois consiste dans sa prédation sélective : il s'en prend majoritairement aux mâles d'amphibiens[22]. Ces proies mâles sont rendues plus vulnérables à la fois par leur agitation et par leurs chants sonores, et par la plus longue durée de leur séjour sur les mares. Là, ils attendent l'arrivée des femelles de crapauds et de grenouilles venues s'accoupler et pondre en nombre. Cette prédation sélective joue un rôle à la fois sur les flux génétiques des grenouilles, mais aussi sur leur système sexuel, en abaissant les relations polyandres des femelles avec plusieurs mâles[23].

Pourtant, ce système, bien que parfaitement adapté à l'écologie de nos régions, ne permet pas d'augmenter la socialité du putois[24], en dépit de l'accessibilité des proies et de l'apparentement des

* « Ectotherme » se dit d'animaux dont la température métabolique dépend des conditions extérieures, par opposition aux animaux endothermes.

individus proches. La vie individualiste du petit carnivore répond justement à l'exploitation intense de petits secteurs éparpillés dans l'environnement, mais momentanément très riches en proies. Un putois seul peut y exercer une prédation assidue. Si plusieurs petits carnivores se regroupaient pour exploiter ces sites, chacun mettrait en danger sa survie à plus long terme, à laquelle pourvoit la mise en réserve des proies. L'individualisme constitue une adaptation à cette recherche de ressources dispersées, mais regroupées en *patchs*, qui ne sont exploitables de façon optimale que par un seul individu[25]. Il s'agit là d'une configuration géographique commune et, par conséquent, d'une stratégie qu'on retrouve chez beaucoup d'espèces qualifiées de solitaires.

Les putois vivent donc une vie individualiste, mais cela ne signifie pas qu'ils n'ont aucune socialité. Au contraire, l'organisation sociale des mustélidés leur livre toutes les informations dont ils ont besoin. Un monde d'odeurs les renseigne sur la présence et l'identité des individus les plus proches. Chacun y connaît tous les autres. Cette communication indirecte s'établit à travers nombre de marques olfactives intimes, urine, excréments, dépôts des glandes abdominales et anales, qui jalonnent le domaine. Ces repères estampillent une sorte de territorialité sexuelle dont les espaces définis par les mâles et les femelles se chevauchent partiellement et dérivent au cours du temps. Le tigre accomplit les mêmes rituels[26], réservant strictement son territoire, mais le grand félin rayé vadrouille sur des domaines beaucoup plus vastes dans les forêts d'Asie[27].

Toutefois, si quelques disputes paraissent sonores, les combats restent extraordinairement rares chez le petit mustélidé. Les putois parcourent ainsi, dans nos campagnes, les domaines enchevêtrés de leurs congénères, évitant les rivalités par une ségrégation temporaire de l'usage de l'espace[28]. Chacun son tour. Les indications odorantes organisent aussi les rencontres amoureuses. Cette stratégie de reconnaissance à distance les conduit à effectuer de courtes excursions pour des accouplements reproducteurs dans les boisements discrets qu'ils affectionnent. La femelle met bas secrètement, admettant plusieurs géniteurs pour ses portées, ce qui entraîne une confusion de paternité. La pénurie des partenaires engage même parfois des hybridations avec des mâles du très rare vison d'Europe *Mustela lutreola*[29]. Ensuite, les jeunes, élevés par la mère durant quatre à six mois, quittent le territoire maternel pour entamer leur émancipation.

Et justement il persiste une étroite relation entre les mécanismes de dispersion des individus et leur degré de parenté. Plus les adultes juvéniles s'éloignent au cours de leur voyage pour se territorialiser ou rencontrer d'autres congénères, et moins la parenté des animaux sera forte : un apparentement génétique inversement proportionnel à la distance géographique parcourue.

Quand les femelles séjournent à proximité du domaine de leur mère, elles augmentent la parenté globale des animaux qui fréquentent le même secteur. La vie de groupe ne fait que renforcer cette situation solitaire, sans en changer la nature. Par conséquent, la philopatrie, ou le fait de rester près de ses parents, peut considérablement accroître la parenté des animaux. Et on peut suggérer que des effets familiaux altèrent les mécanismes de débandade des individus chez les animaux vivant en groupes sociaux. Ainsi, ceux qui forment des meutes ou des colonies, comme beaucoup de mangoustes[30], montrent un plus faible degré de dispersion, amplifiant la parenté entre membres de l'alliance et la divergence génétique entre membres extérieurs. La petitesse du rayon de dissémination influence de manière décisive la parenté des protagonistes.

L'Italie abrite un drôle d'animal hirsute : le porc-épic à crête *Hystrix cristata*, qui occupe aussi une grande part du continent africain. Il est réputé mener une vie strictement solitaire[31]. Même à supposer que ses piquants n'engagent pas aux rapprochements, ce gros rongeur de plus de 20 kilos ne fréquente que très peu ses congénères, réservant ses visites pour des conversations nuptiales. Le couple s'installe alors en famille et mène individuellement une recherche nocturne de tiges nutritives, de racines et de bulbes, avec, étonnamment, une certaine prédilection pour les os et les squelettes. Rapportés dans un appentis à sa chambre souterraine, ces restes sont lentement rongés pour leurs sels minéraux[32].

Mais l'animal reste irrémédiablement méfiant à l'égard des autres porcs-épics, conteste leur approche et n'essaie pas d'organiser des groupes, la mère refoulant les juvéniles dès qu'ils sont en âge d'être émancipés. C'est donc aussi dans ce refus d'établir des relations pérennes que la vie solitaire du porc-épic trouve son origine. Au contraire, au cours de la phylogenèse, la plupart des animaux qui occupent des milieux homogènes se réunissent sans se connaître, soit pour accéder à une ressource commune, soit pour se séduire ou pour se protéger lors de déplacements.

Non seulement la vie solitaire ne constitue pas nécessairement un stade plus primitif que la vie sociale des rassemblements animaux, mais la socioécologie des animaux individualistes démontre que ces deux états ne s'opposent pas génétiquement. Ils s'expliquent bien davantage par des gradients de leur écologie. Dans la taïga, la martre à gorge jaune *Martes flavigula* s'attaque en groupe aux jeunes cerfs porte-musc moschidés. Pourtant, ces agrégations spécifiques demandent que les animaux sachent aussi se reconnaître individuellement en développant des interactions directes.

À vrai dire, il est très difficile de proposer un modèle généralisable, car la majeure partie des connaissances scientifiques sont basées sur un très petit nombre d'espèces modèles, au premier chef les oiseaux, certains insectes, comme les ténébrions ou les drosophiles, et les mammifères, comme la souris, le rat et le furet. Et de nombreuses études sur la vie sociale se sont concentrées sur les hyménoptères et les singes, dans des conditions artificielles ou en captivité.

Chaque fois, le faible savoir sur l'histoire de vie des espèces a pu orienter les interprétations autour d'un thème ou d'une question évolutive, et la socialité a été inférée à partir d'observations naturelles, souvent partielles et fortuites. Le comportement des espèces qualifiées de solitaires a été plus ou moins arbitrairement interprété en fonction de rares constatations. Ainsi, le porc-épic est tantôt regardé comme formant un couple monogame, une famille où le père reste près de la mère, ou même comme menant une vie solitaire, selon qu'il a été observé en parc zoologique ou dans la nature, dans un milieu ou dans un autre.

L'ours brun, ou grizzly en Amérique, peut apporter d'autres informations sur les conditions qui poussent à l'individualisme. En effet, l'ours est un modèle d'animal solitaire dont le comportement social est souvent réglé par les menaces d'agression contre les autres. Les ours s'évitent donc. Très fragmenté, l'habitat actuel des ours bruns se restreint aujourd'hui aux reliquats des forêts de la préhistoire, et l'animal parcourt de vastes étendues dépassant 1 000 kilomètres carrés quand les ressources sont rares[33]. L'ours tire principalement ses nutriments des végétaux qu'il cueille, révélant une alimentation extrêmement variée, depuis les clams, les bulbes et jusqu'aux larves d'insectes. Sa puissance physique le protégeant en cas de mauvaise rencontre, l'ours brun vole davantage de proies aux loups qu'il ne s'en fait dérober lui-même.

C'est un grand animal solitaire une grande partie de l'année. Les nombreux marquages olfactifs qui jalonnent le monde des ours leur permettent de s'éviter, mais facilitent aussi les rencontres amoureuses. Les femelles veillent attentivement sur les oursons durant deux à trois ans, quand bien même peu de prédateurs sont à même de les menacer. Les mâles étrangers restent les ennemis les plus motivés, car le meurtre des oursons leur permet parfois de séquestrer une femelle jusqu'à l'éveil de sa disponibilité sexuelle. Aussi, les ourses suitées fuient les endroits fréquentés par de grands mâles[34], notamment lorsque ceux-ci sont démangés par leurs ardeurs génésiques. Dès qu'une confrontation se profile, les femelles opèrent une retraite préventive. Et, comme les ours mâles évitent les confrontations avec notre espèce et s'en tiennent éloignés, les ourses femelles, de leur côté, tendent à exploiter ces préventions : elles utilisent notre présence en tant que bouclier humain, en séjournant avec leurs petits près des villages[35].

En dépit des préventions qui altèrent leur vie sociale directe, les ours bruns se réunissent souvent près des cours d'eau et des fleuves lors des migrations des saumons rouges *Oncorhynchus nerka* ou argentés *Oncorhynchus kisutch*. L'accessibilité et la disponibilité de cette ressource piscicole encouragent une forte tolérance qui conduit les animaux à d'importantes concentrations d'ours pendant cette activité. Chacun, résolu dans sa pêche, semble indifférent aux autres, mais tous les animaux se connaissent, entraînant parfois le réveil d'anciennes rancœurs. Les femelles, plus prudentes, gardent un écart envers les mâles, mais profitent aussi de leur aversion pour l'humain, restant plus longtemps à pêcher dans les secteurs dédiés à l'écotourisme[36]. Bien que les interactions sociales demeurent limitées, les ours voient une large intensification de leur tolérance à la proximité de leurs congénères. Un effet ventre plein.

Voilà qui souligne combien, outre les stratégies de dispersion, la disponibilité des ressources, et sans doute beaucoup d'autres facteurs écologiques, peut agir sur le comportement social des espèces. La parenté des animaux constitue plus un résultat de la dissémination des individus qu'une *source* de la vie sociale. Et, si l'une des motivations principales de la dispersion des animaux et de leurs amours réside d'abord dans un évitement de la consanguinité par la recherche de partenaires différents, la théorie de la *fitness inclusive* ne peut pas, au contraire, se féliciter de la parenté la plus commune possible entre les protagonistes de l'évolution sociale.

Pourtant, plus les conditions de vie des animaux sont favorables à leur instinct grégaire, plus le succès reproducteur de l'organisme pourrait s'accroître. En tous les cas, si la vie sociale des animaux solitaires est expliquée par leurs interactions réciproques, l'apparentement n'est pas une condition nécessaire à leurs rassemblements. La tolérance acquise se développe bien souvent pendant leur ontogenèse pour peu à peu faire société. Tout comme chez les espèces les plus sociales, la parenté génétique apparaît bien plutôt comme la conséquence d'une faible dispersion des juvéniles issus de la petite famille. Par conséquent, l'état social des animaux qui vivent en groupe pourrait bien aussi découler d'une simple réticence à la dispersion.

Une stratégie pour rester à la maison.

« Ils devaient se rendre compte que la peur ne pouvait pas leur faire plus de mal que le rêve*. »

---

* Golding W., *Lord of the Flies* [1954].

Chapitre 6
Changement de direction chez les maquereaux

Fou de Bassan

Il faudrait se montrer bien taquin pour célébrer les cinquante nuances de gris de l'horizon breton. D'autant plus que le coloris éclatant du plumage crème et or d'un grand oiseau marin chatoie dans le ciel lorsqu'il se précipite vers la mer dans un vertigineux piqué à 90 km/h. Les couleurs sont animées aux Sept-Îles.

Comme une flèche de plumes, la spectaculaire accélération du fou de Bassan *Morus bassanus,* plongeant dans l'océan, vise les maquereaux bleus *Scomber scombrus,* à plus de quarante mètres de hauteur. Et le volatile poursuit sa proie sur une dizaine de mètres sous la surface dans une pêche implacable. Les fous utilisent les plongées des congénères pour localiser les bancs de poissons. Car, bien sûr, ce qui attire quantité de fous de Bassan dans ces parages tient surtout au peuplement piscicole qui se presse sur ces côtes.

Les maquereaux sont indiscutablement grégaires. Au gré des courants, ils se nourrissent de zooplancton, maraudant dans les eaux froides de l'Atlantique Nord. Les deux nageoires dorsales sont suivies de cinq pinnules juste devant la nageoire caudale, et cette physionomie assure un excellent hydrodynamisme à ce poisson. Pourtant, vagabondant en pleine mer, les maquereaux sont terriblement exposés et se protègent mutuellement en formant d'immenses bancs.

La foule animée des maquereaux atlantiques parcourt alors imprudemment les vagues.

Pourtant, l'idée que la vie sociale impliquerait des épisodes coopératifs obligés n'est guère ostensible chez le maquereau. Tout juste la simultanéité des virages et des avancées de l'ensemble du banc trahit-elle combien le mouvement des maquereaux exige de virtuosité.

Mais, dans ce groupement délibéré, quelle règle suit le maquereau pourchassé ?

L'agrégation des poissons n'engage aucune hiérarchie. Chacun se conforme minutieusement et le plus rapidement possible à la nage du poisson d'à côté, légèrement devant lui. Une performance au dixième de seconde permise par un outil sensoriel délicat, la ligne latérale. Cet organe mécano-sensoriel qui longe tout son corps lui donne les informations requises pour localiser précisément chacun des poissons les plus proches, à travers la signature des turbulences laissées dans leur sillage[1]. Le mécanisme de regroupement, sous la forme d'un banc de poissons, offre également de grands bénéfices hydrodynamiques[2]. Toutefois, les maquereaux ne peuvent former des pelotons aussi compacts que parce qu'ils sont capables de se reconnaître mutuellement, en tant que poissons appartenant à la même espèce, guidés par les reflets particuliers de leurs écailles.

Néanmoins, pour un poisson constituant une ressource de nourriture pour tant de prédateurs, le rattachement à un banc provoque une forte densité de proies potentielles qui facilite aussi la traque par leurs chasseurs. Collectivement, l'agrégation des maquereaux, plus facile à localiser que des poissons isolés, semble une stratégie risquée qui constitue un avantage plutôt pour le fou de Bassan, pour les barracudas, les phoques et les dauphins qui viennent faire bombance. Et, en pleine eau, aucun récif ne fournit des cachettes à ces proies dévoilées.

En réalité, formant un ensemble qui peut soudainement changer de direction, se scinder ou se rapprocher, la constitution du banc perturbe le prédateur immergé au milieu d'une masse qui tourne ou se disloque[3]. De quoi brouiller la concentration de la pêche des fous. La panique maîtrisée des poissons s'avère la tactique la plus efficace pour dérouter les prédateurs. Le nombre des poissons constitue donc bien une défense relative.

Mais il n'y a rien de vraiment aléatoire dans les mouvements de foule des maquereaux. La particularité de l'organisation du banc de poissons consiste, en fait, en l'adoption d'un mode de protection mouvante qui permet que chaque maquereau interagisse avec un très petit nombre de voisins. La façon dont l'information propage des cascades comportementales donne une impression de décision collective, alors que seuls les animaux périphériques distillent les stimuli nécessaires aux tournants successifs. Chacun des maquereaux bénéficie du mouvement des autres tant que la formation n'est pas fragilisée. À mesure que la vitesse diminue, le banc de poissons entre dans un état de transition qui peut conduire à une débandade soudaine. Aussi, la sensibilité des poissons à la périphérie du banc augmente à chaque ralentissement, et les déplacements vers l'intérieur du banc se mélangent avec des mouvements centrifuges. La cohésion s'accroît néanmoins avec la taille du banc, moins exposée à l'éclatement, et la probabilité qu'un poisson choisisse inopinément une nouvelle direction dessine une fonction non linéaire du nombre d'autres poissons ayant déjà choisi cette direction[4].

Une conformité sociale guide donc la manière dont circule l'information sensible dans le banc de poissons, et l'unanimité découle juste d'un simple fonctionnement à partir d'un nombre minime d'interactions. Un changement brusque de direction.

Dès lors, si la diminution des interactions introduit l'affaiblissement de la vie sociale des insectes, les poissons, eux, savent se contenter de peu pour se réunir. Cette grégarité répond absolument à une stratégie de défense parce que l'animal ne peut trouver un abri en pleine mer et est très exposé à des prédateurs, même depuis les airs. Les nuées coordonnées des étourneaux *Sturnus vulgaris* fonctionnent d'une manière équivalente le soir en se rendant au dortoir comme lorsqu'ils sont attaqués en plein ciel par le vol acrobatique d'un faucon pèlerin *Falco peregrinus*.

Les espèces grégaires n'ont ainsi besoin de développer que des interrelations infimes qui n'exigent pas une collaboration soutenue, mais elles se doivent d'être immédiatement signifiantes. La synchronisation comportementale des individus est essentielle pour les animaux vivant en groupe.

Convenons, pour l'instant, que faire société commence par le redoublement du bavardage. Les repères olfactifs ou les signaux gestuels n'y sont pas oubliés, mais les espèces sociales vocalisent toujours davantage que les animaux solitaires. Si la plupart des singes incorporent un vocabulaire plus conséquent, les antilopes ont déjà développé des grognements et des babils suggestifs. Les petites espèces gazouillent entre elles, mais leur cri d'alerte évoque des miaulements rauques, tandis que les grandes antilopes et les buffles adoptent une tonalité plus grave, parfois apaisante, parfois plus agressive.

Au commencement était donc le verbe. La coopération ne découle pas de la chasse coordonnée des prédateurs, mais de la communication interne. Les proies le savent, qui coordonnent leurs mouvements et répondent à la moindre alarme. La protection du groupe offre même l'occasion des batailles, et le buffle admet de bousculer un lion. Même une frêle antilope se sent plus vaillante si le troupeau est derrière elle, et l'on voit parfois des femelles enragées à défendre leur veau contre la meute des lycaons.

Quand Darwin rédigeait son livre *L'Origine des espèces*, il a fondé l'évolution sur l'hypothèse que chaque espèce devait sa survie à des caractéristiques propres, les dents du lion contre la fuite du gnou. Mais comment l'antilope avait-elle acquis ses sabots, sa vitesse et ses cornes ? Darwin introduisit un concept nouveau : les gnous, pour échapper au félin, ne devaient pas forcément courir plus vite que le prédateur, il devait simplement courir plus vite que les autres gnous. La sélection naturelle s'établissait par la concurrence entre les gnous dont seuls les survivants diffusaient leurs meilleurs gènes. Les lions aussi partageaient entre eux cette obligation d'être le plus puissant. Chaque espèce luttait pour sa survie, et, dans cette concurrence effrénée, seuls les survivants pouvaient transmettre leurs caractères. Si chacun des individus développait différemment des traits favorisant sa propre survie, ceux qui n'avaient pas acquis ces changements devaient donc disparaître des populations à travers une reproduction plus mauvaise. Une sorte de cirque de gladiateurs, disait Haeckel. La collaboration des congénères ne pouvait avoir de place dans cette histoire naturelle.

Pourtant, bien des espèces coopèrent, parfois si discrètement que l'observateur ne distingue que des effets de foule, en dehors des actes délibérés les plus visibles. La vigilance des ongulés engendre ainsi une distribution collective de la prévention.

Depuis la constitution de la synthèse biologique, la théorie moderne de l'évolution est prosaïquement décrite comme un changement de la fréquence relative des classes de génotypes au fil du temps. La composition d'une population est caractérisée par la fréquence des divers génotypes (les gènes d'un individu) ou, ce qui n'est pas exactement équivalent, des phénotypes (la physionomie des caractères d'un individu). Ces modifications dérivent des différences d'aptitude à la reproduction, des mutations et des migrations, toutes données qui s'intègrent très bien aux différents modèles mathématiques.

Alternativement, dans de nombreux travaux scientifiques modernes, l'évolution est plutôt formulée comme un changement de l'aptitude moyenne à la reproduction de la population. Ce principe de travail axé sur la *fitness* commune a simplifié une grande quantité de recherches. Toutefois, cette conceptualisation abstraite fournit une mesure incomplète des performances de viabilité dans l'écologie réelle en assimilant le simple phénotype au génotype réel. Au final, le caractère phénotypique est classiquement interprété comme codé par un gène de ceci ou un gène de cela. On admet cependant qu'un seul caractère peut provenir de l'effet de plusieurs gènes et que les traits ne peuvent fonctionner que dans le cadre de la corrélation de plusieurs gènes. Que faire de la griffe s'il n'y a pas le croc ?

Mais il faut alors la condition supplémentaire que ces transmissions multigéniques cheminent dans le *même sens* pour produire une adaptation. L'hypothèse d'une addition aléatoire sélectionnée au cours des temps ne rend pas bien compte ni de l'effet insignifiant de la modification du gène ni du regroupement des gènes formant, mis bout à bout, un caractère cohérent. Un paradoxe sorite. Car le gène ne fait rien sans le corps qui l'exprime, et l'expression du génome se fait par un être vivant.

Il manque toujours, par conséquent, une théorie biologique qui expliquerait comment les gènes se rassemblent au niveau des individus et comment les autres rétorquent. Car la griffe du lion répond aux sabots. Ici, des interactions invisibles se nouent et se répliquent.

Il n'empêche, la *fitness* pourvoit un peu à cette herméneutique, puisque le trait final est associé à une amplification du succès reproducteur. Le nouveau caractère évolutif se propage alors et envahit progressivement la population par la plus grande fertilité qu'il confère. Il est ainsi facile de faire des amalgames et d'assimiler ces modifications à une sorte de « grand remplacement des populations ». En dépit des molles allégations des biologistes, qui se contentent de balayer d'un revers de main une telle pensée, ce piège idéologique est courant dans l'esprit de nombre de nos contemporains. Et puis il faut bien s'aviser que l'accroissement de la reproduction différentielle est censé répandre de plus en plus de gènes porteurs des transformations nouvelles dans la population.

Or, dans la théorie moderne, l'hypothèse du remplacement des populations par des traits favorables reflète toujours la dimension eugénique de la sélection naturelle. Concevant la sélection comme un processus d'élimination, James Watson a même conclu en 1997 qu'une « femme doit avorter si son enfant a des gènes homosexuels », un comportement homosexuel réduisant notoirement la reproduction.

À quelle erreur de raisonnement doit-on cet affreux conseil ?

Longtemps, les épisodes homosexuels ont ainsi été rejetés comme « contre nature » ou traités comme pathologiques, au même titre que des maladies, avant qu'on les observe et qu'on s'aperçoive qu'ils existent couramment dans la nature[5]. Une avancée scientifique n'est possible qu'à la condition d'en finir avec un certain conservatisme qui gomme les questions biologiques apparemment problématiques envers la théorie et s'appuie trop sur les préjugés de nos sociétés.

Au contraire, ce sont ces énigmes dévoilées qui ravivent la science. Alors, la diffusion des gènes peut-elle vraiment entraîner une propagation telle que le flux remplace une population, comme le soutient aujourd'hui encore la théorie moderne ? Le darwinisme inhérent à la biologie moderne repose toujours sur ces deux principes intangibles : d'une part, la concurrence pour la survie quantitative des meilleurs progéniteurs et, d'autre part, le grand remplacement des populations à travers la reproduction des individus.

Néanmoins, le concept central de sélection naturelle dans la théorie darwinienne stipule simplement que les plus aptes survivent et propagent des traits favorables à travers les populations. « C'est la sélection des individus légèrement mieux dotés et l'élimination des individus légèrement moins bien dotés qui conduisent à l'avancement d'une espèce », écrit Darwin. L'expression « sélection darwinienne », qui est à l'origine un concept de sélection artificielle des races domestiques et d'élimination eugénique pour les « améliorer », se réfère aujourd'hui à des mécanismes qui peuvent être impliqués dans des taux de reproduction plus élevés, la *fitness*.

Mais, si la théorie affirme que la *fitness* seule est la mesure de l'évolution, alors la propagation de gènes favorables découlerait naturellement de leurs propriétés associées à l'augmentation de la reproduction des congénères. Logique, mais approximatif. En effet, seules l'extermination des individus et la colonisation de leurs terres ont entraîné de grandes substitutions de populations dans l'histoire. Des génocides y sont parvenus, jamais la seule *fitness*. Des croisements répétés sur une longue période de temps peuvent probablement diluer le génome d'origine d'une population, mais en incorporant toujours des variations inattendues et une dérive génétique*, comme un effet fondateur. En effet, une espèce grandit tant que sa reproduction dépasse sa mortalité. Mais c'est la diversité des solutions possibles qui dément la propagation invasive des gènes (qui impliquerait d'ailleurs une tendance uniforme) et limite le flux génétique à la forme variée des espèces, la biodiversité du monde.

Car, heureusement, la sexualité complique tout. Et les premiers êtres sexués, les eucaryotes, sont apparus il y a au moins 2,7 milliards d'années[6].

Les bactéries n'ont pas suffi à la terre. À la suite d'une longue histoire depuis l'apparition des bulles prébiotiques qui avaient divergé des premières proto-bactéries, le sexe provient d'un échange horizontal archaïque de gènes[7]. L'ADN ne survit pas s'il est nu, et des bulles abritant les premières molécules biotiques se sont mécaniquement accumulées dans la promiscuité de leurs abris. Au contraire, les proto-bactéries, cuirassées par une paroi de peptidoglycanes, ont pu développer des résistances incroyables

* La dérive génétique est l'accumulation de modifications aléatoires au sein d'une population.

aux radiations et autres conditions extrêmes[8]. Sans doute à partir d'une endophagocytose primitive, les échanges de matériel génétique tenaient encore de l'expulsion, causée par les tensions physiques au sein des proto-cellules. Quand les gènes ont entamé leurs transcriptions, des molécules nouvelles se sont élaborées, des enzymes qui accédaient à, et développaient, des nouveautés métaboliques pour ces proto-cellules. Les bulles qui ont raté ces mélanges ne font pas partie de l'histoire.

Les bulles, au contraire, les plus libertines, celles qui multipliaient les échanges, augmentaient les quantités de matériel génétique. Un équilibre a été trouvé lorsque la recombinaison des ADN, l'organisation en chromosomes et les échanges ont diminué mécaniquement les tensions cellulaires provoquées par ces quantités ingérées[9]. La méiose s'est alors constituée comme un mécanisme de rejet des surplus d'ADN, compensant l'organisation interne des cellules eucaryotiques en inventant le noyau cellulaire[10]. L'ADN conservé inaudible, sous forme de chromatine, s'est dissocié du fonctionnement des ARN traduits. C'est la théorie des bulles libertines. La sexualité était en place, et, depuis lors, seuls les eucaryotes, c'est-à-dire l'ensemble de tous animaux, végétaux, champignons, et protistes, pratiquent le sexe[11] à l'exclusion des bactéries.

Il n'a jamais existé d'*intention* d'un organisme à répandre ses gènes. Juste des effets *physiques* d'« échanges » horizontaux, qui préluderont ensuite à l'expulsion des gamètes. Sommairement, les plus rapides deviendront des spermatozoïdes, les plus lents, des ovules.

La sexualité fournit une explication sur la manière dont les gènes entrent en corrélations multigéniques en un génome et se rassemblent au niveau des individus seulement. Depuis, la reproduction consiste à produire de l'identique, quitte à se découper en morceaux, comme le font encore les vers marins polychètes, tandis que la sexualité, et sa recombinaison méiotique de caractères indépendants, initiée chez les protistes comme les paramécies, introduit une diversité inouïe, partageant à l'infini les gènes d'une descendance toujours plus différente.

Cependant, il a fallu des milliards d'années pour que le sexe se mêle de la reproduction, au cours de l'élaboration des organes associés d'une vie multicellulaire. Progressivement, les spermatozoïdes, d'un organe primitivement hermaphrodite, fécondaient des ovules stationnaires. Ensuite, les masses testiculaires se sont séparées des ovaires ou atrophiées, et se spécialisaient dans la production d'une seule cellule sexuelle haploïde, entraînant avec elle la reproduction croisée d'une progéniture différente au cours des générations.

Pour autant, les organes sexuels ne sont pas plus faits *pour* la reproduction que les pattes *pour* marcher. Le bricolage des membres locomoteurs est forcément apparu chez un animal encore aquatique. De même, la sexualité est juste une propriété fonctionnelle qui a émergé de l'échange. Les genres ne sont pas même déterminés génétiquement : ce sont les hormones ou la chaleur d'incubation qui donnent le *la*. Ainsi, les crocodiles et les tortues dépendent totalement du soleil pour devenir ou mâles ou femelles.

Mais le sexe, dans ses recombinaisons méiotiques, diversifiait les corps, diluant la parenté des êtres vivants dans une biodiversité fantastique.

Dès lors, le sexe n'est pas une solution à la reproduction[12], et la reproduction n'enferme pas une quelconque *finalité* des êtres vivants, d'autant qu'aucun gène ne dirige un tel objectif.

Jean-Jacques Kupiec et Pierre Sonigo[13] plaident pour une autre théorie de l'hérédité qui renierait l'existence d'un « programme génétique » tout comme une vulgaire transcendance. Ils opposent à ce modèle de déterminisme génétique celui d'un écosystème de cellules anarchistes s'auto-organisant à travers un mécanisme aléatoire de sélection.

Pourtant, le corps n'est pas plus agencé à la manière d'une montre* que d'une machine à reproduire des gènes.

Il n'existe pas, en toute rigueur, de « lutte pour la vie », l'adaptation est un résultat qui se dégage en même temps que l'individu. Au mieux, le génome est un livre de cuisine que les cellules utilisent pour édifier un corps[14]. L'évolution du vivant se construit par un ensemble de réajustements successifs, selon un bricolage immémorial qui ensuite fait émerger des propriétés naturelles au seul niveau de l'existence d'un organisme. À travers les multiples interactions de son écologie et depuis les bulles libertines, il n'existe pas d'intention à répandre ses gènes, l'être vivant trouve dans son existence la seule finalité de son histoire de vie. Aucune téléologie ne nous gouverne, nous n'avons pas « besoin de cette hypothèse** ».

La sociobiologie trouvait, dans la théorie de la parentèle et dans la fonction invasive des gènes, que la vie sociale ne dépendait que de gènes communs. La socioécologie explique l'inverse.

---

* « Dans une montre, un rouage ne peut en produire un autre, et une montre encore moins d'autres montres » (Kant E., *Critique de la faculté de juger* [1790]).

** À la question de Napoléon : « Et Dieu dans tout ça ? », Pierre Simon de Laplace, présentant en 1812 sa *Théorie analytique des probabilités*, répondit : « Sire, je n'ai pas eu besoin de cette hypothèse. »

La parenté génétique n'est pas la *cause*, mais plutôt le *résultat de l'association*, puisque les descendants d'un groupe se réunissent à leur tour ou, du moins, montrent une tendance à rester à proximité. Mais, si la théorie répète, d'une part, que les propriétés naturelles des individus sont les causes de la disposition à s'ajuster à l'environnement et, d'autre part, que l'aptitude à s'adapter à l'environnement est la cause du succès reproductif, le raisonnement a quelque chose de circulaire.

En tout état de cause, jamais un sociobiologiste n'a répondu à l'énigme que constitue ce curieux raccourci conceptuel : pourquoi faudrait-il mener une vie sociale plutôt qu'une existence solitaire pour répandre les mêmes gènes que ses parents ? Décidément, l'écologie semblait encore être réduite à un simple enrobage pour des essences génétiques. Même l'idée d'un génome associant plutôt des traits adaptatifs n'y trouvait qu'une place diminuée.

Or, dans la mesure où l'évolution exige toute une histoire d'adaptation au monde, il faut qu'il y ait une adéquation interdépendante entre les différentes variantes des traits naturels, qui favorise l'ajustement précaire des individus et fasse émerger les propriétés naturelles qui développent les taux de reproduction. Bien sûr, la *fitness* reste la mesure du succès reproducteur, mais ne constitue qu'une mesure, et non le principe fondamental de l'adaptation des êtres vivants.

À proprement parler, un comportement social est défini par l'ensemble des interactions qui le meuvent, sûrement pas par la manière dont les organismes sont distribués dans l'espace. Mais le banc de harengs, le troupeau de buffles ou le rassemblement des hirondelles révèlent tout de suite autre chose, combien le regroupement d'individus disparates engage un échange d'informations réciproques. Le ralliement des hirondelles rustiques

Hirundo rustica ou l'agrégation des gazelles dorcas *Gazella dorcas* possèdent le simple avantage immédiat de découvrir des ressources disponibles. Le partage de ces ressources change tout. Il exige l'arbitrage des informations et donne accès à des dizaines d'autres indications, sur la direction à suivre, l'existence d'autres sources de nourriture, la détection des prédateurs, et il est même possible de copier les techniques des autres pour apprendre.

On pourrait donc l'appeler le dilemme de Marius. Car une autre fantaisie de la vie naturelle ne peut pas être soustraite de l'équation finale. Les populations animales n'attribuent pas un même statut à tous les individus. L'âge des protagonistes structure l'ensemble des interrelations. Si les juvéniles aspirent à exprimer leur indépendance, ils restent, au moins un certain temps, sous la férule de leurs parents et des autres adultes.

Partir à l'aventure ou rester ? Encore subadultes, les animaux mesurent l'intérêt de leur participation au groupe face à l'alternative de leur émancipation et des potentialités de s'implanter ailleurs, tout comme le Marius de Pagnol qui s'embarque*.

En outre, les sexes ne s'entendent pas immédiatement. Mâles et femelles montrent que leur conflit d'intérêts agit sur le devenir de l'unité familiale, les mâles élevant leur succès reproducteur en augmentant le nombre de partenaires, les femelles accroissant leur réussite par la qualité des soins accordés aux jeunes. Enfin, les vieux adultes ont acquis une expérience utile à la communauté familiale tant que leur vieillesse n'affaiblit pas les autres en confisquant des ressources essentielles à des reproducteurs. La vie sociale accumule les contradictions, qui influencent évidemment la *fitness* de chacun à court terme, mais semble favoriser

* Pagnol M., *Marius* [1929].

l'ensemble des membres à long terme et appuyer une direction différente, les variations de l'écologie de l'espèce.

Le système social de type fission/fusion dans les rassemblements reproducteurs de l'otarie des Galápagos *Zalophus wollebaeki* s'avère particulièrement fluide[15]. Cette otarie de 50 à 150 kilos diffère zoologiquement du lion de mer de Californie *Zalophus californianus* duquel elle était autrefois rapprochée[16]. Les individus se regroupent en une trentaine de femelles sur les petites plages des îles, qu'un mâle adulte monopolise. La reproduction des otaries est donc considérée comme polygyne, un seul mâle tentant de s'octroyer les accouplements. Mais, ici, le système social est divisé en au moins trois niveaux d'organisation, qui font que tous les individus de la population restent étroitement connectés. Le sexe et la classe d'âge constituent les deux composantes principales qui régentent la structure sociale au niveau de la population, tandis que la fidélité au site en traduit la majeure partie au niveau communautaire.

La familiarité avec la localité de naissance invite souvent à être casanier. Cette fidélité au lieu favorise tout autant les retrouvailles des couples, autorisant même les grandes migrations que font les hirondelles par groupes d'affinités.

Les éléphants suivent aussi fidèlement leurs routes.

Si énormes qu'ils soient, les éléphants d'Afrique sont confrontés à la fois à un faible taux de reproduction, un petit tous les quatre ans, et à la pression des grands prédateurs. L'éléphant de forêt *Loxodonta cyclotis* forme au Congo des petits groupes de type fusion/fission qui se rassemblent sur des arènes sociales[17]. Quel que soit le nombre d'animaux regroupés, la concurrence reste faible. Les éléphants y développent des opportunités sociales en rejoignant des éléphantes âgées, maximisant les échanges d'informations essentielles au maintien des unités sociales.

En dépit de la taille dissuasive des éléphants, le rapprochement familial facilite la défense de tous les congénères, notamment des éléphanteaux. Si les éléphants de savane *Loxodonta africana* écartent rapidement les rhinocéros, ils conservent de la rancune et de l'appréhension face aux lions et aux hyènes qui s'en prennent aux plus jeunes et aux animaux vieillissants. Mais il leur faut aussi résoudre la question alimentaire, quand ils ont épuisé un milieu. Les hardes présentent plusieurs niveaux de formations très fluides qui ne montrent pas une cohésion identique, mais les relations individuelles y persistent pendant des décennies.

Les éléphantes y sont essentielles. Dans les populations d'éléphants de savane vivant en liberté, la structure des groupes de type fusion/fission s'organise en quatre niveaux sociaux. Le deuxième niveau, qui correspond à l'unité familiale agrandie, paraît le plus stable, associant mères, filles et grands-mères. La sororité est rejointe par d'autres petites unités, rassemblant des familles plus ou moins apparentées que la dispute pour les ressources végétales ne parvient pas à disloquer, à travers les périodes saisonnières.

Lorsque des mâles arrivent dans les groupes, ou qu'il se forme des coalitions d'éléphants adultes, ils parviennent à isoler les femelles en œstrus des autres. La structure d'âge, et notamment l'âge des matriarches, influence grandement cette organisation sociale à plusieurs niveaux[18]. Les hardes dirigées par les plus jeunes sont moins attractives et plus petites que lorsqu'une matriarche âgée de plus de 35 ans participe aux déplacements du groupement. Les grands éléphants de savane sont ainsi tributaires des grands-mères.

En rejoignant les chemins que suit la matriarche, les différents acolytes apprennent la carte des ressources et la temporalité la plus profitable de leurs activités.

Le savoir se partage dans la marche des éléphants. L'attrait de ces grands-mères tient principalement au partage des connaissances. La collusion des éléphantes dépend alors bien davantage de leur expérience de l'écologie locale et de la géographie du territoire que de la défense contre les prédateurs. Et le nombre d'interactions s'élève entre les femelles. Ici, la colonne des différentes tribus fait émerger une structure complexe. Elle est gouvernée à partir d'interactions dirigées par des mécanismes socioécologiques qui incorporent l'âge, la taille, les ressources et les menaces, jugulés à la fois par des facteurs écologiques et cognitifs. La composition du groupe familial permet alors un apprentissage sophistiqué et offre des capacités de résolution des problèmes.

Aussi, la vie sociale complexe des éléphants dépend du rôle différent dont conviennent les divers individus dans les hardes, même entre les unités familiales qui se rassemblent. La structure des populations agit sur le devenir écologique de l'espèce. « Tout le passé est nécessaire pour aimer le présent*. »

Cet « effet grand-mère » est maintenant relevé dans d'autres clades animaux, comme dans les unités familiales très solidaires que forment les orques ou épaulards *Orcinus orca*[19]. Les familles qui perdent leur grand-mère maternelle au cours des deux années précédentes subissent une mortalité quatre fois et demie plus élevée que ceux l'ayant encore. L'arrangement des bandes sociales d'orques suit une organisation matrilinéaire stable, où la matriarche ménopausée ne se reproduit plus, mais reste essentielle à la cohésion du groupe du fait de son expérience pratique, tant pour les tactiques de chasse collectives qu'à travers les activités de garde des petits.

---

* Ernaux A., *Écrire la vie*, Gallimard, 2011.

Et, en dépit de leur *fitness* maintenant nulle, ce sont les grands-mères qui apportent l'expérience nécessaire à la prospérité de la troupe.

Ensuite, il faut expérimenter l'entreprise amoureuse. Souvent, quitter le foyer et partir à l'aventure sont les seules options, car le choix d'un partenaire ne peut pas résider dans sa propre famille. Le désir qui travaille l'animal émerge dans les odeurs. En évitant les individus au parfum similaire, qui signe la parenté, le prétendant privilégie des partenaires différents, provoquant un évitement de la consanguinité. Lee Ehrman avait déjà souligné l'étrange attrait qu'exerçaient les mâles rares[20], exotiques ou minoritaires, favorisant des accouplements mixtes qui maintenaient des allèles rares[21].

Au lieu de chercher des unions avec des mâles pourvus de « bons gènes » uniformisant les populations, les femelles entretiennent une stratégie de diversification[22]. Cette dissimilarité de la senteur familiale se découvre dans les émanations du système immunitaire, à travers le complexe majeur d'histocompatibilité, le MHC. L'effluence dégagée d'un individu inconnu construit la montée du désir irrépressible de la copulation, que le plaisir de l'acte sexuel confirme encore[23]. La séduction ne s'installe pas seulement dans les signaux extravagants des mâles, mais dans l'originalité génétique. La parade permet d'attirer l'attention, une forme d'autopropagande, mais c'est la différence des MHC qui aboutit à la solution des étreintes. D'ailleurs, la répartition des cornes et des bois des ongulés suit une distribution proche des courbes de publicité[24], confirmant les hypothèses de la théorie de la propagande[25].

Quand la reproduction fabrique du semblable, la sexualité produit du différent.

La plupart des travaux scientifiques sur les choix sexuels montrent que les appariements sont gouvernés par la dissimilarité des MHC de chacun, depuis l'épinoche *Gasterosteus aculeatus*[26] ou le lézard des souches *Lacerta agilis*[27], jusqu'aux primates[28]. Alors, le soupirant est indifférent aux « bons gènes », mais se focalise sur l'autre, le différent, dont l'effluve témoigne de gènes dissemblables. L'art amoureux de plaire vient d'abord de cette recherche d'un partenaire si différent des autres. Ainsi, la parenté est fuie, et la distinction des choix galants organise la biodiversité amoureuse.

Inlassablement, courir le guilledou est une loi naturelle.

« Alors, Alice essaya d'imaginer à quoi ressemble la flamme d'une bougie après qu'on l'a soufflée*. »

* Carroll L., *Les Aventures d'Alice au pays des merveilles* [1865].

Chapitre 7
La réciprocité des moqueurs

Mésange à longue queue

Seule, la ruée vers l'or ne l'aurait pas rendu célèbre. D'autant que la floraison blanche des arbres de Josué éclipse déjà le lézard de nuit. Californien convaincu, mais pauvrement coloré d'un brun jaune fade, le lézard de nuit du désert *Xantusia vigilis*, ou lézard des yuccas, est minuscule, approchant un poids d'à peine 1,3 gramme.

On peut pourtant guérir des déceptions du désert. Si le jour il se prélasse sous le tapis de feuilles épineuses mortes, le lézard nocturne déploie, dans l'obscurité aride du grand désert de Mojave, une vie familiale assez rare chez les reptiles.

Dans le monde, les lézards ne sont guère connus pour apprécier leurs voisins. La plupart s'évitent cordialement. Pourtant, non seulement le lézard de nuit demeure en groupes familiaux, mais il présente aussi des traits caractéristiques d'un comportement social. Blottis les uns contre les autres tout l'hiver, ces menus animaux se rassemblent au même endroit, année après année. Si la majorité des petits sauriens, comme le lézard des murailles *Podarcis muralis* de nos régions tempérées, pondent l'été et abritent leurs œufs dans des nids douillets pour s'engourdir en hivernage, les *Xantusia* présentent, eux, un développement vivipare.

Précisément, cette aptitude à la naissance de petits vivants prédispose les lézards à la formation d'une unité familiale. Le stationnement des jeunes et des adultes ensemble accroît l'importance des interactions, mais les animaux sont-ils réellement liés entre eux ?

Les lézards de nuit du désert ne reçoivent aucun soin direct de leurs parents. Seule la tranquille tolérance des individus semble entraîner l'arrangement d'un système social autour du noyau de la famille. Les analyses génétiques ont démontré que les jeunes lézards stationnaient avec leur mère, leur père et leurs frères et sœurs pendant plusieurs années après la naissance. Ils forment ainsi des « dynasties » du désert. L'étroite parenté qui en découle pourrait aussi constituer un sous-produit de leur reproduction vivipare[1].

Très sédentaire, mais animaux ectothermes, la vie des lézards reste dépendante de la température extérieure. Alors se blottir ensemble offre un avantage thermique dans le froid hivernal, et le regroupement profite considérablement aux plus juvéniles. De fait, le succès reproductif s'améliore selon la taille du groupe d'hivernage[2]. Il paraît illusoire de trancher entre les événements, mais il semble que, parmi les transitions évolutives supposées, l'obtention d'avantages *directs*, ici thermiques, pourrait assister la formation de la vie sociale, plus que la parenté.

D'ailleurs, les bénéfices de l'attroupement découlent directement d'une dispersion différée des juvéniles et du très faible éparpillement des individus. Les alliances se forment parce que l'éparpillement de la progéniture est ajourné[3]. La présence des parents est ce qui maintient activement à la fois l'agrégation hivernale et la philopatrie des juvéniles, l'art de ne pas quitter le domicile parental.

Dans le contexte de l'origine de la vie sociale, les variations environnementales montrent combien elles peuvent constituer une force puissante, mais sous-estimée. Et influencer considérablement le renoncement à une dispersion à grande distance quand le lézard devient adulte. Les auteurs s'enthousiasment. Les conditions écologiques qui favorisent philopatrie, viviparité et groupes hivernaux pourraient induire des associations positives qui, réduisant les mécanismes de concurrence, soulignent ainsi une certaine émergence de la tolérance et de la collaboration.

Mais peut-on vraiment leur attribuer une activité coopérative ?

Des prémices d'une vie sociale ont été observées chez d'autres reptiles, et même chez les modestes amphibiens. Crapauds, tritons et salamandres peuvent établir des liens de couple, avoir une nidification collective ou apporter des soins à leur progéniture. Bien que les stéréotypes sur la simplicité primitive des routines des amphibiens et reptiles soient manifestement faux, il reste toutefois compliqué d'interpréter les activités de reproduction et de soins comme s'il s'agissait d'actions sociales délibérées.

En exploitant une diversité de niches écologiques, les anolis présentent aussi des répertoires comportementaux qui pourraient favoriser les regroupements. Les capacités cognitives du lézard tropical, l'anolis vert *Anolis evermanni*, paraissent découler de sa flexibilité comportementale[4].

Toutefois, si les analyses socioécologiques fournissent des éléments qui divulguent une possible forme sociale, l'établissement de preuves de comportements coopératifs reste encore bien malingre. Néanmoins, il apparaît que la régulation thermique des jeunes pourrait apporter un début d'explication plus simple que la parentèle, et introduire l'effet de l'environnement sur la vie sociale.

Autre grand lézard arboricole, l'iguane vert *Iguana iguana* se livre à quantité de comportements de contact, et les juvéniles peuvent rester rassemblés la nuit[5]. Il est probable, là encore, que ces réunions soient directement liées au contrôle d'une température interne capricieuse. Les iguanes construisent des systèmes de terriers, qui, au fur et à mesure de la durée de vie de la colonie de nidification, se compliquent et s'additionnent[6].

Chez les alligators américains *Alligator mississippiensis*, en revanche, comme chez beaucoup de crocodiliens, les femelles se montrent très protectrices avec leur couvée. Elles déposent une quarantaine d'œufs dans un nid de feuilles qui, en se décomposant, apportent la chaleur nécessaire à l'incubation que la femelle régule. Le sexe des petits étant déterminé par la chaleur, les œufs périphériques donneront en dessous de 28 à 30 °C plus de femelles que les œufs les plus internes du nid. La mère reste très attentive aux cris des petits et les accompagne de sa protection durant les premiers jours. Ici aussi, ces reptiles se regroupent en congrégations pour réguler la température de leur corps ectotherme. Outre les grognements infrasoniques qu'ils émettent, les alligators effectuent des hochements et des coups de tête de contact entre eux, suggérant un contrôle des interactions sociales[7]. L'existence de ces agrégations montre que la viviparité des reptiles ne constitue pas une condition nécessaire pour parler d'une vie sociale.

Ce que les oiseaux vont confirmer.

Outre les espèces qui vivent en collectifs, de nombreux oiseaux associent un système territorial pour la reproduction ovipare avec une exploitation commune entre elles, mais les couples ne tiennent que rarement en hiver.

Si le rouge-gorge familier *Erithacus rubecula,* le troglodyte mignon *Trogbdytes trogbdytes* ou encore le pinson des arbres *Fringilla coelebs* revendiquent, pendant la reproduction, un territoire d'alimentation exclusif, le moineau domestique *Passer domesticus* montre une plus grande tolérance. Le chant exacerbé des oiseaux chasse tout concurrent potentiel, mais les moineaux n'exigent que le minimum de la défense du nid[8]. La coordination de leur vol est bien plus affectée par la présence de dérangement ou de prédateurs qu'elle n'est influencée par leur apparentement. L'alarme est donnée rapidement, et les oiseaux dépensent individuellement moins de temps à la vigilance lorsqu'ils se regroupent dans leurs activités.

Grégaires et bruyantes, les minuscules orites ou mésanges à longue queue *Aegithalos caudatus* forment des volées d'une douzaine d'oiseaux dans nos bocages. L'hiver, la mésange vit en petites bandes familiales, mais d'autres adultes supplémentaires non apparentés complètent les groupes. Ces ligues cherchent à occuper des territoires qu'elles défendent hardiment contre les autres[9] au fur et à mesure qu'arrivent les beaux jours.

Au printemps, beaucoup d'orites tentent de se reproduire en couples monogames, élaborant un nid entrelacé dans les buissons. La prédation sur les mésanges reste toutefois très forte, et, si l'échec de la couvée intervient tôt au mois de mai ou juin, ces nicheurs défaillants rejoignent un autre couple, participant à leur activité de reproduction[10]. Ils deviennent alors des aides, qu'ils soient mâles ou femelles. Comme les soins des aidants s'ajoutent aux efforts des parents, ils en améliorent sensiblement le succès reproducteur.

Bien entendu, la parenté des aides avec les parents peut accentuer une plus grande tolérance, soit liée à la parentèle elle-même, soit découlant de la familiarité entre les protagonistes. Dans les deux cas, les aides favoriseraient la diffusion de gènes apparentés. Mais les aides non apparentés emportent aussi quelques bénéfices. Souvent, ces parents, qui ont raté leur propre nichée, obtiennent ensuite un taux de survie plus grand que les éleveurs défaillants qui y renoncent. Ils apprennent aussi comment améliorer leur comportement de soins, réussissant mieux leurs futures couvées.

La survie des non-apparentés montre autre chose encore. La troupe des mésanges, leur progéniture et les aidants restent ensemble pour prendre leurs quartiers d'hiver et, comme nos lézards, profitent de se blottir les uns contre les autres pour augmenter leur résistance au froid nocturne[11]. Ni l'ectothermie ni la viviparité ne constituent par conséquent des conditions suffisantes pour la vie sociale.

La colonie des manchots empereurs *Aptenodytes forsteri* méconnaît aussi les usages de la parentèle, quand le rassemblement des juvéniles permet au pack d'affronter les rigueurs du blizzard et d'améliorer la thermorégulation sociale[12]. Ce grand manchot dispose d'un répertoire complexe de cris indispensables à la reconnaissance des parents entre eux et des adultes avec leur petit. Il n'empêche, si la cohésion hivernale des oiseaux ratifie leur survie et leur reproduction future, elle ne stimule pas leurs interactions au point d'espérer une collaboration active délibérée : les poussins non surveillés par leurs parents sont abandonnés à leur sort, et les pétrels géants *Macronectes giganteus* en dévorent jusqu'à 34 %[13].

Et, toujours, la biologie centrée sur les gènes montre une étrange réticence à apporter un début de raison moins ésotérique à la question sociale. En quoi la vie sociale favoriserait-elle une meilleure transmission des gènes que si les mêmes congénères apparentés menaient une vie solitaire ?

Les moqueurs s'en moquent sûrement, eux qui ont choisi leur réponse, ils connaissent un biais dans les nichées. Les irrisors moqueurs ou moqueurs verts *Phoeniculus purpureus* sont des oiseaux d'Afrique australe, au plumage verdoyant irisé de noir avec une tache rouge sur la tête. Les troupes comportent une douzaine d'oiseaux adultes et subadultes entourant un seul couple reproducteur[14]. Ils fouillent toute la journée l'écorce des arbres à la recherche d'insectes et se régalent de termites. La seule reproductrice pond deux à quatre œufs bleutés dans un trou d'arbre naturel et les couve environ dix-huit jours. Mais les moqueurs ne font pas comme les autres. Après l'éclosion, le groupe de tous les oiseaux nourrit les oisillons ensemble[15], même après qu'ils se sont envolés du nid.

Cette reproduction coopérative pose question puisqu'elle biaise le succès reproductif de tous les aides sexuellement matures envers le seul couple nicheur. L'élevage coopératif entraîne la privation de la propre reproduction des auxiliaires, alors qu'ils interviennent pour assister le succès reproductif des autres.

La *fitness inclusive* est mesurée comme la somme de toutes les *fitness*, qu'elles soient directes ou indirectement obtenues par la transmission de gènes communs. Ici, la *fitness* moyenne se réduit significativement.

D'autres oiseaux coopérants, comme le babillard à couronne *Pomatostomus ruficeps*[16], semblent reliés par une étroite parenté. Alors, si la présence des oiseaux auxiliaires accentue le gardiennage de la femelle reproductrice, empêchant leur mère de s'engager dans des accouplements en dehors du couple, ceux-ci pourraient aider leur père biologique à soutenir sa paternité. Donc, accroître ainsi leur parenté avec les futures nichées[17]. Un avantage faible mais bien patriarcal.

Finalement, si les irrisors restent étroitement apparentés, les aidants acquièrent une certaine *fitness inclusive,* mais à la condition qu'ils échouent ou, du moins, qu'ils soient susceptibles de perdre leur propre progéniture. Sinon, leur assistance altruiste au couple reproducteur aura juste conduit à une perte de leur propre *fitness* individuelle. Aussi, le gain génétique de la parentèle s'avère très pauvre.

Sans le contexte écologique, l'explication reste courte.

De toute manière, il apparaît que les choix sexuels ne renforcent jamais la parentèle des descendants. L'évitement de la consanguinité, à travers la séduction de partenaires différents, gouverne plus sûrement la diversité des alliances et la diversification de l'évolution. C'est bien davantage la dissemblance des MHC[18], le complexe majeur d'histocompatibilité, flairée par les amoureux, qui les submerge de désir. Même la poule de jungle *Gallus gallus* préfère s'apparier avec un coq étranger[19], dont le MHC est différent du sien, alors qu'elle se soucie comme d'une guigne du prétendant titulaire du harem.

L'élevage coopératif exerce en outre des coûts importants puisque les aides subissent une privation de nourriture qu'ils donnent à la nichée. L'obligation de défendre le territoire commun et d'avertir de la venue d'un prédateur absorbe aussi leur temps d'activité.

Ces actions déprécient-elles pour autant la vie des moqueurs ?

Les aidantes devraient de toute façon accomplir les mêmes tâches en totalité en se reproduisant elles-mêmes. Diverses raisons gouvernent la reproduction coopérative des moqueurs. Les oiseaux bénéficient de la protection du groupe, l'exploitation des proies devient systématique sur un plus grand domaine défendu en commun, le taux de survie s'agrandit, et le nombre d'interactions entre les oiseaux fournit un apprentissage des connaissances techniques ou même peut améliorer les exercices cognitifs. L'élevage coopératif reste par conséquent fortement associé à un affaiblissement de la mortalité annuelle de tous les adultes. Le couple reproducteur n'y reçoit pas que des avantages, car il doit augmenter sa surveillance pour veiller à la suppression des accouplements intempestifs concurrents entre subalternes. Mais il y gagne l'investissement des aides dans les soins à la couvée et dans le gardiennage du territoire.

Troglodyte, le moqueur vert accomplit sa reproduction à l'ombre d'une anfractuosité disponible dans le tronc des arbres ou, plus rarement, des rochers. Les oiseaux passent aussi la nuit dans des cavités, où ils se rassemblent en alliances unisexuées. Aussi, l'appropriation de ces sites de repos détermine également la taille des groupes. Encore faut-il que l'irrisor trouve une de ces cavités, car il est incapable de les creuser. La pénurie et l'éparpillement des cavités constituent finalement un facteur décisif pour amener les aides à coopérer avec un couple installé. L'accueil de ces subordonnés concourt alors au gardiennage du territoire. Enfin, les aidants tirent avantage de l'expérience acquise auprès du clan et peuvent, à terme, hériter du site. Si le temps venu pour l'émancipation tient ses promesses.

La cooptation d'oiseaux étrangers, renforçant les effectifs de la bande, indique que la parenté n'est pas probante. Les facteurs écologiques restent, eux, un critère capital sur le comportement coopératif. À partir de cette stratégie d'adoption de moqueurs non apparentés, les assistants atteignent même parfois un statut de coreproducteurs produisant leur propre progéniture. De plus, les oiseaux accroissent considérablement la chance d'être aidés s'ils ont déjà été aidants[20].

Intrigué par les stratégies coopératives des animaux, Robert Trivers avait déjà proposé une théorie alternative, l'*altruisme réciproque*[21], qui postule simplement que des *bénéfices directs* favorisent largement le succès des aidants et du couple reproducteur, selon un modèle « donnant-donnant ». Trivers utilise le terme « altruisme » en opposition avec l'« égoïsme naturel » bien qu'il ne s'agisse pas d'une logique de l'échange mutuellement consenti. En effet, l'interaction débute par un don gratuit, qui n'est toutefois pas totalement désintéressé. L'augmentation de la taille du groupe par l'ajout d'oiseaux aidants épaule la survie individuelle, chacun limitant le risque d'être victime d'une prédation. Le regroupement réduit la durée d'activité de surveillance de chaque assistant et amplifie le temps disponible pour nourrir tout le monde. Ainsi, la réciprocité des bénéfices n'est pas forcément de même nature, mais cette collaboration permet d'accentuer à la fois la réussite des nichées et le succès futur de la reproduction de l'aide.

Il reste toutefois un dilemme. Le moqueur doit-il essayer lui-même de fonder un nid ou doit-il se consacrer à celui d'un autre ?

Cette décision cruciale dépend bien sûr de sa propre expérience. Aussi, si la reproduction coopérative se retrouve chez d'autres espèces, comme le guêpier à front blanc *Merops bullockoides*[22] ou le geai de Floride *Aphelocoma coerulescens*, seuls certains oiseaux dans chaque espèce se résolvent à mener une vie commune. Les guêpiers à front blanc se regroupent en colonies de plus de deux cents oiseaux, mais l'unité reste la famille élargie. Environ 50 % des subadultes contribuent à un élevage coopératif avec des parents génétiques[23]. Pourtant, ici, la séduction, voire l'agression, des femelles pondeuses par des mâles étrangers brouille[24] la parenté des nichées.

Retarder sa dispersion dans la nature institue la formation du collectif des oiseaux. Les conditions écologiques du site sont alors ce qui régit la dispersion des subadultes, car l'appropriation d'un nouveau territoire reste incertaine. L'exigence de monopoliser un partenaire sexuel n'est pas moins ardue. Face à ces difficultés de la vie adulte, différer son départ et rester chez soi devient une option raisonnable pour les juvéniles. Seules une grande disponibilité des ressources et l'expérience acquise encouragent les moqueurs à se disperser pour défendre leur propre territoire. Aussi, des conditions momentanément défavorables engagent les juvéniles à s'attarder sur le territoire natal, renforçant par conséquent la parenté du groupe. Ils s'en tiennent alors à la clause majeure du contrat réciproque, participer comme aidant du couple reproducteur.

Le pic des chênes américain *Melanerpes formicivorus,* ou pic glandivore, connaît une complication identique. L'oiseau niche dans des cavités qu'il sait aménager dans les chênaies mais qui exigent un effort d'excavation important. Tandis qu'un tiers des pics forme des couples monogames, les autres forment des coalitions rassemblant trois à cinq femelles accompagnées de quatre à huit mâles. En étant associés à environ sept subadultes non reproducteurs, ils pratiquent un élevage communautaire de leurs poussins. Toutefois, les pics glandivores adultes rivalisent entre eux pour accéder aux femelles et se territorialiser. Il leur faut aussi s'approprier une cavité où les femelles déposeront leurs œufs dans des nichées communes.

Les pics s'alimentent principalement d'insectes et de fruits, mais percent aussi l'écorce des arbres pour en avaler la sève. En même temps, les oiseaux collectent des glands pour leur nourriture d'hiver. Ils les amassent un à un, dans des trous creusés dans l'écorce d'arbres morts, aménageant ainsi, au fil des ans, des arbres greniers, composés de milliers d'alvéoles. Les glands constituent une ressource essentielle à la mauvaise saison, aussi les pics peuvent-ils retarder leur reproduction jusqu'à l'automne pour exploiter la récolte de l'année. Les animaux accaparent les troncs forés de multiples trous, déterminant une délimitation territoriale en commun. Le stockage des glands occupe une grande part de l'activité des aides et consolide la filiation des adultes reproducteurs[25].

Le conflit sexuel trouble pourtant ici encore les délices du badinage. Puisque, ce qui est remarquable, la coalition des reproducteurs vit une polygamie où mâles et femelles montrent des accouplements multiples. Cette stratégie plurielle rend un effet de confusion de paternité qui réduirait les conflits, mais accroît délibérément la diversité génétique.

À l'occasion, nombre de femelles coreproductrices peuvent détruire jusqu'à la moitié de la couvée[26], ne laissant préférentiellement subsister que les œufs qu'elle identifie comme les siens[27]. Si la casse des œufs cesse quand toutes les femelles ont fini de pondre, le conflit reproducteur ne s'arrête pas là. Les pics cherchent à déplacer leurs œufs périphériques vers le centre du nid pour qu'ils bénéficient d'une meilleure incubation. La présence d'un témoin annule toutefois toute activité mortifère. Ces comportements jaloux des destructrices témoignent de l'importance de la concurrence qui persiste dans la troupe entre femelles, même apparentées, reléguant la parentèle à un jeu simplement hypothétique.

En revanche, les pics des chênes dévoilent encore combien leur écologie demeure la clé de leur coopération dans l'élevage des nichées[28], notamment la stratégie de mise en réserve des glands, et leur dépendance aux cavités de reproduction. Ici, l'aide des pics allège le travail parental, et l'accueil des aidants accroissant le nombre de témoins inhibe sérieusement le conflit reproducteur des adultes. La réciprocité n'est pas vaine.

Parfois, elle est même carrément obligatoire.

Une bande de choughs à ailes blanches *Corcorax melanorhamphos,* ou corbicrave leucoptère, peut enlever des oisillons ou des juvéniles, sans lien de parenté, provenant d'une autre unité familiale pour qu'ils deviennent leurs assistants l'année suivante[29]. La parentèle n'a plus de place. Ces oiseaux, ressemblant superficiellement à des petits corbeaux, appartiennent à une ancienne lignée survivante, proche des oiseaux de paradis. Le corbicrave est noir, mais, vu d'en bas, le dessous teinté de blanc de ses ailes a motivé son nom. Dans les prairies et boisements ouverts de l'Est australien, le groupe familial grappille méthodiquement, au sol des graines, des mollusques et des petits arthropodes, gardant étroitement le contact entre congénères par des cris mélodiques descendants. La bande familiale des choughs accueille de huit à vingt oiseaux, pour accomplir une reproduction communautaire indéfectible, tous les membres étant conviés à l'exercice.

Mais devenir un assistant aguerri prend plusieurs années, chez cet oiseau qui n'atteint l'indépendance qu'à l'âge de sept mois. La nidification occupe toute la troupe des parents et des juvéniles, et les familles nombreuses gardent la meilleure chance d'obtenir un succès reproductif. Car, à la fin de la saison de reproduction, les oiseaux montrent des conditions corporelles relativement plus mauvaises. La construction du nid commun en boue séchée, dressé sur un arbre à 10 mètres de hauteur, exige une coordination complexe entre tous les choughs. Chacun se relaie pour couver trois à cinq œufs, puis pour approvisionner les oisillons. Les juvéniles, moins efficaces pour rapporter des proies, tentent parfois de duper les parents en faisant semblant d'apporter des aliments qu'ils avalent ensuite discrètement. Ces manœuvres trompeuses divulguent aussi les pénuries de ravitaillement dans le bush, puisqu'elles diminuent dans un milieu enrichi[30]. Le rassemblement des oiseaux fait face à l'adversité des rencontres avec les prédateurs et les voleurs de nid, car la ligue défend activement son territoire.

Toutefois, les parents et les aidants capturent, entraînent et recrutent des jeunes d'une famille voisine pour renforcer leur équipe, démontrant que cet altruisme n'est pas génétiquement préconçu.

De toute manière, chez les choughs, les juvéniles n'ont pas vraiment le choix. Apparentés ou non[31], les assistants sont confrontés à la difficulté des apprentissages. L'approvisionnement entraîne des disettes récurrentes, qui attisent de durs conflits de territoire. Aussi, les couples isolés, sans aidants, ou les petites unités familiales de moins de six oiseaux échouent systématiquement. Or les groupes ne s'agrandissent que lentement au rythme nonchalant des naissances. Seules les grandes familles peuvent relever le défi d'une reproduction réussie, induisant l'importance de l'adoption de gré ou de force d'oiseaux juvéniles immigrés qui devront alléger le travail. Ici, l'élevage coopératif constitue une stratégie vitale.

Pourtant, si la reproduction coopérative est triviale dans tout le règne animal, depuis les insectes, les crustacés, les poissons, les oiseaux et les mammifères, la coopération a laissé les biologistes perplexes pendant des décennies, parce qu'elle peut apparaître dans des environnements bien différents. C'est aussi pourquoi des chercheurs aujourd'hui encore se félicitent de la règle de Hamilton et de l'hypothèse de la *fitness inclusive*[32].

Toutefois, favorisant tout autant la survie et le succès reproducteur, la théorie de la réciprocité reste une explication plus parcimonieuse. La plasticité et l'opportunisme des comportements animent tant le vivant qu'il reste bien plus avantageux de renvoyer à une tactique d'intérêt réciproque à long terme.

La reproduction communautaire est rarement systématique. Tandis que les avantages d'une défense collective des ressources et l'élevage commun stimulent largement la résolution des conflits et démontrent combien l'écologie constitue une force motrice de la vie sociale[33].

Outre que les stratégies coopératives apportent une supériorité cruciale en face des prédateurs, les différents avantages de la vie commune peuvent appeler une même réponse comportementale. Car les conditions de milieux peuvent être diversifiées quand leurs effets sont biologiquement équivalents pour les espèces. La réciprocité sociale peut alors émerger et évoluer dans des environnements écologiques très différents. Une réflexion qui aide à résoudre l'apparent paradoxe conduisant certains individus seulement à se consacrer à l'élevage, quand d'autres le boudent.

Les pressions de l'environnement extérieur ont ainsi favorisé le maintien des relations à partir d'un groupe familial de base. Mais le contrôle de l'activité sexuelle par quelques reproducteurs exclusifs constitue également un moyen avantageux d'ajuster la croissance de la population aux ressources disponibles.

Pour les aides, qui accèdent provisoirement au statut reproducteur, les bénéfices sont de deux ordres. D'une part, en acceptant des relations de subordonnés, ils peuvent se maintenir et défendre un territoire riche de ressources pour le groupe, qui leur assure une protection à la fois contre les prédateurs et contre les étrangers. D'autre part, le soin apporté aux jeunes procure une expérience irremplaçable des modalités d'élevage. Enfin, la recrudescence des interactions pousse à l'acquisition de techniques innovantes. Les mécanismes qui limitent la dispersion des juvéniles renvoient aussi à des processus, comme l'évitement de la consanguinité, qui facilitent l'inhibition de la reproduction des aides. La coopération n'invite une réciprocité symétrique que sur le long terme.

Cependant, les bénéfices peuvent différer entre les aides mâles et femelles[34], et l'*origine* du comportement coopératif n'est pas vraiment résolue.

L'étourneau reste boudeur. Bien que de nombreuses espèces de sturnidés pratiquent un élevage coopératif, l'étourneau sansonnet européen *Sturnus vulgaris* y rechigne souvent. L'oiseau se montre néanmoins très social dans nombre de ses activités. En observant un juvénile aider exceptionnellement au nourrissage d'une couvée, au même rythme que les adultes, on ne peut pas supposer que ce comportement hors norme puisse provenir d'un état ancestral de reproduction coopérative hérité chez les étourneaux[35]. Cette innovation comportementale paraît bien davantage constituer une réplique à l'instabilité des variations de l'environnement.

En fait, beaucoup d'oiseaux manifestent des comportements aberrants d'aide à la reproduction, comme c'est le cas des nourrissages interspécifiques qu'effectuent quelquefois les busards Saint-Martin *Circus cyaneus* auprès de nichées de busards des roseaux *Circus aeruginosus*. Alors que le régime alimentaire des mésanges se polarise sur les chenilles, un observateur[36] a décrit comment un grimpereau des jardins *Certhia brachydactyla* alimentait de coléoptères une couvée de mésanges charbonnières *Parus major*, pourtant plus friandes de lépidoptères. Cette activité découle plus d'une perte de la nichée initiale, qui n'éteint pas le comportement de nourrissage devant le stimulus de la requête des oisillons. Mais il indique que l'investissement parental peut être spontanément détourné au profit d'une autre espèce, *a fortiori* de congénères reproducteurs.

Il n'empêche. Tout semble en place pour l'aide réciproque, depuis le rassemblement des lézards et les repas des oiseaux qui entraînent une vie sociale plus intense, mais encore optionnelle, comme si l'évolution gardait une pluralité de réponses possibles devant l'hétérogénéité des environnements naturels.

« Dans cette partie du livre de ma mémoire devant laquelle peu de choses peuvent être lues, il y a un titre qui dit *Incipit vita nova* : ici commence la nouvelle vie*. »

---

* Dante Alighieri, *Vita nuova* [1292-1293].

Chapitre 8
La promesse des chauves-souris

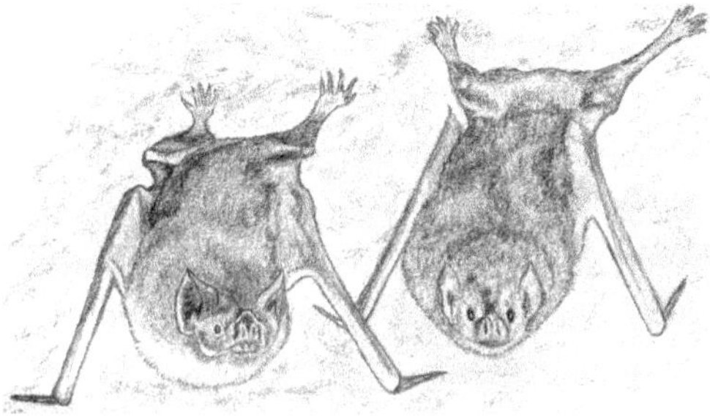

Vampire d'Azara

De quelque façon qu'on le lise, le serment des lionnes ne se contente pas de les rassurer. Car ce qui les unit n'est pas une simple grégarité : les lionnes coopèrent très activement.

Leur stratégie de chasse implique qu'un effort délibéré soit coordonné entre les traqueuses et les rabatteuses. La coalition s'inquiète collectivement lors de l'intrusion d'un lion étranger. Mais la force des félidés tient aussi dans l'art du partage. Car toutes les femelles allaitantes donnent la tétée à tous les lionceaux de la bande, soulageant les petits de la longue attente de leur mère, partie à l'affût et aux poursuites.

Le rassemblement des nurseries animales constitue plus qu'une extension des soins parentaux. La formation des crèches montre que le regroupement constitue une stratégie antiprédatrice primaire, notamment pour les espèces plus exposées, soulignant le rôle des interactions prédatrices dans les bases de la vie sociale.

Sur les côtes balayées par le vent glacial des îles du nord de l'Antarctique, les gorfous sauteurs *Eudyptes chrysocome* exhibent leurs aigrettes jaunes. Les oiseaux s'assemblent en vastes colonies bruyantes, mais chacun construit son terrier de ponte sur le rivage et approvisionne indépendamment son poussin. Le manchot Adélie *Pygoscelis adeliae*, au contraire, ne souscrit pas à cet individualisme. Les pontes sont synchronisées au sein de la colonie, et les parents assurent les premiers nourrissages[1]. Mais, trois semaines plus tard, les bambins sont confiés à une crèche collective. Là, pas de ravitaillement collectif cependant : ils attendent le retour de pêche des adultes, mais sont protégés par le groupe. Car les labbes antarctiques *Stercorarius antarcticus* menacent tout jeune manchot qui s'écarterait de la pouponnière. Une stratégie sans doute éprouvée puisque le manchot royal *Aptenodytes patagonicus* procède lui aussi à la formation d'immenses nurseries[2].

Surveiller les juvéniles scelle la force des clans. Mais le dévouement des chauves-souris va plus loin encore.

Le minioptère de Schreiber *Miniopterus schreibersii* est une petite espèce de chauve-souris cavernicole d'une quinzaine de grammes. Les femelles de ce chiroptère grégaire s'assemblent en mai dans des colonies de cinquante à plus de dix mille individus qui sortent à l'aventure au crépuscule. Les mâles, délogés, s'en vont dormir en petits groupes dans d'autres cavités souterraines où, s'entourant de leurs ailes, ils s'abritent du jour. Polygynes, ces animaux très sociaux renforcent les liens familiers en s'accordant fréquemment des léchages et toilettages mutuels[3]. Mais, dès après les naissances, en juin, les petits sont regroupés en crèches compactes de plusieurs centaines de néonates.

Le système de fission/fusion qui détermine le regroupement et la dispersion révèle des interactions très flexibles qui favorisent la structure des colonies et les comportements collaboratifs[4]. Comme chez les lézards ou les manchots, l'agrégation des petits facilite une économie thermique en exploitant la chaleur générée par les voisins. Mais il semble que l'investissement parental des minioptères soit communautaire : les mères allaitent presque au hasard le néonate qu'elles rencontrent, sans qu'il soit forcément de leur progéniture. En moyenne, chaque femelle allaite deux bambins alors qu'elle ne met bas qu'un seul néonate[5]. Aussi, la protection collective des petits illustre que des investissements coopératifs peuvent se produire au sein de troupes stables de non-apparentés.

Toutefois, d'autres chauves-souris signent, elles, un pacte de sang.

Habitant des plaines du Mexique à l'Uruguay, le vampire d'Azara *Desmodus rotundus* alimente nos fantasmes littéraires en se nourrissant d'un peu de sang, prélevé la nuit sur les bovins.

Il faut préciser cependant qu'il se contente de peu. Cette petite chauve-souris d'environ 30 grammes est aussi inscrite à l'ordre zoologique des chiroptères – littéralement ceux qui volent avec leurs mains. Pourtant, elle détonne un peu ici puisque, si elle prospecte la campagne en volant, à plus de 6 kilomètres de son dortoir, elle sait aussi courir au sol. Ses déambulations terrestres, impulsées par les muscles de ses pattes antérieures, s'orientent sur la chaleur dégagée par le cou ou le flanc d'une vache endormie[6]. Alors le vampire s'approche et, par une morsure indolore, perce une veine et aspire quelque 20 millilitres de sang frais, fluidifié par sa salive anticoagulante.

Les agapes, mêmes copieuses à son échelle, ne brillent pas par leur valeur nutritive, puisque l'eau reste le constituant principal de son menu. De fait, une chauve-souris vampire ne survit pas à un jeûne de trois jours[7]. Mais les malchanceuses trouvent une assistance dans le groupe. Les animaux repus d'une même colonie les abordent et régurgitent un peu du repas qu'ils ont prélevé, ravitaillant les plus affaiblis[8]. L'échange de sang constitue un comportement extraordinaire qui garantit la survie des autres congénères. Il pourrait dériver des allaitements communautaires.

La coopération manque d'une définition claire en biologie. Mais on peut regarder comme une action coopérative tout processus par lequel des individus *agissent* ensemble pour obtenir des avantages réciproques. L'activité mutuelle constituerait, au final, une adaptation évolutive qui augmente le succès reproductif des partenaires sociaux.

Pendant longtemps, la théorie classique a considéré que la coopération entre non-apparentés impliquait de nombreuses stratégies dissimulant des manipulations et des coercitions[9]. Aussi, sous la pesanteur sociobiologique, on s'empressa de mesurer les coefficients de parenté avec la conviction qu'un échange altruiste aussi crucial ne pouvait reposer que sur la parentèle[10]. D'autant que la plupart des offres de nourriture concernaient au premier chef des mères alimentant leurs petits, indiquant que les partages restaient biaisés par la parenté. Ainsi, les femelles du vespertilion nordique *Myotis septentrionalis* du Canada étaient plus apparentées que par hasard[11], mais il s'agit d'une espèce rare, obligée à plus d'endogamie*. Au contraire, chez les grandes sérotines brunes *Eptesicus fuscus,* très communes dans les forêts d'Amérique, les associations ne présentaient pas de parenté significative[12].

Il reste que la plupart des chauves-souris peuvent coopérer dans des chasses collectives[13] et maintiennent de fortes relations

---

* L'endogamie désigne un choix reproducteur à l'intérieur de son groupe de parenté.

sociales, en dépit d'une organisation très libertaire de fission/fusion qui fait alterner des affinités changeantes[14].

L'élégance de notre vampire va jusqu'à pécher par un très faible niveau de parenté[15], et de nombreux dons de sang ont pour bénéficiaires des compères non apparentés. Alternativement, les dons envers des individus non apparentés pourraient découler d'un sous-produit de la parentèle[16], lié à des erreurs de reconnaissance olfactive des parents, des harcèlements ou des tricheries. Mais le partage du sang chez les chauves-souris vampires communes révèle comment l'aide biaisée par la parenté peut masquer le rôle important d'une réciprocité des avantages directs. Justement, le partage de nourriture envers des non-apparentés favorise clairement l'aide réciproque en renforçant les liens sociaux à long terme[17]. Car, dans l'élevage en commun, la proximité physique des juvéniles de chaque portée influence le développement des relations sociales[18]. Finalement, bien plus que la parenté[19], ce sont les avantages directs fournis qui sont le meilleur prédicteur du nourrissage social, et il est étroitement corrélé avec le toilettage que se donnent les congénères.

De la même manière, les vampires côtoient, dans les colonies, des subadultes et des juvéniles non apparentés[20]. Il s'agit souvent des orphelins ou des veuves de couples victimes d'une prédation, ou encore d'individus égarés que les chauves-souris peuvent adopter dans leur rassemblement diurne. Ce recrutement extérieur accroît le nombre d'individus susceptibles de participer à l'échange de sang tout autant que le nombre de demandeurs, le bénéfice potentiel de l'aide paraît donc être neutralisé.

Mais les chauves-souris peuvent coopérer pour bien d'autres raisons, non seulement pour découvrir des sources de nourriture, mais aussi pour les défendre ou toiletter des congénères. La simple proximité entre elles sur les sites de blessures du bétail invite à une plus grande familiarité, qui accroît la tolérance préférentielle. La probabilité de l'adoption dépend directement de l'histoire des interactions passées[21]. La cooptation d'une chauve-souris étrangère paraît clairement motivée par la familiarisation des animaux entre eux, à travers la réminiscence des interactions coopératives survenues et des affinités particulières.

Le partage mutuel entre les chauves-souris vampires implique donc que des avantages directs résultent d'une possible réciprocité. Mais évitent-elles qu'un harcèlement vienne troubler leurs échanges et imposer une tricherie ?

Le don de sang n'est observé que lorsque chacun des protagonistes non apparentés s'était engagé dans plus de 60 % des toilettages communs. Dans ce scénario évolutif, la duperie est déjouée parce que les chauves-souris accordent leur préférence aux anciens donneurs[22], et la réciprocité des apports contredit toute valeur d'une éventuelle coercition[23]. L'hypothèse de l'aide réciproque est ainsi confirmée chez beaucoup d'animaux qui présentent une reproduction communautaire, aussi bien en matière de profits immédiats pour les parents que d'avantages ultérieurs pour les aides.

Le partage du sang régurgité a probablement évolué à partir des soins maternels prolongés. Les individus restent ensemble pendant des années, voire des décennies, et se familiarisent entre eux en adoptant des comportements de contact, d'affinité et de toilettage, approuvant des comportements mutuellement bénéfiques, même entre congénères non apparentés. Une fois que l'échange symétrique est établi, les avantages directs de l'aide réciproque amènent les chauves-souris à se baser sur des interactions sociales répétées, et cette attitude n'entraîne que de faibles coûts, autant pour les parents que pour les autres.

Mais ne nous y trompons pas. Le partage de la nourriture entre les chauves-souris vampires n'est vraiment équilibré que sur de longues périodes et reste biaisé en faveur de partenaires familiers.

Le rat a d'autres ambitions. Chez les rats bruns *Rattus norvegicus*, l'échange de nourriture dépend largement de l'aide antérieure reçue[24], et l'expérience sociale influence la réciprocité et la coopération[25]. Car aider des non-apparentés élargit le réseau de donateurs possibles. Lorsque les parents ne sont pas disponibles, les non-apparentés agissent comme une garantie contre la famine. En se repérant sur le souvenir des interactions passées, les animaux ne suivent pourtant pas une vraie stratégie de donnant-donnant. Alors, pour limiter les risques de tricheries, ils utilisent des récompenses alternatives. La réticence au don peut être compensée par un service différent, comme le toilettage réciproque ou une coalition momentanée de défense.

Largement étayée par de nombreuses observations, la théorie de la réciprocité était regardée, dans les années 1980, comme une bonne explication alternative de la socialité des espèces sauvages. Mais, à travers des modifications restrictives de la notion de coopération, cette idée a fini par être dédaignée[26] au profit de la parentèle ou recyclée dans la théorie des jeux[27], comme dans le dilemme du prisonnier. Techniquement, le dilemme du prisonnier est un « jeu » dont les gains augmentent face à la défection de l'autre, ou restent corrects mais faibles quand les deux protagonistes s'entendent. (Mon gain est maximal si je dénonce et pas l'autre, qui est alors lourdement pénalisé. Si nous nous dénonçons mutuellement, le gain est plus faible.) Robert Trivers[28] a proposé que l'altruisme a pu évoluer entre non-apparentés, ou même entre espèces différentes, si les deux parties pouvaient bénéficier de l'échange d'un profit. L'intérêt de chacun des « joueurs » fait de la coopération une confrontation équilibrée selon la manière dont l'un répond à l'autre, ou un duel gagnant-perdant pour le premier qui réplique avec agressivité[29].

Mais les joueurs du modèle ne sont pas seulement en train de négocier, ils sont d'abord piégés dans une relation duelle au sein d'un monde présumé égoïste. Le manichéisme des réponses suppose un seul couple de partenaires, définissant à court terme soit sa coopération, soit son opposition dans le but d'être vainqueur. Mais, chez les insectes eusociaux, l'interaction entre la reine et les ouvrières ne peut pas constituer un dilemme coopératif, car les ouvrières ne sont pas des agents indépendants. Elles dépendent du génotype de la reine. En outre, les définitions de la collaboration imposent un coût initial de la *fitness* incluant des réponses fixes puisque la reproduction est sacrifiée.

Au contraire, dans la nature, les animaux se voient rarement aussi restreints. Même la simple virtualité d'interagir avec d'autres suffit à créer des échappatoires pour sortir du dilemme du prisonnier. La réciprocité impose en général plusieurs partenaires impliqués dans une interaction à long terme, une familiarité entre protagonistes, d'âge parfois différent. L'expérience antérieure permet que le premier don gratuit soit un pari comportemental avisé, sans intention de vaincre l'autre. Le monde naturel de la coopération paraît beaucoup plus complexe et plus diversifié que le modèle des jeux. La réciprocité n'implique pas obligatoirement un bénéfice immédiat, mais fournit un avantage indirect à terme. Et l'asymétrie momentanée des investissements coopératifs, selon l'âge ou le statut de l'animal, n'empêche nullement le maintien d'une vie sociale effective.

La nature ne se compromet pas.

Le don ne consiste ni dans un paiement à court terme ni dans une symétrie des rapports, mais représente d'abord un comportement de maintien des liens sociaux. Vivre ensemble et se connaître offre cet avantage. Si le don se renforce dans sa réciprocité, il n'impose aucune obligation dont on ne saurait se défaire. Aussi, cette réciprocité mutuelle invite à une organisation sociale libre, où les chauves-souris et bien d'autres espèces établissent une communauté égalitaire[30] sans réelle hiérarchie. D'ailleurs, dans tous les cas, le succès de reproduction augmente avec la taille du groupe, que ce soit chez les chiroptères ou chez les corneilles noires *Corvus corone*[31].

La théorie de la réciprocité apporte donc une réflexion très parcimonieuse, c'est-à-dire qu'elle se suffit à elle-même. Cette socioécologie, intégrant les mille variations que les interactions organisent au sein du vivant, laisse déjà apparaître combien une même règle semble gouverner la vie sociale et les mutualismes de la nature.

Mais la parentèle n'avait pas dit son dernier mot. L'étude des effets génétiques indirects a étendu les explications de parentèle à des interactions entre d'autres individus. Seulement, pour fiable qu'elle paraisse, la théorie centrée sur les gènes néglige justement ce qu'elle prétend étudier, le fonctionnement corrélé du génome dans le même sens et l'ajustement du trait à l'écologie de l'espèce. Et la *fitness*, de simple mesure, prend l'aspect d'une solution finale. Pourtant, si la *fitness* se réduit à la simple estimation de la production quantitative d'une descendance sur une période plutôt courte, elle n'exprime pas vraiment la contribution d'un changement phénotypique des caractères aux générations futures. En outre, historiquement, la biologie évolutionnaire s'est concentrée sur l'incidence des gènes des parents sur le phénotype de la progéniture. Or les influences environnementales sur le phénotype d'un individu peuvent aussi être dues à l'expression de gènes chez un conspécifique différent[32] et même d'individus non apparentés. Et les effets génétiques indirects suivent une héritabilité compliquée, où les sources écologiques de variation peuvent être transmises d'une génération à l'autre et donc contribuer au changement évolutif.

Le zèbre y a acquis ses rayures. Cet équidé si familier expose un coloris contrasté qui semble le dissimuler dans un jeu d'ombres et de lumières. Mais le zèbre est au contraire très visible dans la savane[33]. Pourtant, ce n'est pas pour rien que le zèbre de Burchell possède de vingt-cinq à trente raies, le zèbre des montagnes *Equus zebra*, quarante-trois, et que le grand zèbre de Grévy *E. grevyi* en compte environ quatre-vingts. Les bandes noires et blanches agissent sur la thermorégulation d'une façon contradictoire, en absorbant et en réfléchissant les rayons solaires. Mais l'individualité des rayures constitue aussi un atout pour la reconnaissance des mères et des petits.

La confusion qu'entraînent les traits communs de ce pelage singulier a aussi pour effet de dérouter les hyènes et les lions.

Il faut imaginer, par exemple, les zèbres s'abreuvant sur un point d'eau désolé. Essayer de les décompter devient une gageure complexe de démêlage. Regroupés les uns à côté des autres, les animaux du petit troupeau ne laissent apparaître qu'une alternance confuse de zébrures blanches et noires qui les assemble, sans vraiment permettre qu'on isole un individu par rapport à un autre. En définitive, les rayures donnent une enveloppe indistincte à chacun. Néanmoins, ce subterfuge ne fonctionne que si la cavalcade des zèbres demeure collective et si chaque animal est pourvu de cette astuce du poil. Seule la troupe réunie enclenche cette perturbation optique qui laisse pantois les prédateurs. Quelles influences environnementales et quelle généalogie ont poussé le contraste dans le même sens ? L'énigme persiste encore. Pourtant, le consensus scientifique, nous dit-on, attribue aux raies une tout autre fonction adaptative en certifiant que les bandes de la toison découragent les glossines tsé-tsé et autres insectes piqueurs[34].

L'objectif de la *fitness inclusive* n'a pas été seulement de montrer comment un gène se propage, mais comment les copies des mêmes gènes sont à la source de comportements sociaux subtils. Or une étroite parenté génétique renforce la consanguinité des organismes, alors que le propre de l'évolution consiste dans la biodiversité qu'elle engendre.

L'objection signifie que la théorie s'est abusée. La propagation des copies d'un gène, ou même d'un trait polygénique, et l'idée du grand remplacement des populations ne constituent pas la base du fonctionnement de l'évolution.

La théorie de l'évolution tente d'expliquer comment des adaptations complexes émergent dans l'unité de l'organisme. Ces adaptations sont sous-tendues par de multiples gènes, répartis sur tout le génome, et nous avons donc besoin de comprendre quel mécanisme amène les gènes à se regrouper et à tirer dans la même direction lors de la construction des adaptations. L'ascendance commune résout en partie cette difficulté, mais elle n'empêche pas le conflit d'intérêts entre les mâles, qui en multipliant le nombre de leurs partenaires peuvent accroître leur succès reproducteur. Pour les femelles, le nombre d'ovules est un facteur limitant, aussi choisissent-elles attentivement leur partenaire. Un désaccord de fond.

Les chauves-souris mâles qui construisent des abris en feuilles révèlent justement la part du conflit sexuel. La chauve-souris tropicale à nez court *Cynopterus sphinx* bâtit des « tentes de jour[35] » en mâchant, en pliant ou en tirant des feuilles pour fabriquer des abris qui peuvent durer des années. La construction et l'entretien sont presque exclusivement à la charge des mâles. Il leur faut couper et assembler près de trois cents tiges pour créer une cavité appropriée en trente jours, tandis que la fabrication d'une tente à partir de branches et de feuilles exige cinquante jours. Si les mâles pouvaient séduire par leur qualité de bâtisseurs, les femelles choisiraient leur partenaire en fonction des caractéristiques d'une tente qui, potentiellement, peut être défendue contre le harcèlement. Mais notre chauve-souris, apparemment, ne sélectionne pas son compagnon sur la base de ce critère : elle est plus charmée par ses vocalisations.

Avec une fourrure d'un blanc pur, la chauve-souris hondurienne *Ectophylla alba* est une petite phyllostome qui se repose dans des tentes[36]. Accueillant une à trois femelles, le mâle garde ainsi la préséance sexuelle et évite les accouplements intempestifs de ses favorites avec d'autres mâles. Il exerce un gardiennage actif, intimidant les femelles qui s'écarteraient trop du nichoir. Le conflit exhorte à la surveillance et n'est résolu que dans le rétablissement de la réciprocité. Alors, chez certaines espèces, les femelles fabriquent également ces tentes de feuillage. La confection de ces gîtes complexes finit par s'avérer trop coûteuse en énergie, aussi cette activité est-elle devenue plus coopérative, d'autant que l'abri réduit aussi le harcèlement que peuvent subir les dames.

Il semble bien que l'accent mis sur la parenté pendant des décennies ait détourné l'examen d'autres processus sociaux importants, tels que l'âge et le conflit sexuel, les soins parentaux, la coopération entre frères et sœurs, la concurrence parent-descendance et l'aide à la progéniture. La nature dynamique des sociétés animales dissimule de multiples interactions qui révèlent combien les réseaux sociaux et l'écologie ajoutent à la complexité.

Le débat avait mal commencé. Rien ne permet d'affirmer que brouter les hauts acacias ait été d'un avantage évolutif quelconque, imposant le long cou des girafes, comme on nous le raconte dans les cahiers d'écoliers. Que les mâles au long cou séduisent mieux les femelles pourrait tout aussi bien rendre compte de cette apparente exaptation. Dire que cette grande longueur résulte de la sélection naturelle permute, au mieux, la cause et la conséquence, car, finalement, il reste juste que toutes les girafes savent utiliser leur immense cou, qui, trop court, les handicape tout de même pour boire au point d'eau.

Resté énigmatique, le nomadisme des girafes *Giraffa camelopardalis* a aussi donné lieu à des interprétations opposées[37]. Longtemps, on les a qualifiées de distantes, se cantonnant à des associations occasionnelles. Les rassemblements apparaissent en effet lâches, peu coordonnés entre des individus non apparentés, et un mécanisme de fission/fusion modifie sans cesse la structure de la harde[38]. Seuls les mâles se dispersent, mais ils rejoignent le plus souvent d'autres alliances matrilinéaires proches, aussi la dispersion reste-t-elle plus sociale que spatiale[39].

Toutefois, la stabilité des groupes est assurée par le lien à long terme entre la mère et son petit, abordant d'autres ligues d'affinité. Le recrutement et le type d'habitat jouent sur la taille des confréries, mais la prédation ne constitue pas un facteur important[40] du regroupement des girafes. Ces associations libres s'avèrent très durables, et les girafes montrent une prédilection pour certains congénères lors de la recherche alimentaire, tout en admettant une influence mineure de la complexité de l'environnement. Le moteur majeur des associations sociales réside dans ces affinités et dans la concordance des comportements[41]. Ici, les échanges acoustiques, et notamment des vocalisations harmoniques modulées en fréquence pendant la nuit[42], pourraient jouer un rôle essentiel de communication. « La liberté d'autrui étend la mienne à l'infini », disait Mikhaïl Bakounine.

Richard Lewontin[43] a souligné combien les organismes ne s'adaptent pas passivement à des conditions préexistantes sous l'effet supposé de la sélection. Au contraire, les animaux construisent activement leurs propres niches écologiques.

Ce que l'on nomme aujourd'hui la théorie de la construction des niches[44] rend compte des mille et une manières dont les animaux modifient leur propre environnement. Non seulement en déracinant des arbres les éléphants fabriquent de la prairie, mais la confection des nids et des terriers change les conditions de vie de chacun, depuis les façons de favoriser la thermorégulation jusqu'à celles de vicier l'atmosphère de l'abri. Les castors canadiens *Castor canadensis* édifient des barrages, produisant des habitats distinctifs qui renouvellent le cycle des nutriments et la dynamique de décomposition, gèrent les flux de l'eau et les matériaux et, en fin de compte, influencent la composition et la diversité des communautés biologiques[45]. Une cascade d'interactions naturelles.

Lorsqu'on essaie d'identifier quel mécanisme régit une interaction particulière, il convient de se souvenir que les espèces ne vivent qu'en s'adaptant au monde écologique. Un gène ne se diffuse que si son expression concourt à l'adaptation de l'espèce. La socioécologie se développe sur la théorie de la niche, qui, peut-être encore très incomplète, a quelque chose à voir avec l'idée qu'un organisme occupe une *fonction* spécifique dans un écosystème parce que les interactions écologiques développent des propriétés émergentes.

N'est-ce pas ce pour quoi les lions ont passé leur pacte ?

Alors, « si l'ennui nivelle les énigmes* », du moins, il faudra un peu s'entendre sur ce qu'est cette adaptation.

---

* Cioran E., *La Tentation d'exister*, Gallimard, 1956.

Chapitre 9
Des phoques et des despotes

Cheval de Przewalski

Dissimulé dans les haies et les buissons de nos campagnes, l'accenteur mouchet *Prunella modularis*, au dos brun et à la tête ardoise, divulgue par la fréquence de ses chants combien son espèce est commune. Chez 80 % des espèces aviaires, les deux sexes joignent leurs efforts pour l'élevage des oisillons, mais cela ne témoigne pas d'une absence de conflit reproducteur[1].

D'ailleurs, notre oiseau solitaire sacrifie sa monogamie à un système élémentaire d'utilisation de l'espace.

Les femelles d'accenteurs mouchets tentent simplement de s'attribuer un domaine dont la superficie dépend de l'abondance des ressources. Les femelles expérimentées peuvent se contenter d'une portion assez riche du bocage, de moins de 2 000 mètres carrés, où elles trouvent à profusion des insectes de leur menu.

Les plus jeunes adultes devront exploiter de plus vastes espaces, de plus de 4 000 mètres carrés lorsqu'ils sont moins fournis en ressources trophiques.

En revanche, les mâles, en tonitruant leurs notes éclatantes, cherchent toujours à s'approprier la plus grande superficie possible, quelle que soit la richesse du lieu, en excluant de leur territoire tous les autres prétendants du coin. Toutefois, un mâle chevronné ne peut guère défendre plus de 5 000 mètres carrés par ses vocalisations pour en écarter les autres mâles. Les intérêts des deux sexes ne coïncident pas.

Aussi les adultes expérimentés montrent-ils une organisation polygyne, puisqu'un mâle réussit à s'adjuger un territoire englobant normalement au moins deux zones riches de quelques femelles adjacentes[2]. Au contraire, les plus jeunes adultes restent plutôt monogames, parce qu'ils peuvent défendre un territoire aussi vaste que les dominants, mais qui, moins bien achalandé, ne chevauche que le grand domaine pauvre d'une seule femelle[3]. De ce fait, les mâles les plus subordonnés ou qui n'occupent que des terrains appauvris doivent se tolérer. Ceux-là s'associent pour réussir à contrôler le maigre territoire étendu d'une seule femelle, déterminant alors une organisation polyandre à trois partenaires. L'aptitude de la femelle à pondre en plusieurs fois facilite les accords successifs des mâles.

Encore une fois, le rôle des femelles est largement mésestimé. Il faut ainsi remarquer que le territoire des mâles, même s'il est âprement défendu, ne constitue pas l'espace primaire d'une population, puisqu'il glisse pour recouvrir ensuite le domaine des femelles. Chez la plupart des espèces, les mâles n'y sont que des invités.

Aussi loin qu'on les surprenne, tous les animaux exposent les affres du conflit sexuel. Les vers de terre, en phase mâle, échangent tête-bêche leur sperme, au cours d'une étreinte purement *homosexuelle*[4], chacun s'affairant lentement à faire remonter le sperme de son amant préféré jusqu'à sa spermathèque. De cette fécondation sortira un cocon d'où émergeront bientôt deux à trois vermisseaux. Mêmes hermaphrodites, les lombrics *Lumbricus terrestris* opposent les intérêts de leur phase mâle en cherchant à diffuser le plus de leur semence possible, tandis que, dans leur phase femelle, ils retardent la fécondation de leurs ovules et exercent un choix sélectif indirect de leurs partenaires[5]. Cet enlacement, pour viril qu'il soit, n'empêche rien de la contradiction qui règne entre mâles et femelles. Au sein du même individu s'exprime le conflit entre sa phase mâle qui cherche à multiplier les copulations et sa phase femelle beaucoup plus sélective.

La querelle, donc, se noue qui doit trouver sa résolution. Ou aboutir à des drames. Plus que la sélection sexuelle, le conflit sexuel explique l'étrange cruauté de l'infanticide par les mâles, comme nous l'avons vu chez les lions.

Pour une espèce dont le mâle ne dispose que d'une très brève durée d'accouplements, l'infanticide reste une des pires options conditionnelles, lors des prises de contrôle, car il ne réduit qu'à la marge les intervalles entre deux naissances. Mais, paradoxalement, beaucoup de mammifères, comme les antilopes, les singes, les mangoustes ou les zèbres, dévoilent que, de manière significative, les infanticides ne concernent pas forcément des néonates strictement non apparentés, mais touchent plutôt les portées d'un mâle anciennement dominant. De la sorte, cette tuerie a les allures d'une sorte de « divorce forcé ». Loin d'une stratégie alternative, dans les sociétés fortement hiérarchisées, ces massacres sont l'expression de la colère de mâles frustrés et portent assez souvent sur des descendants apparentés, depuis les moineaux jusqu'aux primates, y compris chez les humains.

Ces infanticides indiscriminés illustrent alors une sourde vengeance d'individus violents, incapables de réguler leurs émotions. Alors l'hypothèse que le viol ou l'infanticide pourraient produire un avantage évolutif comme l'entend la sociobiologie semble bien une méprise. Le fait qu'ils ne semblent pas liés à la parenté disqualifie ici l'approche sociobiologique et l'hypothèse de la *fitness inclusive*.

Mais « le diable se cache dans les détails* ». La profusion d'aliments n'entraîne pas le bonheur. Dans une expérience sur les conséquences de la surpopulation sur le comportement[6], Calhoun a montré que l'accroissement de la densité d'un clan de rats surmulots a tant accru les niveaux de stress que la natalité s'est effondrée. Dans son dispositif expérimental, la nourriture était fournie à profusion tous les jours, et les rats se sont d'abord beaucoup reproduits. Mais, bien avant que la troupe n'ait atteint la densité maximale potentielle, les animaux se croisaient si souvent que leur stress olfactif a élevé à son comble les taux d'agression et d'infanticide, défavorisant leur *fitness*.

Si le territoire du mâle reste d'abord un espace sexuel dont il exclut tous les autres prétendants, il peut jouir de ses prérogatives en les éloignant soit par un affrontement direct, soit par l'intimidation, les rivaux étant dissuadés du fait des risques potentiels d'un combat. Ce rapport de force provisoire et précaire est nommé la *dominance*. Cette dominance supposée génétique est censée engager une hiérarchie mais ne constitue pas une situation structurelle : elle se transmet mal dans la descendance et ne

---

* Nietzsche F., *Ainsi parlait Zarathoustra* [1883].

se maintient qu'un certain temps. Les femelles, pour leur part, déterminent plutôt leur territoire selon la disponibilité des ressources, favorisant des relations plus tolérantes suivant l'apport des richesses locales.

Les phoques, de leur côté, quand bien même ils seraient, si l'on en croit Buffon, d'« une nature ambiguë entre les animaux aquatiques et terrestres* », dévoilent dans tous les océans du monde l'influence considérable des variations environnementales sur les projets de dominance et de reproduction.

Ces carnivores pinnipèdes constituent une des proies importantes des requins et des épaulards. Mais ici les mers se rejoignent toutes, et les barrières des paysages ne sont pas infranchissables pour les animaux marins. Opportuniste dans l'exploitation de poissons pélagiques et de calmars, le comportement alimentaire des pinnipèdes est principalement solitaire. Néanmoins, la reconnaissance vocale des individus dans les différentes espèces s'élabore avant tout entre les mères et les jeunes d'une manière mutuelle.

Chez les morses *Odobenus rosmarus,* les femelles et les veaux s'associent étroitement les unes aux autres pendant deux à trois ans et forment la base des unités sociales, convoitées par les mâles[7]. Et, dans la plupart des espèces, les mâles présentent un répertoire complexe d'appels de menace envers leurs rivaux adultes[8]. Alors comment se fait-il que, malgré cette hostilité affichée, une multitude de ces animaux se réunissent dans de grands rassemblements ?

Dans ce registre, les otaries à fourrure ont la sociologie méchante.

---

* Buffon G., *Histoire naturelle des animaux* [1749].

Chez l'otarie à fourrure du nord *Callorhinus ursinus*, le dimorphisme sexuel est spectaculaire – témoignage de la force du conflit sexuel. Si les femelles atteignent en moyenne 50 kilos, les mâles adultes quintuplent ce poids à 250 kilos. Une crinière épaisse de poils grossiers gris rougeâtre à brun foncé s'étend du cou à la poitrine, ajoutant encore à l'impressionnante physionomie des mâles. Ce dimorphisme sexuel est directement associé à une stratégie extrêmement polygyne, souvent très coercitive. L'accouplement se déroule au sol, et les femelles sont fécondées cinq à six jours après. Dans les rassemblements, les femelles arrivent gravides et se répartissent pour mettre bas à terre. Les grands mâles résidents constituent des harems de plus d'une vingtaine de femelles. Leur colère circonscrit un espace despotique, renvoyant en mer les mâles célibataires. Dans l'ouest de la mer de Béring, les agrégations polygynes peuvent compter deux cent mille individus le long de la côte rocheuse, les rookeries, mais les longues plages des îles accueillent des plus petites colonies d'environ cinq mille otaries.

Le groupement des femelles doit beaucoup à leur fidélité au site natal[9], mais les mâles reproducteurs se montrent particulièrement ombrageux quand ils s'invitent. En outre, de nombreux célibataires exercent un harcèlement contraignant sur les femelles qui s'écartent du troupeau.

Bien qu'ils se rassemblent le plus souvent hors d'atteinte des prédateurs marins, les pinnipèdes affichent une grande variété de rassemblements reproducteurs, que ni la pénurie ni l'opulence alimentaire ne peuvent à elles seules expliquer.

Curieusement, il se pourrait bien que ce soit l'art d'aller à la plage qui apporte ici un éclaircissement inattendu. Les rookeries étendues accueillent les immenses colonies de reproduction des éléphants de mer. Ici, les mâles contrôlent des harems qui peuvent atteindre cent femelles pour un mâle. L'éléphant de mer du sud *Mirounga leonina,* qui peut peser jusqu'à 3,5 tonnes, les femelles atteignant 500 kilos, fréquente les eaux de l'océan austral. Les narines du mâle fusionnent en une trompe singulière, qui lui a valu son nom commun. Mais il lui faut sept à neuf ans pour atteindre la force nécessaire pour affronter un mâle reproducteur. Les femelles gagnent les plages subantarctiques au début du printemps austral pour mettre bas un seul petit, qu'elles allaitent environ vingt-trois jours, pendant que les pachas écartent leurs adversaires pour s'emparer d'un harem. L'accouplement est terriblement disputé entre les mâles adultes, et les éléphants de mer organisent une reproduction particulièrement polygyne et coercitive. La faible durée durant laquelle un même mâle assure sa dominance permet toutefois que les femelles s'accouplent avec d'autres géniteurs qui lui succèdent. L'existence même de ces relations polygynandriques sérielles ou simultanées invite à considérer combien les catégorisations sexuelles, polygyne, monogame ou polyandre, s'avèrent très imparfaites dans la réalité.

Les espèces moins grégaires, comme le phoque du Groenland *Phoca groenlandica*, le phoque gris *Halichoerus grypus* ou le veau marin *Phoca vitulina*, réalisent une structure polygyne beaucoup moins stricte, comprenant de une seule à dix femelles.

Il en va différemment avec les phoques marbrés *Phoca hispida,* les phoques crabiers *Lobodon carcinophagus* ou les étranges phoques à capuchon *Cystophora cristata.* Non seulement les deux sexes sont d'une taille proche, environ 250 kilos, mais les animaux se montrent beaucoup plus monogames. Occupant l'hémisphère boréal, le phoque marbré, encore nommé phoque annelé, connaît une répartition circumpolaire. La maturité sexuelle est atteinte vers l'âge de 6 ans. Ces animaux résident loin des côtes sur la banquise, dans laquelle ils creusent des trous de respiration où ils plongent à la moindre alerte. L'accouplement se déroule en mer, et la femelle donne naissance à un seul petit, le blanchon. Quant au phoque crabier, qui en réalité est un mangeur de krill plutôt que de crabes, il est lui aussi distribué presque symétriquement autour de l'Antarctique. Le phoque à capuchon de l'Atlantique Nord préfère vagabonder seul dans l'océan. Avec un pelage argenté parcouru de taches noires, le mâle doit sa particularité au bulbe rouge membraneux que l'animal peut gonfler comme un ballon[10], doublant la taille de sa tête. Les mâles révèlent une polygamie sérielle, c'est-à-dire s'accouplent successivement avec plusieurs femelles, car celles-ci vivent éparpillées sur la banquise fragmentée[11]. Une façon de briser la glace.

Si l'organisation sexuelle polygyne ou monogame des pinnipèdes est largement corrélée avec leur dimorphisme, la structure sociale dépend de la dispersion ou de l'agglomération des femelles reproductrices. Le groupement des femelles est soumis à la disponibilité des habitats, plus ou moins affectée par l'activité des prédateurs, comme l'ours polaire, ou comme les requins et les orques. Les surfaces importantes formées par les longues côtes rocheuses offrent la possibilité d'un regroupement des femelles à terre. Alors les grands mâles se concurrencent pour s'emparer du plus grand espace possible et s'accoupler avec le harem des femelles qui l'occupent. Les rookeries, les plages ou la banquise stable permettent à la fois l'affluence des femelles et la polygynie des mâles, qui s'adonnent alors à une sévère surveillance du troupeau.

Au contraire, les milieux morcelés, comme les banquises fracturées ou les îles subtropicales, obligent les femelles à s'installer plus ou moins isolément. Elles ne peuvent pas être contrôlées par plus d'un mâle à la fois, ce qui entraîne une stratégie beaucoup plus monogame. Un habitat de reproduction qui présente une surface intermédiaire, comme la banquise instable, les petites criques rocheuses ou les plages, favorise l'arrangement de petits groupes de femelles, autorisant des formations polygynes réduites chez des espèces comme le phoque du Groenland et le phoque gris.

Chaque fois, les territoires masculins ne forment pas l'unité de base de la structure sociale, mais se superposent à l'organisation familiale et structurelle définie par les femelles et les jeunes.

Ainsi, la monogamie des uns ne s'oppose symétriquement ni à la polygynie ni à la polyandrie des autres. D'ailleurs, la monogamie supposerait que les congénères ne se contentent que d'un unique partenaire. Autant dire que le concept n'est valable que sur de brèves périodes. On perd toute monogamie dès que l'on consent à changer de partenaires, entamant ainsi une monogamie sérielle difficile à caractériser autrement que par une polyandrie (plusieurs mâles pour une femelle) ou une polygynie réelle (plusieurs femelles pour un même mâle). Problématique question lorsqu'il faut aussi concéder les accrocs temporaires qui font entrer les copulations extérieures dans le groupe reproducteur[12].

Depuis les années 1980, des études génétiques ont révélé que les oiseaux chanteurs, officiellement monogames pour un épisode parental donné, ont en fait de multiples copulations fécondes avec d'autres partenaires, parfois attachés à la formation d'un autre couple. Au contraire, chez les putois, les belettes *Mustela nivalis* et les ours, classés comme des animaux polygynes, les mâles peuvent aussi se consacrer à une seule reproduction monogame, alors que la femelle a déjà accepté un ou plusieurs accouplements avec d'autres soupirants, donnant lieu à des portées mixtes. Quant aux loups gris, dans la meute, le couple monogame territorial empêche physiquement les velléités sexuelles des animaux dominés ou appartenant à une autre bande[13]. Parfois cependant, l'amour libre fait la nique au vieux monde. Des loups errants parviennent à s'immiscer dans la ronde de ces relations[14].

La vie sociale apparemment hiérarchisée des phoques ou des loups semble par conséquent ne manifester qu'une recrudescence des rapports de force, puisque le dominant écarte parfois violemment tous ses rivaux. Ici, l'organisation sociale ne porte pas moins de batailles que la situation solitaire.

Sans concéder pour autant la moindre pertinence à l'analogie entre propriété privée et territorialité des espèces animales, de nombreux travaux d'écologie comportementale tentent d'appréhender les comportements sociaux en se référant à des termes sociopolitiques. Tout comme le despotisme ou la royauté, ces allusions métaphoriques sont éloquentes : elles offrent un recul sur nos institutions, mais véhiculent des significations souvent discutables dans leur analogie[15]. De fait, il semble que l'assurance de paternité et la durée de la dominance soient deux des composantes importantes du succès des mâles, en particulier chez les espèces polygynes où la reproduction est fortement biaisée.

Alors, comment interpréter l'idée que les espèces où la dominance consiste à rabattre le caquet des autres doivent être classées comme despotiques ?

En biologie, on accorde généralement le statut d'espèces despotiques à des animaux dont l'organisation sociale coercitive semble dépendre de strictes relations hiérarchiques. Néanmoins, la relation de dominance-soumission a été conceptualisée en 1922 par Thorleif Schjelderup-Ebbe[16] à partir d'une étude portant sur des poulets de basse-cour et mesurant le nombre de coups de bec reçus et donnés. L'hypothèse centrale était que cette hiérarchie tyrannique avait la fonction essentielle de maintenir la structure sociale. La dominance était aussi censée traduire des caractères génétiques individuels et pourvoir des bénéfices de *fitness*. Un dominant régnerait avec un pouvoir politique arbitraire, fondé sur la crainte, parce qu'il était secrètement mieux pourvu.

Cependant, chez les animaux, la dominance n'est pas octroyée autrement que dans un rapport dyadique antagoniste entre deux prétendants. Or cette notion de position dominante reste controversée[17] parce qu'elle ne commente que des intimidations agressives. Le concept, généralement masculin, ne découle que d'un rapport de force provisoire, n'a rien d'héréditaire, ni ne fournit aucun gène avantageux. Il peut cesser à tout moment et sera forcément renversé à la faveur d'autres joutes avec de nouveaux individus dans la force de l'âge. La dominance ne transcrit aucune autre qualité que mesurer l'agressivité ou la peur.

Néanmoins, les calculs de suprématie font les beaux jours de nombreuses publications, puisque la dominance qualifie un individu qui devient le grand mâle reproducteur. Une tautologie curieuse décrète que le mâle reproducteur est forcément le mâle dominant et qu'il faut être dominant pour s'assurer de devenir le mâle reproducteur. Aussi, les mesures basées sur des analyses de comportements agonistiques intègrent presque exclusivement des mâles[18]. Des études examinant de plus près la concurrence pour les ressources seraient mieux adaptées pour caractériser cette « domination sociale ».

Classiquement, les hordes de chevaux sauvages *Equus caballus* seraient dirigées par un étalon. Un despote gouvernant par la crainte.

Pendant de nombreuses années, les études sur le comportement social des chevaux se sont concentrées sur la domination et l'agressivité. Les liens sociaux et leurs avantages pour la *fitness inclusive* sont alors confondus dans la parenté entre les individus et masquent les avantages directs d'une association si peu évidente.

Toutefois, les troupes de chevaux sauvages comprennent de un à cinq mâles adultes qui accompagnent le troupeau des femelles et des poulains. Les juments restent fidèles à un étalon quand il garantit la stabilité du groupe installé et, au contraire, au cours de la formation de la bande, elles sollicitent la présence de plus d'un étalon et des changements de dominance[19]. Mais c'est aussi le harcèlement sexuel des mâles qui entraîne le regroupement des femelles. Les indices de bien-être des juments démontrent que plus elles sont harcelées par les étalons, moins elles sont sereines[20]. Aussi, la mesure du succès reproducteur s'améliore lorsque des relations stables s'établissent entre les juments et un étalon belliqueux, parce que la présence d'au moins un mâle mature dissuade l'agressivité des autres étalons célibataires. Mais le dominant n'est pas le mieux pourvu génétiquement et ne gagne son statut reproducteur qu'à travers un rapport de force qui permet de tenir en respect les autres célibataires.

Chez les chevaux camarguais, la majorité des étalons forment des alliances qui peuvent durer toute une vie. Les mâles s'associent avec certains subadultes, fils de juments de bas rang. Cette relation privilégiée entre mâles partenaires se traduit par un toilettage préférentiel. Ces coalitions peuvent alors affronter un intrus de manière synchrone ou perturber le harem monomâle d'un autre étalon. L'un des membres s'occupe d'isoler une femelle tandis que l'autre partenaire se confronte simultanément au rival. Ici, les combats ont lieu toute l'année, et l'un des étalons de l'alliance se bat avec des concurrents deux fois plus souvent que son partenaire[21].

La génétique dévoile que ces étalons, souvent d'âge similaire, ne sont pas plus étroitement liés entre eux qu'aux autres mâles du troupeau. À long terme, ces mâles intrépides peuvent engendrer jusqu'à un quart des poulains nés dans le troupeau. La progéniture de ces ligues est significativement plus élevée que celle des étalons adoptant une stratégie d'accouplement « sournoise », c'est-à-dire qui forcent ou séduisent une femelle à l'abri des regards du cheval dominant. Facilitant un accès accru à des juments reproductrices, la formation d'alliances améliore le succès de reproduction à long terme des deux partenaires et la survie de leurs poulains. Ici, les conditions de la réciprocité semblent remplies[22]. Conclusion refusée dans une étude sur les chevaux de Kaimanawa en Nouvelle-Zélande[23], car les interactions agonistiques dépassaient les toilettages dans les relations entre les étalons au sein des bandes coalisant plusieurs mâles. Et, bien que les bandes menées par une alliance se soient comportées comme celles décrites auparavant, leur succès reproducteur est resté légèrement plus faible durant la période d'étude.

De leur côté, les femelles forment des liens sociaux étroits à long terme avec les membres de leur groupe, généralement apparentés. Mais la harde inclut fréquemment des congénères non apparentés. Cette intégration sociale de femelles non apparentées augmente à la fois les taux de natalité et la survie des poulains, indépendamment de la qualité de l'habitat maternel, du statut de dominance et de l'âge. En outre, une telle compagnie diminue le harcèlement des étalons célibataires. Par conséquent, l'incorporation de femelles agit fortement sur la *fitness,* démontrant combien les liens sociaux peuvent évoluer en fonction de ces seuls avantages directs[24]. Le comportement coopératif réciproque maintient la congrégation sociale des juments.

Face à des dérangements ou à des prédateurs, les équidés se synchronisent à la fois entre eux et à l'intérieur des unités, mais, comme chez les antilopes, la synchronisation interne est plus forte. Les équidés vivent dans une société à plusieurs niveaux et se coordonnent avec leurs congénères non seulement au sein d'une unité, mais aussi au niveau élargi aux interunités[25].

Les chevaux de Przewalski *Equus ferus przewalskii* constituent les dernières populations sauvages de chevaux primitifs. Comme chez les zèbres des plaines, la prise de contrôle d'un nouveau harem par un étalon est parfois accompagnée de l'infanticide des jeunes de portées précédentes. L'examen ADN des paternités a révélé que, chez le cheval de Przewalski, les étalons présents à la naissance ne tuent pas systématiquement les poulains non apparentés[26]. En revanche, les juments dont les poulains étaient attaqués ont toujours évité de s'associer à des étalons infanticides, réduisant la *fitness* du mâle. Aussi, l'infanticide reste ici occasionnel et désavantageux. Le foin n'est pas le même pour un cheval amoureux. Les étalons acquièrent leur statut, mais le mâle alpha renforce sa situation en ayant le plus haut niveau de connectivité au sein du groupe bien plus que par son contrôle des naissances.

Pourtant, l'étalon leader ne semble pas avoir d'emprise sur les décisions de la harde. Les changements d'habitat et d'activité sont initiés par plusieurs animaux à la fois, après une période préliminaire de conciliabules furtifs. Les chevaux ont besoin de temps pour résoudre calmement les conflits de motivation avant ces départs. Plutôt que de reposer sur la présence d'un leader despotique, la prise de décision chez les chevaux de Przewalski dépend bien davantage du développement d'un consensus partagé, ou du moins d'un quorum important, gouverné par les déterminants écologiques[27], comme le besoin de changer de pâturage.

Alors, les chevaux sont-ils despotes ou égalitaires ?

Voilà sans doute une question mal posée.

Le despotisme caractérisant la vie sociale des rats bruns adultes paraît plus stable et suit une hiérarchie quasi linéaire, mais, ici, l'âge des individus constitue l'élément majeur de la dominance et du règlement des antagonismes. De plus, les surmulots restent dominants sur les individus qu'ils ont battus dans le passé. En fait, il semble que l'acceptation d'un statut social de subordination chez les rats bruns adultes soit directement liée au fait que les individus dominants ne peuvent monopoliser ni les ressources alimentaires ni les partenaires sexuels[28].

Les contrariétés de la dominance sont plus gênantes chez la marmotte des Alpes *Marmota marmota*. Ce rongeur débonnaire produit, à la sortie de l'hiver, des cris stridents très caractéristiques : difficile de manquer l'avertissement des sentinelles quand il sonne dans la montagne. Les groupes familiaux incorporent de nombreux auxiliaires du couple et forment des unités sociales très hiérarchisées incluant des aides. La marmotte est regardée comme monogame et despotique, c'est-à-dire qu'un dominant veille à se réserver l'intégralité des copulations avec une femelle reproductrice. À la naissance, l'environnement social précoce n'a pas vraiment d'influence sur l'accession à la domination[29]. L'effectif du clan, notamment l'augmentation du nombre de femelles adultes auxiliaires, joue cependant sur le risque de perdre la position dominante. Mais ni l'âge des femelles ni leurs relations de filiation avec les individus dominants n'entraînent une perte de dominance chez le rongeur[30].

De la sorte, les mâles qui se montrent incapables de monopoliser la reproduction en présence de mâles subordonnés perdent en même temps le contrôle de la domination[31]. Les prises de pouvoir sont violentes, et le changement de dominant dépend directement des infanticides. En général, la perturbation du couple entraîne que l'un des membres s'apparie à nouveau sur le territoire dont l'autre est exclu. Pourtant, les marmottes ne tirent aucun avantage du changement de partenaire, les nouveaux coéquipiers ne sont ni plus lourds, ni plus forts, ni plus hétérozygotes que les partenaires précédents. En outre, ces divorces forcés[32] n'entraînent aucune augmentation du succès reproducteur, voire l'amoindrissent à cause des infanticides.

Mais alors, d'où vient que certaines espèces se retrouvent despotiques ?

Déjà, l'ajournement du départ des juvéniles pour leur migration n'est accordé qu'à la condition que les individus participent aussi aux tâches reproductives, ce qui les confine dans un statut subalterne. Apparaît ainsi une première manière de coopérer. Il reste à déterminer si le subadulte part délibérément ou s'il est chassé par les parents. Il faut également s'interroger sur l'importance des disponibilités écologiques et sur le moment adéquat pour une séparation. On constate souvent que le despotisme se manifeste au sein d'un rapport de force reproductif, alors que la coopération paraît toujours plus égalitaire dans l'activité sociale, si bien que l'opposition politique entre les deux termes – reproductif *versus* social – semble assez peu pertinente. On ne parle pas vraiment de la même chose.

Autre exemple, les macaques. Singes cercopithèques distribués de l'Afrique à l'Asie, les macaques montrent toutes sortes de structurations sociales. Folivores ou frugivores, ces animaux vivent dans divers types de couverts forestiers, dont les ressources varient au fil du temps. La différence dans les styles de dominance présumée pourrait donc aussi refléter la variation des habitats.

La tolérance pendant les activités d'alimentation est le facteur principal qui conduit à une organisation sociale égalitaire, tandis qu'une concurrence sévère entre les groupes incite davantage à une structure despotique. Ainsi, bien que le macaque maure *Macaca maurus* et le macaque de Tonkean *Macaca tonkeana* soient génétiquement des espèces très proches, la comparaison phylogénétique[33] a mis en évidence que les styles de dominance despotique ont très probablement évolué à partir d'une organisation égalitaire. Le despotisme ne peut émerger que lorsque les parents doivent se réserver exclusivement la reproduction dans un habitat où les ressources sont restreintes et convoitées par de nombreux concurrents. Des interactions plus violentes gouvernent alors la bande, et la crainte génère une hiérarchie plus drastique au sein du groupe. La cohésion de chaque tribu est assurée par les escarmouches avec les autres clans territoriaux. Face à ces menaces, le leader dominant dissuade les rivaux et peut apaiser l'ensemble des interactions.

Saperlipopette ! En fait, l'organisation sociale des espèces ne réclame que le changement d'un seul trait, l'agressivité, pour faire émerger cette tendance sous l'effet des disponibilités du milieu.

Si les ressources deviennent plus rares et distribuées d'une façon plus hétérogène, les individus se montrent plus agressifs dans leurs interactions, et cette tendance est encore amplifiée pour l'accès aux femelles. Lorsque l'intensité des interactions concurrentielles s'accroît, l'organisation égalitaire se hiérarchise. Le despotisme est un effet secondaire de la concurrence. On peut supposer que les groupes formant une hiérarchie stricte ont une meilleure *fitness* lorsque les ressources sont faibles et inégalement réparties, puisque le couple dominant s'en sortira mieux pour produire des descendants, alors que les autres individus risquent d'être insuffisamment nourris pour se reproduire. Au contraire, l'abondance des ressources favorise les sociétés égalitaires, puisqu'elle diminue la concurrence. Mais cette conclusion n'est pertinente que si on y intègre le conflit sexuel : en effet, la concurrence pour les ressources alimentaires n'est pas le seul facteur à prendre en compte, s'agissant du caractère égalitaire ou non des sociétés. Dans tous les cas, les rapports égalitaires sont clairement corrélés à un meilleur développement des activités sociales. Et, si despotique que soit l'organisation d'un groupe social, la gestion des conflits reste cruciale pour préserver les activités coopératives.

Petit primate endémique de Madagascar à la longue queue annelée de noir et de blanc, le lémur catta *Lemur catta* est défini comme une espèce despotique, car ses associations sont caractérisées par une hiérarchie linéaire stricte, maintenue par les agressions répétées des femelles dominantes[34]. Les reproductrices agissent en contraignant les aidants sinon à l'impuissance, du moins à l'inactivité sexuelle. Cette attitude offensive, à laquelle les mâles ajoutent l'agression de leurs rivaux, structure le groupe familial. Les dominantes suspicieuses limitent alors fortement les relations sociales entre subordonnés. Pourtant, la famille élargie a besoin d'un soutien coopératif des coalitions de femelles.

Aussi, dans les groupes sociaux, la bonne question n'est pas de savoir *si* mais *quand* des actes de réconciliation se développent.

« La langue de l'amitié n'est pas composée que de signification*. »

---

* Thoreau H. D., *Une semaine sur les fleuves Concord et Merrimac* [1849].

Chapitre 10
L'improbable alliance des loutres

Paradisier de Raggi

Dans l'éparpillement des forêts tropicales insulaires d'Asie du Sud, une limite étrange sépare définitivement les oiseaux et les mammifères, et cette ligne, dite Wallace, renvoie les volatiles au paradis.

Il s'agit d'une discontinuité biogéographique des faunes qui est d'abord influencée par l'impuissance des mammifères à se disperser aussi loin que les oiseaux. Mais cet accident a d'importantes conséquences écologiques. Au-delà de cette frontière qui clôture la zone colonisée par les rongeurs et les primates arboricoles, les oiseaux deviennent les seuls disperseurs de graines, et leur rôle écologique est fondamental pour tout l'écosystème arboré.

Ici, donc, vivent les oiseaux de paradis, l'un des clades les plus extravagants de toutes les familles d'oiseaux en matière de beauté et de comportements de cour. Les femelles, pourtant, étalent des couleurs plus cryptiques. Dans d'autres genres tout aussi sexuellement dimorphes et polygynes, tels que *Ptiloris* et *Astrapia*, la diversification morphologique entre les espèces est moindre. De la sorte, les paradisiers semblent constituer l'un des exemples aviaires les plus importants pour promouvoir l'idée darwinienne de la sélection sexuelle. Mais les analyses génétiques de la phylogenèse du groupe suggèrent qu'il n'est pas nécessaire de postuler une évolution particulièrement rapide des traits morphologiques[1]. Ainsi, l'idée qu'une forte sélection sexuelle aurait produit des taux de spéciation élevés et des modifications rapides des ornementations sexuelles n'est pas vraiment étayée par ces oiseaux. Pour comprendre ces chatoiements de couleurs, il faut plutôt invoquer soit un effet stabilisateur sur les choix d'accouplement des femelles, soit que la préférence optimale ait subi un mouvement brownien à un rythme très modeste[2].

L'effet des contraintes écologiques sur l'évolution des espèces est au cœur de la recherche scientifique. En retournant la perspective pour s'intéresser à la manière dont la dynamique évolutive affecte les traits écologiques, on s'est aperçu que l'écologie doit se penser en termes d'interactions réciproques et pas seulement en termes d'influences environnementales.

C'est, en conséquence, une nouvelle destination qui met en évidence la double causalité de l'évolution, dont Lamarck avait eu l'intuition. D'abord tenues pour implicites, au point d'être sous-estimées, les boucles de rétroaction viennent troubler les explications classiques de la dynamique écoévolutive. Et la socioécologie des oiseaux de paradis en introduit de nombreuses prémisses.

Leurs couleurs excentriques ont fasciné les premiers explorateurs, mais tous les paradisiers ne sont pas également luxuriants.

Les manucodes, par exemple, ou manucodes trompette *Manucodia keraudrenii,* arborent un plumage assez terne, identique chez les deux sexes, et se montrent plutôt monogames. Il faut dire que ce sont de grands consommateurs de figues fraîches. Et les figues contiennent beaucoup d'eau. La fructification imprévisible des figuiers implique un resserrement des liens du couple. Pour assurer le nourrissage des oisillons, il faut trouver des figues mûres, et à un rythme soutenu, cet aliment étant peu nutritif. Les deux parents doivent donc s'associer pour dénicher les fruits dispersés dans la forêt à des stades de maturité changeants. La monogamie provisoire du couple devient une obligation pour la survie de la nichée.

Exhibant des coloris resplendissants, les paradisiers magnifiques, au contraire, préfèrent en gourmets les sensations culinaires de la muscade. Cette espèce très dimorphe vit en groupes polygames. Les paradisiers magnifiques *Cincinnurus magnificus* peuvent rester polygynes parce que l'obtention des riches ressources qu'ils exploitent est aisément prévisible. Le muscadier *Myristica fragrans* produit des fruits soixante ans durant. Les oiseaux arpentent la forêt primaire en se délectant de l'épais péricarpe, des graines des noix et autres fruits encapsulés. Bien que spécialisé dans le prélèvement de fruits complexes, comme ceux du muscadier, l'oiseau dispose d'un régime mixte incluant des insectes. Les femelles peuvent nourrir seules leur progéniture. Alors les mâles ne participent pas.

Le paradisier magnifique n'affiche donc de beaux gestes qu'avant la couvée. L'oiseau habite les forêts de colline ou de basse montagne, plus rarement des forêts humides de basse altitude. Les mâles, aux ailes d'un jaune profond, exhibent les couleurs safranées du plumage vert émeraude de la collerette et du plastron, en composant une danse ritualisée, faite de montées et de descentes le long d'un baliveau. Deux longs filaments blancs en forme de spirale prolongent la queue de l'oiseau. Après avoir dispersé les rivaux, la parade commence par un dépoussiérage du sol, en attendant le passage des femelles. L'oiseau affiche ses plumes irisées en remuant les rubans en faucilles de son arrière-train. De nombreuses femelles se pâment alentour, perchées à proximité. L'exposition est observée méticuleusement et elles cherchent à intimider celle qui semble céder à l'accouplement. Alors la performance recommence plusieurs fois avant d'atteindre son but. Le mâle peut ensuite persister dans sa quête amoureuse, copulant avec d'autres congénères, pendant que chaque femelle approvisionne la nichée.

Le paradisier de Raggi *Paradisea raggiana* dévoile encore une autre stratégie. Arboricole, comme la majorité de ces oiseaux sylvestres, ce paradisier vit dans les forêts tropicales humides et les lisières de Papouasie-Nouvelle-Guinée. La livrée nuptiale du mâle expose des teintes resplendissantes. La tête jaune d'or contraste avec un poitrail d'un vert profond tandis que le corps est coloré d'un plumage brun chocolat, orné de noir et d'arcs jaunes sur les épaules. Une touffe de longues plumes écarlates embellit les flancs, et tout le plumage se bouffit, donnant à la parade sexuelle une forme de fontaine de couleurs que l'oiseau agite en se balançant de haut en bas. Les mâles stationnent près des sites de nourrissage, acajou à fruits complexes et baies diverses, répartis d'une façon hétérogène, mais que les femelles exploitent longuement[3].

Sans les autres, le paradis, lui, est perdu. Les mâles effectuent des parades en bandes et non pas solitairement comme les autres paradisiers polygynes. La reproduction suit le système classique du *lek**, et plusieurs mâles qui occupent la canopée exécutent des parades collectives pour séduire. Ici, les femelles disposent d'un très vaste territoire, et les soupirants ont intérêt à se rassembler.

Mais, si capter l'attention des dames exige de la persuasion, l'art de la table s'avère ce qui reste le plus convaincant. Monogame ou polygyne, l'organisation sexuelle des paradisiers est étroitement dépendante du régime alimentaire et de la disponibilité des ressources[4]. La polygynie est favorisée par l'existence de fruits complexes énergétiquement riches, dont la fructification est prévisible, alors que les espèces s'alimentant de fruits simples et peu riches doivent demeurer monogames et plus solitaires par nécessité.

La répartition biogéographique des oiseaux de paradis manifeste un schéma complexe, puisque espèces et sous-espèces se distribuent localement d'une manière disjointe, parfois dans des paysages apparemment uniformes et interconnectés[5]. Il faut donc croire que des facteurs écologiques externes gouvernent l'assiduité des femelles, tandis que le développement des magnifiques plumages et des parades des oiseaux de paradis reste plutôt lié à leur rivalité.

Mais l'élément décisif tient d'abord à leur repas.

Un détour, pour comprendre. Apparemment, chaque organisme semble vouloir faire de son mieux pour laisser une postérité. Pourtant, au fil des centaines de millénaires, le succès reproducteur des êtres vivants a connu quelques déboires. Si une morue dépose plusieurs millions d'œufs, une grenouille n'en

---

* Le *lek* est une arène où plusieurs mâles rivaux paradent pour séduire les femelles.

pond que quelques centaines, une souris se contente de quelques dizaines de portées, et une éléphante n'obtient, au mieux, qu'un petit tous les trois ou quatre ans. Au cours de la phylogenèse, les taxons zoologiques ont donc vu une sévère réduction de leur progéniture, que l'acquisition évolutive de la viviparité a encore restreinte[6]. Pourtant vivifiés par les plaisirs de la sexualité, les animaux ont multiplié les activités reproductrices, inventant l'oviparité, puis la fécondation interne usant de toutes sortes de procédés et d'organes d'insémination.

Mais rien à faire. Leur descendance s'est drastiquement réduite au fur et à mesure de l'évolution. Il est vrai que l'utérus des dames ne laisse guère de place, même s'il accueille un développement embryonnaire protégé.

De fait, on ne peut comprendre l'histoire évolutive de ces changements des propriétés naturelles des espèces sans examiner les moyens par lesquels les organismes peuvent faciliter leur adaptation phénotypique au fil du temps. L'évolution est une histoire qui ne semble pas avoir favorisé les meilleurs : ni les plus adaptés, ni ceux qui expédiaient le plus de leurs gènes. Faunes et flores ont changé ensemble dans leur écologie. De ces efforts désordonnés, de ces milliards d'interactions, une diversité incroyable, en tous les cas, a émergé. Et tous les organismes *semblent* individuellement conçus pour se reproduire et assurer une postérité.

La confusion déroutante qui perdure dans la notion de *fitness* vient justement de ce qu'elle revendique une totale indépendance des canevas évolutifs par rapport à l'écologie de l'espèce. En ne traitant que du résultat des scores de la *fitness*, chaque espèce est enfermée dans les variations internes de sa capacité à produire des descendants. Pourtant, seules les dissimilitudes intraspécifiques significatives sont à l'origine d'une potentielle spéciation, cette différenciation future qui fait l'évolution. Et c'est bien l'écologie des espèces qui entame et accomplit la divergence de chacun[7].

Mais ce n'est pas suffisant. Il faut aussi un isolement reproducteur, une réticence telle à l'accouplement que chacune des variations appuie la différence à venir entre des espèces nouvelles. Ici sans doute intervient l'évitement de la consanguinité et son corollaire, la recherche des différences, apportés par les accouplements mixtes à travers la reconnaissance du complexe majeur d'histocompatibilité, l'appariement des MHC disparates. L'isolement reproducteur reste d'ailleurs très relatif et n'empêche pas toujours les hybridations. Il existe pourtant un seuil qui conduirait à une incompatibilité génétique entre les individus et infléchirait la manière dont l'environnement est exploité. À moins de trouver leur *fonctionnalité* au sein des écosystèmes, les individus ne peuvent que disparaître.

Le résultat putatif de la seule propagation des gènes est réduit par les exigences de l'écologie, parce que, en dépit de la dérive génétique, il ne suffit pas de bien se reproduire pour devenir une autre espèce. Au contraire, il faut un isolement reproducteur. La *fitness* compte le nombre de descendants et en fait la mesure du succès évolutif de chacun. Elle fait apparaître des inégalités entre les espèces, mais elle n'offre pas vraiment d'explication sur l'apparition des différences censée en déterminer l'évolution. D'ailleurs, des espèces introduites sur de nouveaux continents, souvent considérées comme invasives, voient leur succès reproducteur s'améliorer dans une niche écologique libre, sans pour cela diverger au point de fixer une nouvelle espèce. Le score reproducteur n'est qu'une estampille signalant que l'espèce parvient à mieux se reproduire ici que là. Mais, en tant que telle, l'hypothèse confirme secrètement l'existence invisible d'une adaptation fonctionnelle dans des milieux différents. Tout va bien si la finalité du vivant est en effet de se reproduire mieux.

Par ailleurs, le succès quantitatif n'est qu'une petite partie de la dynamique évolutive, et c'est plutôt la diversité phénotypique qualitative qui est sujette à l'évolution de l'écologie. L'écologie évolutive, elle, soutient que les communautés du vivant sont le résultat de différents types de processus d'assemblage, dérivés de la force structurante des interactions écologiques[8].

Les espèces divergent même après les grandes crises qui ont vu l'extermination de faunes et de flores entières, démontrant que toute l'écologie de la planète évolue d'un coup en se diversifiant sans cesse. Les dinosaures ont disparu après l'avènement des plantes à fleurs, et suite à la collision d'une comète avec notre planète, une écologie nouvelle a organisé la diversification des insectes, des mammifères et des oiseaux. Et c'est bien cette explosion d'une biodiversité inouïe qui caractérise absolument l'évolution.

Un bon gène nouvellement muté est simplement censé envahir la population d'origine. Si l'explication génétique s'est imposée de façon presque exclusive, affirmant la prépondérance des « bons » gènes, pourtant, l'idée d'un grand remplacement des populations se heurte tout simplement à la réalité scientifique de la sexualité et des autres mécanismes qui multiplie les assortiments, recombinaisons méiotiques, transferts horizontaux de gènes, expression épigénétique, transvection, introgression et autres hybridations. Même une reprogrammation épigénétique[9], telle que la méthylation de l'ADN, peut modifier l'expression des gènes sous l'induction des effets de l'environnement[10]. Non seulement l'évolution produit plutôt de magnifiques bâtards, mais les mécanismes génétiques ne sont pas les seuls facteurs à exercer des effets sur l'évolution du vivant, organismes et espèces.

La nature opère donc un grand mélange de caractères indépendants, une évolution en mosaïque[11]. Raisonnablement, nous devons plutôt tenir compte de l'effet de diversification de l'évolution qui contredit tout remplacement uniforme.

Les contraintes environnementales sont souvent traitées comme des serrures métaphoriques dans lesquelles l'ajustement des espèces paraît la clé de leur exploitation de l'habitat, c'est l'adaptation. Pourtant, il est de plus en plus visible que les interactions déterminent une rétroaction. L'interaction est réciproque. En définitive, l'occupation d'une niche écologique résulte plus d'un *double effet* des uns sur les autres, comme une mécanique bilatérale d'un accord provisoire de l'ensemble des communautés du vivant qui structurent les écosystèmes.

N'est-ce pas dans cette réciprocité des organismes, plus ou moins fonctionnelle, que naît l'écologie ?

Or, justement, le conflit sexuel conduit à des évolutions parfois beaucoup plus antagonistes[12]. L'intérêt opposé des femelles et des mâles entraîne des variations de *fitness* entre les sexes, qui ne trouvent leur équilibre que dans un *tir à la corde* évolutif. Un conflit doit toujours se résoudre.

Si les couleurs extravagantes des paradisiers s'associent à des changements de comportements, ces modifications disparates révèlent que les formes solitaires ou collectives de parades nuptiales, à leur tour, ne sont pas sans effets, ni sur leur postérité ni sur les évolutions différentes des phénotypes. Les niches écologiques influencent alors la variance de la *fitness* et l'ajustement des espèces. Mais la réponse est double et déclenche en retour d'autres accommodations.

Les loutres, elles, s'amusent de folâtrer dans toutes sortes de milieux aquatiques. Leur petite bouille nous les rend sympathiques, mais elles n'en sont pas moins de redoutables prédateurs piscivores.

Alors que les treize espèces de loutres vivent dans toutes sortes d'habitats fluviatiles, lacustres et marins, et présentent des exigences écologiques relativement similaires[13], la mangouste aquatique *Atilax paludinosus* se restreint à une vie solitaire dans les rivières et les lacs[14], bien que la plupart des mangoustes terrestres soient connues pour la grande complexité de leur organisation sociale. La vie nautique n'est donc aucunement la garantie d'une organisation sociale.

En revanche, le régime alimentaire des loutres change clairement selon l'espèce et l'habitat considérés, en même temps que les différentes espèces présentent des variations considérables dans leur vie sociale. Les lutrinés forment une famille monophylétique, qui a divergé des autres mustélidés il y a environ 25 millions d'années, mais la variation de leur socialité ne suit pas leur position taxonomique.

Piscivores, les loutres exploitent cependant des ressources très diversifiées, se nourrissent dans une grande variété d'habitats et paraissent très flexibles dans leur vie sociale. Certaines espèces restent solitaires, mais les loutres sociales se regroupent selon des caractéristiques écologiques de leur habitat. En s'appuyant sur la durée des rassemblements et le nombre d'individus dans le groupe, on observe que les femelles semblent engager la stabilité de l'alliance, tandis que la présence des mâles en structure l'organisation. Mais la même espèce peut montrer une organisation changeante selon les habitats et les habitudes alimentaires.

Les différentes espèces de loutres solitaires habitent le plus souvent des environnements linéaires, tels que les rivières et autres écosystèmes d'eau douce, ou encore parfois les côtes marines exposées aux vagues. Leur habitat est plus sujet à des perturbations qui fragmentent la continuité fonctionnelle des populations. Chaque loutre ne peut alors que défendre son terrain de jeu propre en optant pour une stratégie individualiste. Les loutres sociales, en revanche, se trouvent plus souvent dans des habitats étendus avec une couverture végétale homogène, des ressources alimentaires régulières et dans des zones menacées par de plus grands prédateurs. Elles se rassemblent d'autant plus volontiers que les ressources partagées se renouvellent plus constamment[15].

Ainsi, la loutre de rivière du sud *Lontra provocax*, commune en Amérique latine, est considérée comme solitaire[16], les adultes ne se croisant que pendant la saison des amours pour la copulation. La loutre à nez velu de Sumatra *Lutra sumatrana* présente également un mode de vie principalement isolé[17]. De même, la loutre sans griffes du Congo et du Cameroun *Aonyx congicus* privilégie les habitudes individualistes bien que certains individus aient été observés simultanément le long des rivières[18]. Les cours d'eau et les zones marécageuses ripariennes fournissent ici un habitat quasi linéaire, où les proies sont vite épuisées, ce qui favorise une vie plus vagabonde.

Bien que la loutre marine du Chili *Lontra felina* et la loutre à cou tacheté *Hydrictis maculicollis* soient principalement des animaux individualistes[19], les regroupements de femelles accompagnées des juvéniles et de subadultes semblent être la norme[20]. De même, chez la loutre néotropicale *Lontra longicaudis* d'Amérique du Sud, des couples et des groupes matrilinéaires, composés de femelles et de leurs petits, sont également trouvés[21]. Les femelles adoptent une vie plus groupée, car les juvéniles montrent plus de difficultés à se disperser dans ces environnements plus homogènes. Cependant, les mâles ne fournissent aucun soin parental ni aucune défense de l'unité familiale, de sorte que la formation de la bande se compose simplement de femelles avec des juvéniles[22].

Il existe beaucoup d'autres espèces qui affichent une certaine variabilité dans leur vie sociale. La loutre à poil lisse *Lutrogale perspicillata* du Proche-Orient montre des habitudes à la fois solitaires et plus sociales puisqu'elle forme des groupes allant jusqu'à onze individus. La femelle alpha est dominante sur tous les autres animaux du groupe[23]. Pour prolonger ces portraits si différents, il faut ajouter que la loutre d'Eurasie *Lutra lutra* révèle des habitudes principalement solitaires, mais les territoires des mâles chevauchent ceux des femelles sur les rivières, et l'espèce occupe aussi bien de vastes marécages que des côtes marines. Ainsi, les loutres eurasiennes peuvent vivre en petites unités familiales à de nombreuses occasions en fonction de la diversité des habitats. En Espagne par exemple, des individus sont associés à des couples plus souvent que prévu par le hasard, et chaque loutre révèle alors des interactions positives démontrant une flexibilité sociale significative[24].

D'une manière similaire, la loutre africaine sans griffes, ou loutre du Cap *Aonyx capensis*, est souvent considérée comme solitaire, alors que des groupes composés d'un couple avec quatre à six individus juvéniles se retrouvent souvent ensemble. Peuplant d'est en ouest toute l'Amérique du Nord, la loutre de rivière *Lontra canadensis* semble vivre souvent dans de petits groupes sociaux, généralement constitués d'une mère et de sa progéniture[25], mais qui peuvent aussi inclure des adultes non apparentés. Un effet du danger des loups et des coyotes. En outre, les mâles se rassemblent dans 46 % des cas en coalisant des célibataires, mais 78 % forment des unités mixtes en Alaska[26]. La disponibilité des eaux libres de glace constitue l'une des contraintes majeures sur leur socialité.

Pour finir, la loutre cendrée asiatique *Aonyx cinereus*, la loutre géante du Brésil *Pteronura brasiliensis* et, dans une certaine mesure, la loutre de mer *Enhydra lutris* ont toutes un haut degré de socialité. Elles ne semblent pourtant pas présenter beaucoup de caractères communs. La loutre de mer est souvent regardée comme une espèce très sociale, voire la plus sociale de toutes. Mais cette considération est nuancée par le fait que les mâles et les femelles vivent souvent séparés en groupes intrasexuels, appelés *rafts*, comprenant entre dix et cent loutres[27]. Les animaux plongent pour se nourrir individuellement de clams et d'oursins, mais ne s'écartent pas de leur association d'origine et se rassemblent tous les soirs pour dormir en pleine mer, entortillés dans les forêts d'algues.

Au cœur de la forêt tropicale, la loutre géante du Brésil forme des groupes constitués d'un couple alpha reproducteur et de leur progéniture de 2 ou 3 ans[28]. En général, les subadultes et les juvéniles se comportent comme des aidants[29], mais le degré de parenté varie au sein des rassemblements, incluant des individus non apparentés et contredisant encore un simple effet de parentèle[30]. Les loutres géantes ont mis en place quelques stratégies de chasse coopérative, dans ce milieu forestier immense, mais qui connaît des inondations saisonnières. Dans les méandres inondés des grands fleuves, les battues collectives leur permettent de capturer ensemble des poissons plus gros.

Quant à la petite loutre cendrée, il s'avère qu'elle est l'une des espèces les plus sociales[31]. Les loutres cendrées vivent en permanence en association d'environ douze à vingt individus, les mâles et les femelles mêlés, et incluant des individus non apparentés, souvent venus d'autres groupes, lors d'une dispersion à courte distance. Tous les individus partagent un nid commun, versent ensemble dans des toilettages minutieux et pratiquent des jeux interactifs[32]. Ces mignons petits animaux passent le plus clair de leur journée à renverser des pierres, à cueillir des insectes et à déloger d'autres arthropodes, comme les crabes de mangrove. Elles les prélèvent au cours d'une cueillette individuelle, jamais éloignées les unes des autres et surveillées par une sentinelle. Les loutres peuvent organiser des battues collectives pour capturer des poissons, notamment lors des crues de mousson.

Pour elles, le varech a aussi son charme. L'activité marine reste sporadique, mais est plus répandue qu'on ne le pensait chez les loutres d'Eurasie. Les populations vivant sur les côtes rocheuses de l'Écosse[33] ou de la péninsule Ibérique[34] montrent une plus grande activité sociale que celles qui exploitent des rivières et des ruisseaux linéaires. Les animaux s'abritent sur les rivages, mais ils ne sont pas empêchés d'accéder aux milieux d'eau douce adjacents, de sorte que les habitats marins pourraient constituer une composante importante de la niche d'habitat de ces loutres.

Au contraire de cette flexibilité sociale, les loutres d'Europe qui fréquentent les milieux lotiques et notamment les cours d'eau linéaires sont moins susceptibles de se rassembler. À la différence des milieux marins où l'on peut compter sur des mollusques, des oursins ou des crustacés, les disponibilités trophiques des rivières se concentrent sur des poissons rapides ou plus difficiles à débusquer, entraînant souvent une course-poursuite.

En préférant les eaux peu profondes eutrophes des grands fleuves à débit lent et une bonne couverture riveraine de la forêt inondable, les loutres géantes d'Amazonie s'offrent à la fois une socialité coopérative pour la chasse aux grands poissons et la possibilité de répondre ensemble aux menaces des prédateurs, comme le jaguar ou les alligators[35]. De même, les petites loutres sociales, comme la loutre cendrée d'Asie, se concentrent en groupes dispersés pour collecter des petits crabes dans les rizières et les estuaires lents. Lors d'éventuelles interactions agressives, la réconciliation intervient très vite. Le regroupement des individus favorise alors à la fois une défense active contre les prédateurs et, pour les juvéniles, l'apprentissage de ce mode de chasse privilégié.

Évidemment, la multiplicité des conditions écologiques introduit une certaine confusion : difficile de faire la part des différents facteurs qui s'entremêlent. Pour dégager les interactions composites qui se mettent en place, il faut en passer par des analyses multivariées de fonction discriminante et comparer non pas les espèces, mais leurs différentes populations[36].

Les résultats de ces analyses montrent que la vie sociale des loutres est grandement tirée par les variables d'habitat d'une part, des variables concernant le type de proies et le dérangement d'autre part. À leur tour, ces variations influencent le type de réponses aux prédateurs, vie nocturne, vigilance ou défense commune, et le développement des stratégies de chasse. Les différentes espèces de loutres solitaires habitent le plus souvent des environnements linéaires, tels que des écosystèmes d'eau douce ou des côtes marines exposées aux vagues. Chaque fois, il semble que leur habitat soit plus sujet à des perturbations qui fragmentent leur continuité fonctionnelle. C'est le cas aussi bien des rivières boréales, sujettes au gel hivernal, que des rivages rocheux, exposés aux vagues, ou encore de la fragmentation de la végétation riveraine. Les loutres se nourrissent de divers poissons plutôt véloces, dans des habitats hétérogènes, mais leurs habitudes solitaires sont associées à une stratégie de changement d'alimentation, passant à d'autres ressources secondaires lors de l'épuisement des proies principales.

En revanche, les loutres les plus sociales bénéficient d'un habitat étendu avec une certaine continuité et un bon couvert végétal. Leur vie de groupe est rendue possible par un environnement homogène avec des ressources régulières, renouvelées rapidement. Les animaux mettent en place des stratégies de surveillance commune avec des animaux guetteurs et ripostent âprement à l'arrivée d'un prédateur.

En outre, la coopération en matière de recherche de nourriture peut bénéficier aux individus en facilitant un élargissement des niches alimentaires. Le thème de la taille des proies au regard du prédateur échoue encore une fois à fournir une explication de la vie sociale, comme cela était déjà évoqué pour les lions, les hyènes et les loups ou les chacals. Cependant, comme la recherche coopérative de nourriture n'a pas complètement compensé la concurrence, la prise alimentaire peut rester individuelle ou familiale la plupart du temps. Mais cela révèle aussi le rôle des adultes dans l'apprentissage de la nage ou de la capture des proies. Les subadultes sont alors plus susceptibles de retarder leur dispersion, puisque la famille et les milieux occupés répondent à leurs exigences immédiates. Quant aux adultes, femelles et mâles adoptent des relations amplement plus égalitaires aussi bien chez les loutres cendrées naines que chez les loutres géantes, ou même dans les bandes de célibataires[37].

Ici, même les nains ont des rêves de géants.

La réciprocité rencontre toutes les conditions raisonnables pour le développement d'une socialité. La vie sociale émerge d'une manière grégaire, à cause d'un risque de prédation dans les habitats exposés. La réconciliation permanente s'installe parce que le maintien de ressources régulières et le fait que les principales sources trophiques se reconstituent rapidement apparaissent comme les facteurs déterminants de la vie.

L'équilibre sexuel survient toutefois dans une monogamie sérielle, même en groupe, notamment chez les petites loutres cendrées et les loutres du Cap, les loutres de mer adoptant, comme les loutres de rivière, une forme de ségrégation temporelle et spatiale entre mâles et femelles.

Néanmoins, les tensions particulières du conflit sexuel semblent souvent exiger des mesures légèrement plus drastiques.

« Après avoir erré longtemps dans la brousse, il atteignit un village où se dressait une potence : Dieu soit loué, me voilà en pays civilisé, se dit-il*. »

---

* Swift J., *Les Voyages de Gulliver* [1726].

Chapitre 11
Le biais des suricates

Suricate

Pour déplacer une montagne, il faut commencer par enlever des cailloux. Alors, harassées à la fois par l'exploit endogé et par l'altitude, les marmottes dorment sept mois pour occuper l'hiver.

Tous les montagnards ne sont pas des atrabilaires obtus. Si les marmottes alpines défendent jalousement les prérogatives d'une monogamie sérielle, la marmotte américaine paraît moins regardante sur les frasques sexuelles de ses congénères. Malgré le peu d'aisance des gravats. Il faut pourtant s'aviser que, à la différence des autres marmottes montagnardes, la marmotte américaine *Marmota monax* creuse des terriers dans les plaines de toute l'Amérique du Nord. Mâles et femelles vivent seuls et séparément, et les relations sexuelles polygynes se cantonnent à un court printemps de reproduction d'environ deux mois[1].

Les autres gros écureuils terrestres, notamment d'Europe ou d'Asie, montrent des niveaux plus structurés de vie sociale, vivant en troupes généralement ordonnées autour d'un couple alpha[2]. L'unité sociale de base est un groupement familial composé du couple résident, d'adultes subordonnés et des juvéniles de l'année, aussi les espèces de marmottes s'avèrent-elles socialement monogames sérielles, excluant les subalternes de toute reproduction durant les semaines où le couple dominant gouverne.

Ce biais de reproduction, très marqué chez les femelles, est institué à travers un mécanisme de stress social et de surveillance très agressive des deux parents, qui prévient toute copulation fertile des vassales[3]. Malgré le risque du départ des femelles subordonnées trop harcelées, les marmottes monogames peuvent gagner à supprimer la reproduction des subalternes. Car la plupart des marmottes sociales sacrifient à une brève monogamie, le groupe favorisant la survie des juvéniles dans les milieux appauvris des prairies de montagne.

Une question se pose alors : pourquoi une grande socialité est-elle associée à la monogamie sociale dans des environnements plus maigres ?

L'adaptation des marmottes aux alpages rocailleux difficiles exige apparemment une suppression reproductive des femelles subordonnées, afin d'éviter une concurrence sur la faible disponibilité des ressources. Le retard de dispersion des subadultes permet aussi le rassemblement des troupes blotties pour la thermorégulation hivernale[4], puis l'élevage des petits d'une seule portée dans ces conditions rudes.

Et souvent elles sifflent. La majorité des marmottes se caractérise par un comportement diurne de vigilance, intégrant des cris d'alarme aigus et perçants.

Pourtant, au sein de ces gros rongeurs sociaux, une espèce se démarque singulièrement. La marmotte à ventre jaune *Marmota flaviventris* se distribue depuis les prairies subalpines de l'ouest des États-Unis jusqu'au sud-ouest du Canada. Principalement herbivores, les marmottes à ventre jaune résident en petites colonies d'une quinzaine de congénères, mais, ici, les mâles admettent trois à six partenaires sexuels, suivant une forme de harem polygyne[5]. La marmotte à ventre jaune affiche ainsi un niveau intermédiaire de vie sociale polygyne et un faible biais de reproduction par rapport aux autres marmottes sociales fermement monogames. Notre rongeur à ventre jaune bénéficie de la présence de femelles partenaires et, en retour, leur accorde d'engendrer leur propre portée[6]. Cette tolérance est facilitée par une plus grande abondance des ressources. Mais, comme beaucoup d'accouplements ne concernent que deux ou trois femelles, le rassemblement est souvent plus mesuré.

Paradoxalement, le harem se réduit encore, et les femelles paraissent plus agressives quand les conditions du milieu s'enrichissent[7]. Un effet opposé à celui attendu à long terme. Cette situation baroque pourrait indiquer que les nécessités de l'hibernation groupée contrecarrent l'évolution vers la monogamie lorsque les milieux retrouvent une certaine profusion. Toutefois, le conflit reproducteur entre les dominants et les subordonnés baisse d'abord parce que la dislocation est rendue plus attrayante par de meilleures disponibilités des ressources. La dispersion des subadultes tend à promouvoir la monogamie territoriale du couple.

Une autre hypothèse permettrait d'éviter les spéculations de la parentèle, c'est celle de l'*augmentation de groupe.* L'augmentation du groupe[8] est décrite comme la simple présence passive dans la communauté d'autres individus offrant un avantage à l'un de ses membres. Un exemple : se réchauffer chez les lézards ou chez les marmottes bénéficie à un membre. Mais ce mécanisme conduirait à réduire la mortalité : il ajoute des sentinelles supplémentaires et favorise des comportements d'aide, tels que l'élevage coopératif même entre des individus qui ont une faible parenté. De même que, dans le cas des bandes d'oiseaux, les couvées sont plus fournies quand ils font nombre. On peut donc faire l'hypothèse que le simple recrutement des aides favorise en soi la *fitness*. L'hypothèse de l'augmentation du groupe pourrait ainsi résoudre la question de l'évolution des comportements d'aide d'animaux non apparentés.

Le sanglier *Sus scrofa* semble un peu suivre cette recommandation en formant ses troupes, car la harde tire aussi un bénéfice de l'effet de groupe pour surveiller les alentours. À l'opposé de ce qui était prévu, l'effet de l'abondance alimentaire conduit aussi à une diminution de la taille moyenne de la compagnie et de la somme de marcassins.

Dans l'ignorance de la façon dont fonctionnerait ce mécanisme conduisant à l'augmentation des hardes sans réels bénéfices reproducteurs pour les aides – tout comme on ignore les mécanismes de la parentèle[9] –, le phénomène rejoint tout au plus le modèle de la réciprocité retardée. L'aidant est coopté pour l'efficacité de son assistance et en retire ensuite des bénéfices en matière d'expériences ou d'avantages directs pour sa propre installation.

Bien que l'hypothèse de l'augmentation du groupe soit proposée pour expliquer l'évolution de l'élevage coopératif, il paraît donc bien difficile de la distinguer de la réciprocité. Encore que, chez le blaireau européen *Meles meles*, l'effectif d'une bande dépende beaucoup plus de la répartition des ressources[10]. La surface du domaine vital paraît indépendante de la taille de la confrérie. En Espagne, l'effectif du clan reste corrélé à la richesse globale du site[11], alors que, dans les îles anglo-saxonnes, la congrégation se réduit d'autant plus que les disponibilités sont dispersées. L'augmentation de groupe n'y suffit pas.

Les embarras de l'hypothèse de la réciprocité venaient de l'erreur du postulat que toute aide est récompensée par un retour immédiat et de même nature au bénéfice du donneur. Il n'en est rien. Le don n'est pas un prêt à terme. La réciprocité peut être différée, d'une autre teneur et même fournie par un autre individu, y compris d'une génération suivante. Et l'acquisition d'expérience dont bénéficie l'assistant paraît également très sous-estimée dans l'art de rester ensemble.

En revanche, siffler attire tout autant l'attention de ses compagnons que celle d'un prédateur, comme le sait la marmotte.

Les cris d'alarme que poussent les écureuils terrestres de Belding *Spermophilus beldingi* indiquent bien la survenue d'un prédateur[12]. Alors que les sentinelles scrutent le ciel, les autres individus peuvent allonger le temps consacré à l'alimentation. Mais les guetteurs, en alertant, prennent le risque de se faire rapidement localiser par l'aigle ou le serpent. Il paraît donc toujours difficile de comprendre ce qui les pousse à s'exposer à un tel danger pour lancer ces appels si pressants envers des congénères.

Le risque de dérangement ou de prédation affecte considérablement le budget temporel de la nutrition. Dans les groupes coopératifs, comme chez le geai à gorge blanche de Floride *Aphelocoma coerulescens*, le comportement de sentinelle a été interprété comme une forme de vigilance collaborative antiprédatrice, un comportement purement altruiste offrant une protection à l'assemblée des oiseaux[13]. Les oiseaux juvéniles restent dans l'habitat de leurs parents pendant plusieurs années et aident à élever des jeunes et à surveiller l'apparition des faucons. Mais ils s'installent ensuite, au bout de trois ou quatre ans, comme couple reproducteur. La carrière d'un guetteur est donc provisoire. L'implication des oiseaux dans cette fonction provient à la fois d'une dispersion retardée et de la réciprocité assurée par les nouvelles générations qui se succèdent.

Alors, « accoustez, à bon entendeur, il ne fault que demi-mot », prévient Rabelais dans son *Pantagruel.*

Bien sûr, les suricates *Suricata suricatta*, aussi nommés meerkats, restent sans doute les mangoustes les plus célèbres pour leur comportement de veilleur. On voit couramment, perchés sur un monticule en plein désert, des individus qui exercent une surveillance de l'environnement, tandis que le reste du groupe s'affaire à jouer ou à se nourrir en dénichant de petits arthropodes qui composent leur ordinaire. Les meerkats profitent de ces moments d'accalmie pour enseigner aux jeunes l'art de dépecer un scorpion ou une scolopendre.

Les alertes sont modulées pour signaler précisément si le risque vient du ciel ou d'un attaquant terrestre[14]. Les suricates de la bande abaissent clairement leur vigilance lorsqu'ils entendent les vocalises d'une vigie attentive qui prévient qu'elle a balayé l'environnement sans distinguer aucun prédateur[15]. La coopération repose sur cette asymétrie des activités du clan. Cela n'inspire pas une spécialisation des phénotypes comme chez les termites, car d'autres suricates se montrent immédiatement enclins à prendre le rôle de guetteur lorsqu'une sentinelle ne babille plus[16]. Naturellement, cette vigilance coopérative ne provient pas d'une sollicitude gratuite qui conduirait le guetteur à se sacrifier. La surveillance découle de l'attention soutenue d'un animal envers les prédateurs[17]. Aussi, ce n'est pas à cause d'une excessive timidité que la sentinelle tend à s'échapper la première face au danger. Elle aborde plus volontiers cette fonction de vigilance lorsqu'elle a le ventre plein. D'ailleurs, en prévenant la communauté affairée, son statut social peut augmenter. Cette *réciprocité* n'engage pas obligatoirement ces individus à aider les autres au détriment de leur propre progéniture puisque des dominants y participent[18]. Cette surveillance n'entre donc pas entièrement dans la définition retenue de l'altruisme.

Les aidants, en effet, se résignent à surseoir à leur reproduction. Car la vie commune de nombreuses espèces impose un *biais de reproduction* apparent[19]. Le maintien des subordonnés dans le clan, aussi bien chez les loups que chez les suricates, leur interdit une reproduction buissonnière, et seul le couple dominant s'en attribue le droit exclusif. Le succès reproducteur des parents dépend franchement des assistants, dont la reproduction est inhibée, permettant d'accroître les soins coopératifs et la survie de leur progéniture.

Ne pas laisser de descendants paraît toutefois avoir un coût exorbitant.

La suppression reproductive n'est pas activée, ici, par des flux de phéromones stérilisantes, mais, plus souvent, par un stress reproductif permanent. Ce rapport de force se traduit par un harcèlement systématique aboutissant à ce que les suricates subalternes retardent leurs intentions génésiques. En quelque sorte, la tolérance sociale dépend d'une totale intolérance reproductive. D'où le problème.

Bien que l'on considère qu'avoir un grand nombre d'assistants élève la *fitness* du couple, la fréquence des agressions des dominants est directement corrélée avec l'effectif des assistants dans le groupe[20]. Le conflit reproductif entre le mâle dominant et les mâles subadultes devient plus modéré quand le nombre de subordonnés est plus restreint. Mais le modèle du biais reproducteur soutient que les femelles amélioreraient leur *fitness* soit en supprimant la reproduction des concurrentes, soit parce que les dominées diffèrent leur progéniture et la reportent à un avenir où les conditions de la survie sont susceptibles d'être nettement meilleures.

On sait depuis longtemps que, chez le cercopithèque mignon, encore appelé singe des palétuviers ou talapoin *Miopithecus talapoin*, et dont le mâle a eu l'idée burlesque d'exhiber des testicules bleutés, la subordination des individus entraîne une disparition de leur sécrétion d'œstrogènes[21]. Toutefois, chez les meerkats, comme dans beaucoup d'autres espèces, il n'est pas clair que les femelles subalternes subissent des modifications hormonales inhibant l'œstrus[22]. Le harcèlement, ou même une simple exposition olfactive continue à la femelle dominante, induit une obstruction sociale plutôt que biologique. Le stress hormonal est ici largement compensé par des interactions agressives concurrentielles que subissent les subordonnés.

Le modèle d'auto-inhibition, testé par la théorie des jeux, a proposé que les meerkats auxiliaires choisissent de consentir à une suppression de leur reproduction afin de rester flexibles dans le groupe. Le jeu fonctionne lorsque les membres sont étroitement apparentés, que le risque d'être détecté est grand et qu'élever une portée indépendante semble impossible dans les conditions normales des ressources. Sinon, le harcèlement direct fonctionne mieux. La fréquence à laquelle les dominants expulsent directement leurs subalternes ou tuent leurs petits varie en fonction des coûts et des avantages du biais de la suppression de la reproduction subordonnée, et aussi en fonction de l'état reproducteur des dominants, de la taille de leur groupe et de la parenté des aidants[23]. Plutôt que de harceler constamment toutes les femelles auxiliaires, les dominantes ne deviennent agressives que lorsqu'elles sont elles-mêmes enceintes[24].

Chez les suricates, les femelles dominantes, dans les derniers stades de la grossesse, expulsent souvent de force des femelles subalternes : c'est le point culminant de l'escalade des agressions[25]. Souvent, les femelles expulsées restent à la périphérie du clan pendant plusieurs jours avant d'être acceptées derechef dans le groupe après que la femelle dominante a accouché. La réconciliation est un des ressorts de la vie sociale.

En réalité, la plupart des agressions et des comportements hiérarchiques se restreignent à une compétition entre les mâles, lorsque les femelles sont en œstrus. Aussi, l'hypothèse de la rivalité des mâles pour l'accès aux femelles et de la concurrence pour confisquer des ressources paraît mieux adaptée que la génétique pour caractériser la domination sociale[26]. Car la plupart des dominés se reproduiront un jour.

Les mangoustes naines du sud *Helogale parvula* vivent aussi une stricte hiérarchie entre individus de même sexe, dans des bandes d'une trentaine d'animaux, et chacune d'entre elles entreprend une reproduction coopérative[27]. Les mâles retardent de deux ou trois ans leur dispersion avant de rejoindre d'autres groupes établis. Ce petit carnivore diurne, de moins de 300 grammes, délimite un clan territorial qu'il défend collectivement. Des sentinelles veillent à la tranquillité du groupe[28]. L'ensemble du clan repousse les prédateurs et émet nombre de vocalises pour signaler les menaces et se reconnaître. La femelle dominante engendre alors 80 % des petits, tandis que les dominées endurent une suppression despotique de leur reproduction[29].

Mais cela reste provisoire. Car souplesse il y a. Des subordonnées se reproduisent occasionnellement, comme l'ont révélé les analyses génétiques[30]. Aussi, le succès de reproduction des mangoustes naines n'est pas lié au rang de dominance, mais à la taille du groupe[31]. Ce compromis évolutif, dans lequel les dominants cèdent partiellement leur monopole sur la reproduction, permet de garder des auxiliaires allaitantes dans la communauté. Que ce soit chez les suricates ou chez les mangoustes naines, une seule dominante se reproduit lorsque la nourriture est limitée, alors que plusieurs femelles mettent bas lorsque les disponibilités sont abondantes[32].

Toutefois, aucune corrélation n'a été observée entre les mesures de dominance et la survie des individus, et les assistants ne sont pas tous apparentés. Les mangoustes s'éloignent du modèle du despotisme reproducteur obligatoire, qu'on trouve chez des insectes sociaux, et se rapprochent plutôt des stratégies de harcèlements associées aux comportements de surveillance sexuelle, quand les mâles intimident leurs rivaux pour interdire un accès des subordonnés aux femelles adultes. Tout cela suggère que, plus que la dominance, le conflit sexuel est une des bases importantes de la vie des animaux[33].

D'autant que, en dépit des prédictions de la théorie du biais de reproduction, l'hypothèse que les dominants accèdent à une *fitness* augmentée n'est pas aussi assurée. Certes, seul le couple alpha engendre une progéniture dans l'immédiat. Mais chaque descendant, à son tour, peut devenir un simple aidant, sacrifiant sa reproduction et arrêtant la succession de la lignée. La suppression des potentialités reproductives ne constitue pas non plus une chasteté contrainte, et les dominants peuvent échouer à imposer la stérilité sociale des subordonnés[34]. Enfin, il faut aussi compter avec les coûts de la consanguinité génétique qui minent carrément l'intérêt d'une *fitness* inclusive. La consanguinité induit, en effet, un phénomène additif de dépression endogame dont résultent des difformités aberrantes et une déchéance de la fertilité.

Bien que les subordonnés se reproduisent moins souvent que les dominants, les femelles tentent régulièrement de copuler avec des mâles de groupes voisins. De nombreux dominés peuvent donc s'essayer à des copulations interdites dans leur groupe d'origine. Or l'ovulation des mangoustes est induite par la copulation. Il y a donc des stratégies de contournement de l'interdit reproductif.

Esquiver la consanguinité devient en conséquence une des explications les plus édifiantes de la faible fécondité des femelles subalternes. Celles-ci sont généralement les descendantes encore immatures ou subadultes du couple, et elles fuient les liaisons endogames. D'ailleurs, les anciens dominés accèdent la plupart du temps à leur propre reproduction territoriale soit en héritant du domaine parental, soit en établissant ailleurs leur territoire familial au bout de quelques saisons. Les loups subadultes, par exemple, suivent précisément cette organisation en quittant la meute dès qu'ils en ressentent le besoin ou que leurs parents les y incitent.

En quelque sorte, les subordonnés obéissent aux remontrances paternelles ou maternelles et décalent leur dispersion, le temps d'acquérir leur indépendance. En outre, le biais de reproduction ne paraît pas toujours exclusif ni astreint chez beaucoup d'espèces coopératives.

Si la mangouste indienne grise *Urva edwardsii* a acquis son brevet de célébrité en combattant les cobras, la majorité de ses proies provient d'une chasse opportuniste aux rongeurs, petits lézards, sauterelles et autres arthropodes. Toutefois, l'animal garde des mœurs plutôt solitaires. Au contraire, les mangoustes rayées

Mungos mungo, qui atteignent un poids de 2 kilos, définissent des territoires olfactifs où s'établissent de dix à quarante congénères et où mâles et femelles nichent et dorment ensemble en toute promiscuité. Les compères forment une bande compacte pour se défendre ensemble contre les lycaons ou d'autres grands prédateurs.

Mais ce qui est étrange chez la mangouste rayée, c'est d'abord la concorde qui règne dans la communauté. Ici, ni hiérarchie apparente ni suppression de la reproduction. Les mâles en revanche savent éloigner brutalement leurs rivaux[35]. Les bandes mixtes respectent un certain égalitarisme des relations quotidiennes. Bien sûr, deux mangoustes peuvent se chamailler à propos de nourriture, mais les réconciliations interviennent rapidement, et les interactions agressives sont limitées à l'intérieur des clans. Les aidants adoptent souvent un jeune du groupe pour lui enseigner les techniques de capture des proies parfois dangereuses, comme les scorpions. Les groupes familiaux restent donc très égalitaires dans leurs activités et collaborent fréquemment, bien que la chasse aux arthropodes et aux petites proies soit majoritairement individuelle. Les animaux coopèrent également pour batailler et écarter les bandes concurrentes, lors de rencontres inopinées parfois très agressives sur les sites d'alimentation ou de repos.

Les espèces sauvages qualifiées de solitaires ont souvent servi d'assise pour étudier les transitions présumées vers la vie sociale. En l'absence d'affiliations, leur organisation a été rapportée à des déterminants purement écologiques. Au contraire, les interprétations reposant sur la reproduction coopérative ont été largement influencées par la multiplication des études portant sur des espèces qui présentent un biais de reproduction élevé, quand la reproduction est strictement monopolisée par un couple dominant.

Pourtant, il n'est pas si simple d'assigner à la vie indépendante un aspect plus primaire qu'à la vie sociale. Nous l'avons vu, la majorité des femelles mettent bas plusieurs petits en même temps, et la plupart des mammifères acquièrent leur expérience sociale durant une précoce ontogenèse. Les fondements de la vie sociale se mettent plutôt en place pendant la période d'élevage, et la dispersion solitaire reste clairement un mécanisme secondaire, dérivé de l'émancipation.

Néanmoins, l'hypothèse illusoire que la vie sociale découlerait d'une vie solitaire a grandement fait obstacle aux études des interactions écologiques qui entravent ou soutiennent l'élaboration d'une vie en groupe. Au premier chef, la présence de prédateurs, l'évitement de la consanguinité et le conflit sexuel n'ont été reconnus que comme des obstacles : on n'imaginait pas encore combien les réseaux sociaux intervenaient pour changer les interactions avec les milieux qui, en retour, influencent aussi les gradients de socialité.

Chez la mangouste rayée, la plupart des femelles conçoivent une portée à chaque saison[36], qui est élevée en commun au sein du groupe. D'ailleurs, les femelles se divisent en sous-groupes liés par affinité, et ce clivage diminue les dissensions[37]. Par contre, la multiplication des accouplements entre des individus en toute promiscuité constitue un avantage pour l'élevage communautaire des jeunes non sevrés, en organisant une confusion de paternité et parfois un allaitement collectif.

L'organisation sociale quasi libertaire des mangoustes rayées rend caduc le besoin d'une suppression de la reproduction des subordonnés[38]. Les femelles focales n'ont pas une probabilité plus grande de survie ni de reproduction à l'âge adulte. La dominance présomptive n'a que des effets mineurs sur la nutrition, et aucun effet sur la reproduction et la survie des individus[39]. L'impossibilité de garantir un biais reproducteur régulier par l'imposition récurrente de la force présente un coût toutefois : promouvoir des évictions brutales qui envoient un subadulte s'établir ailleurs.

Pourtant, les individus dominants pourraient utiliser la menace de l'expulsion pour dissuader la reproduction subordonnée. Les mangoustes rayées n'usent pas de ces intimidations. Alors que, chez beaucoup d'espèces, les intimidations de bannissement ou d'agression sont une tactique fréquente répondant à des interactions dyadiques pour interdire des copulations extérieures, chez les mangoustes, le réseau social plus égalitaire en réduit l'intérêt. Les couples les plus dominants, en charge d'une portée, limogent tout simplement les dominés reproducteurs qui ne leur conviennent plus[40]. En conséquence, les femelles subordonnées n'ont même pas à faire preuve de retenue reproductive pour éviter d'être congédiées. La menace d'expulsion peut d'ailleurs s'avérer inefficace pour induire une modération préventive des séductions parmi de multiples assistants. La vie coopérative et la défense commune contre les prédateurs ou les groupes étrangers invitent à une rapide réconciliation. Enfin, l'effort investi pour l'exclusion des femelles subordonnées induit aussi un coût sur la survie des petits de la femelle dominante[41].

Les ressources de l'environnement diffèrent aussi selon les saisons et les années. Aussi, la concurrence reproductive potentielle peut augmenter dans des circonstances de contraintes écologiques plus élevées.

Le risque d'infanticide et l'évitement de la consanguinité relient l'organisation sociale aux tactiques de reproduction et aux histoires de vie.

L'équilibre entre l'asservissement à un biais de reproduction et les possibilités de dispersion des auxiliaires est soumis aux contraintes écologiques et sociales des disponibilités alimentaires et de la vacance des sites de reproduction. Ainsi, à la suite d'une expulsion, chacun connaît à la fois le coût de la concurrence alimentaire et l'avantage d'élargir la niche écologique en profitant de ressources nouvelles. En reliant ces faits, le modèle socio-écologique éclaire bien des déterminants de la vie sociale.

Mais il apparaît que, chez les primates[42], les animaux dominants et leur progéniture survivent souvent mieux que les subordonnés[43]. Ainsi, les petits singes vervets *Chlorocebus pygerythrus* dominants, et plus encore leurs femelles, captent un taux plus élevé de ressources[44], ce qui pourrait plaider pour leur meilleure *fitness*. En outre, les difficultés d'une dispersion amplifient clairement l'impact de la domination sur la survie des subadultes.

Appuyés sur une organisation apparemment despotique, les groupements du macaque d'Assam *Macaca assamensis,* en Inde, multiplient agressions, contre-agressions et réconciliations[45]. Et la dominance et les agressions augmentent corrélativement à l'effritement des ressources. En fait, le nombre d'épisodes antagonistes impliquant une contre-agression reste très faible et concerne plutôt les mâles. Bien que les femelles se montrent plus accommodantes, la réconciliation paraît particulièrement rare pour les adversaires de sexe opposé. Le statut dans la hiérarchie macaque n'apporte rien ni pour l'obtention des montes ni pour les épouillages. Les mâles toilettent plus souvent les femelles qu'ils ne sont toilettés par elles, probablement pour tester leur réceptivité sexuelle. La socioécologie de ce petit singe au dos roux n'évite donc rien du tir à la corde du conflit sexuel.

De même que le nez de Cyrano ne contrariait en rien ses talents d'éloquence, les nasiques savent aussi psalmodier leurs chants tonitruants le soir. Le nasique *Nasalis larvatus* est un curieux primate arboricole des forêts de mangrove de Bornéo, d'une douzaine de kilos, dont les mâles sont pourvus d'un nez proéminent, le proboscis. L'agrandissement de la cavité nasale modifie la résonance des vocalisations du mâle et semble être un atout pour la séduction des femelles.

L'alliance rassemble plus de soixante singes sur un dortoir commun partagé en unités familiales comportant un mâle, quatre à six femelles adultes et leur progéniture[46]. Le grand mâle attend jusqu'à 6 ans son statut de reproducteur, mais l'expulsion d'un vieux mâle n'occasionne pas de grand conflit[47]. Il se produit une sorte de cooptation au bon vouloir des femelles. Des groupes de célibataires accueillent les mâles sans harem. Mais l'organisation sociale très flexible, de type fusion/fission, conduit plusieurs petites bandes à voyager ensemble pour se rendre sur des sites de nourrissage, empruntant des sentes protégées. Ce comportement de groupe par affinité, associé à une certaine prudence, dévoile l'importance des stratégies d'antiprédation[48] dans la formation des rassemblements.

Toutefois, le régime folivore des nasiques, composé de plantes diverses, mais très communes, reste particulièrement pauvre, obligeant les animaux à passer de nombreuses heures à s'alimenter, à ruminer et à dormir[49].

Ainsi, la socioécologie assez pacifique du nasique pourrait indiquer qu'ingurgiter des feuilles à satiété puis se reposer longtemps adoucirait les mœurs.

« Avec votre confiance seulement, je serais heureux*. »

---

* Rimbaud A., *Une saison en enfer* [1873].

Chapitre 12
La démocratie des pintades

Pintade sauvage

« Comme vous sçavez estre du mouton le naturel, tous iours suyvre le premier, quelque part qu'il aille* », constate philosophiquement Pantagruel, quand Panurge précipite son mouton à la mer.

Néanmoins, les animaux se méfient tous de cet adage, et le rôle dominant du leader n'impose quasiment jamais une telle cécité suicidaire. Du moins, tant qu'il existe d'autres issues. Mais, en général, si des mouvements de panique collective se produisent dans les sociétés animales, l'influence du leader[1] apparent y est largement contenue par les rétroactions des suiveurs.

Le plus souvent, obéir à un chef n'est qu'une malicieuse facétie, une apparence trompeuse.

Il possède un pelage aussi mordoré que le mouton à toison d'or de Panurge, mais le babouin jaune *Papio cynocephalus* ne

---

* Rabelais F., *Pantagruel. Quart Livre* [1552].

se montre pas aveuglément confiant. Néanmoins, nous dit-on, une hiérarchie apparemment implacable gouverne la société des babouins.

Déambulant dans la savane en une troupe mixte d'une cinquantaine d'individus, les singes ont été décrits marchant en une procession immuable[2]. Elle est encadrée par deux grands mâles dominants tandis que trois à cinq mâles adultes ceinturent le reste du groupe des femelles et des plus jeunes. L'interprétation courante était la suivante : si les babouins adoptent ce mode rituel de progression respectant une hiérarchie usuelle, c'est qu'il s'agit d'une adaptation à la sécurité dans cet environnement dangereux. Les mâles dominants guident et encadrent la troupe pour la protéger dans des plaines ouvertes habitées par les lions et les léopards.

C'était pourtant faux. Bien qu'on l'ait enseigné à des générations d'étudiants, la stricte géométrie des cortèges de babouins jaunes n'existe pas vraiment dans la nature[3]. L'étude des progressions des singes démontre que les excursions restent essentiellement aléatoires, plutôt que strictement ordonnées. Lors des déplacements de la troupe, tous les compagnons font des compromis locomoteurs, sans ordonner un défilé. Le rythme du mouvement collectif est déterminé par des prises de décision partagées, même chez cette espèce regardée comme hautement despotique. Une dynamique sociale très flexible façonne l'écologie des agissements des babouins.

Mais pourquoi disposer de leaders si ce n'est pas pour les suivre ?

Les babouins jaunes habitent les savanes et les boisements clairs, où, très opportunistes, ils collectent toutes sortes de graines, bulbes et menus arthropodes. Ils organisent parfois des coalitions de chasse pour dérober de très jeunes antilopes à leur mère. Les femelles adultes composent des lignées matrilinéaires hiérarchisées que des mâles reproducteurs rejoignent ensuite.

Cependant, ni la proximité physique, ni l'ordre des déplacements, ni les préférences de toilettage ne sont prévisibles par le rang social des partenaires[4]. Le statut de dominance des adultes, qu'il soit fort, moyen ou faible, n'exerce même aucune influence sur le temps passé à se nourrir[5]. Bien sûr, les animaux dominants sont moins susceptibles de voir leurs épisodes d'alimentation interrompus par des agressions. Mais, en même temps, c'est le nombre de ces agressions qui mesure leur statut. Enfin, la relation entre la dominance agonistique et le succès reproductif chez les babouins mâles révèle un modèle de comportement qui privilégie la recherche batailleuse d'accouplements pour une priorité d'accès aux femelles[6]. C'est l'association sociale des femelles qui garantit la survie des jeunes[7]. Ici, les leaders ne guident personne, ils essaient seulement de s'imposer sur un harem[8].

Le concept de leader n'aide en rien à décrire la direction des comportements animaux. Les étalons du cheval de Przewalski[9] ne s'avèrent jamais capables de conduire la plupart des mouvements de la harde ni d'y engager plus de compagnons. La décision est d'abord partagée par plusieurs juments ou chevaux, organisant un quorum partiel pour entraîner le consensus. Une grande part des décisions dépendent aussi d'un quorum chez les humains. Par exemple, lorsqu'un groupe d'amis décident du film qu'ils iront voir, le choix est généralement soumis à un quorum de personnes qui partagent leur avis, sans obligation ni sanction.

Pourtant, la dominance et le leadership restent couramment invoqués pour raconter la coordination des mouvements de groupe. Mais la démocratie des essaims d'abeilles mellifères montre encore combien la notion de décideur est fallacieuse dans la nature.

Avec neuf espèces sur vingt mille (0,1 %), les abeilles domestiques vivant en société sont une rareté au sein des abeilles. La ruche montre comment le collectif, soumis à la dictature chimique des phéromones d'une seule reine, s'organise autour de cinquante mille ouvrières. À celles-là sont confiées toutes les tâches les plus rébarbatives, selon leur âge, les deux mille faux bourdons de la ruche dépérissant en attendant de féconder une future majesté. Mais, quand la reine vieillit, les ouvrières commencent à alimenter de nouvelles larves. Dans ces loges privilégiées écloront des jeunes reines. Presque la moitié des autres abeilles diligentes quittent alors la ruche. Elles s'en vont et forment un essaim, incluant la pondeuse âgée, qui s'installe provisoirement sur une branche proche.

La reine n'y présente pas un profil de souveraine. Pour établir un nouveau gîte, l'essaim naturel emploie un processus de recherche étonnamment démocratique, assure Thomas D. Seeley[10]. Quelques centaines d'exploratrices partent à la quête d'un site naturel favorable. Chacune d'entre elles propose à l'essaim, à travers une danse frénétique, d'élire le lieu qu'elle a trouvé. Alors se met en œuvre une fantastique procédure de décision. L'éclaireuse passe d'une abeille à l'autre pour les inviter à venir visiter l'endroit. Selon l'intensité de ce recrutement, d'autres exploratrices vont la suivre, évaluer la qualité du site et revenir à leur tour danser leur opinion. Et c'est cette mutualisation perpétuelle des connaissances qui aboutit au consensus pour une seule destination.

Tudieu ! Les preuves s'accumulent sur le fonctionnement des réseaux sociaux chez les animaux et sur le partage des décisions dans les agissements collectifs.

Car, par une curieuse alchimie, la formation des groupes se fonde sur la constitution de réseaux sociaux complexes, dans lesquels chaque individu s'associe à un sous-ensemble distinct de relations privilégiées, bien plus que sur la notion imprécise d'un leader virtuel[11]. Les interactions d'affinité ou les rivalités s'y mesurent à travers les comportements de contacts et de soins, mais aussi par les relations antagonistes. À l'accueil de nouveaux membres, les réseaux changent. Régulièrement, les groupes éclatent et se modifient, dans une dynamique de fission/fusion.

Cette flexibilité existe aussi chez les babouins jaunes[12]. En modélisant un spectre allant d'une décision collective démocratique à une décision dictatoriale, les scientifiques ont analysé les événements réels de fission. Or il s'avère que les décisions égalitaires, où chaque individu influence le résultat, se maintiennent beaucoup mieux dans les réseaux sociaux que les décrets despotiques. Ces prises de décisions collectives correspondent davantage aux observations de la dynamique fission/fusion des troupes animales. Le quorum concerne la validité de la délibération consensuelle et ne doit pas être confondu avec la majorité, qui concerne le résultat.

Les pintades ne s'y trompent pas.

Les rassemblements de la pintade sauvage, ou pintade vulturine *Acryllium vulturinum*, comportent plusieurs dizaines d'individus, fouillant à pied la savane subsaharienne à la recherche de brins d'herbe, de graines et de petits arthropodes du sol. Résidant dans les maquis du sud de l'Éthiopie au nord de la Tanzanie, ces oiseaux dodus exposent une extraordinaire poitrine bleu cobalt, délicatement plaquée par des ailes irrégulièrement couvertes d'un plumage noir et finement zébré d'un blanc pur. L'absence de dimorphisme sexuel les a longtemps confinées dans un modèle d'animaux monogames, avant qu'on s'aperçoive qu'elles ont une vie très sociale, restreinte au clan. Les femelles déposent environ huit à vingt œufs dans un nid commun à plusieurs d'entre elles. Les groupes, scellés pour une année entière, éclatent parfois pour s'affairer en couples ou en familles polygynes, avant de retrouver la petite troupe, en suivant une hiérarchie bien timide.

Mais leur adhésion au groupe les rend sensibles aux leurs. Une pintade, peu à peu rejointe par d'autres, s'arrête pour alarmer devant le cadavre emplumé d'une des leurs, comme si un peu d'une conscience de leur fin prochaine embrouillait leur esprit.

Du moins, les pintades vulturines se distinguent par une hiérarchie bien flexible. Quand, d'aventure, les oiseaux découvrent une source concentrée de nourriture, comme des bouses d'éléphant envahies de coléoptères, les dominantes se précipitent pour s'approprier le lieu. Peu partageuses, elles repoussent les oiseaux secondaires.

Mais les subordonnées rejetées n'en restent pas là. Quelques-unes des pintades écartées bougent, quittent l'endroit plutôt que d'attendre, entraînant peu à peu le reste de la troupe. Alors, les oiseaux dérivent vers une zone moins riche, mais où tout le monde peut se nourrir équitablement. Un temps déconcertées par l'éloignement de la bande, les dominantes ne s'attardent plus sur les bouses et reviennent à nouveau vers la troupe. Le défi à la dominance ne conduit pas forcément à changer de leader, mais il montre que la soumission a des limites. Ici, la démocratie n'est pas la loi de la majorité, mais la protection de la minorité. Les prises de décisions surviennent à partir d'une démocratie temporaire, fondée sur un quorum minimal de pintades[13] qui en décide autrement. Les unités sociales stables se forment ainsi sur des réseaux d'affinités, renforcées par de multiples communications sonores.

Restait que les situations socioécologiques pouvaient encore introduire bien des modifications. Jean-Yves Gautier[14] avait déjà évoqué les travaux de son équipe sur le rôle que les variations du régime alimentaire et de l'occupation de l'espace jouaient sur la vie sociale. Alors que la sociobiologie affirmait que les comportements étaient optimisés pour servir la diffusion des gènes, la socioécologie répondait que les comportements suivent une tendance à insérer l'individu et à élargir et à fabriquer des niches écologiques propres. Si la théorie néodarwinienne met en avant une sélection du plus apte par un environnement contraignant, elle ne peut concevoir l'idée de stratégies opportunistes, consistant à déployer d'autres manières d'exploiter les milieux, et donc de diverger.

Un exemple. Trois petites espèces de singes se partagent les étages de la forêt gabonaise. Le moustac bleu *Cercopithecus cephus* rappelle que les cercopithèques figurent parmi les plus colorés des primates. Ils fréquentent les forêts-galeries, mais la troupe d'une dizaine de membres se tient au milieu des frondaisons, au-dessous de 20 mètres. Là, les animaux grappillent des bourgeons, des graines et des fruits[15]. Plus haut, le cercopithèque hocheur, au nez blanc *Cercopithecus nictitans*, occupe, en bande d'une vingtaine, les sommets de la canopée, où il rencontre en voisin les groupes d'une quinzaine de singes couronnés ou cercopithèques dorés *Cercopithecus pogonias*. Ces animaux sont essentiellement frugivores, le recouvrement alimentaire des niches reste faible entre les espèces qui vivent dans des strates végétales les plus proches alors que les niches se chevauchent davantage quand les singes sont plus éloignés dans des strates différentes. En outre, mâles et femelles n'occupent pas les mêmes milieux arborés au même moment, entraînant des fluctuations temporelles de l'alimentation. Ici, de très faibles variations de l'environnement ne permettent la répartition des ressources et la coexistence des groupes sociaux seulement parce que la réponse comportementale flexible et la plasticité phénotypique des individus ont organisé, dans les faits, un partage.

Car l'habitat réel ne se présente pas comme un ensemble uniforme, mais comme une mosaïque de milieux riches temporairement, alternant avec des zones plus pauvres.

Dans la nature, le grand remplacement des populations se heurte, entre autres, à un mécanisme que Pulliam a nommé le modèle source-puits[16]. La population d'une espèce peut accéder à un nouvel habitat, mais ne peut le coloniser que si les conditions du milieu y autorisent la reproduction. Le modèle source-puits décrit comment seule une population en excédent démographique, la population source, peut combler le déficit démographique d'une population puits installée dans un milieu moins favorable à la reproduction. Mais les animaux du milieu puits ne s'y adaptent pas puisqu'ils s'y reproduisent mal. Les animaux habitant ces milieux perpétuent ainsi une déficience adaptative qui reste permanente, car seul le milieu source produit assez de descendants dans un seul environnement. Il ne peut y avoir d'adaptation dans un puits qu'en changeant.

Prenons le cas du ragondin ou castor du Chili *Moycastor coypus*. Originaire des marais d'Amérique du Sud, il a rapidement colonisé l'ensemble des cours d'eau d'Europe. Sa prolifération envahissante n'est enrayée que par la rigueur des hivers successifs[17]. Pourtant, à Grand-Lieu, près de Nantes, l'espèce ne parvient pas à s'installer durablement.

Le lac de Grand-Lieu est un lac de plaine naturel et eutrophe. La végétation se développe sur un sol très hydromorphe. Au printemps, le ragondin ne réussit pas à coloniser les forêts flottantes ou les roselières inondées, parce que le sol trempé interdit la confection de terriers de reproduction. Les tentatives précoces échouent le plus souvent, les adultes et les néonates, exposés à l'humidité, se refroidissant très vite. La première vague des colonisateurs est décimée. La reproduction ne débute vraiment sur un sol asséché qu'après la décrue, en juin. Les naissances durent tout l'été. Mais les animaux sont très vite délogés par les crues d'automne, et une migration s'ensuit vers les berges des rivières attenantes. Les ragondins désertent en masse l'inondation à venir.

Aussi la population « puits » de Grand-Lieu est-elle la résultante d'une colonisation permanente du site par les populations périphériques « sources ». En fait, le ragondin, originaire des milieux plus chauds, ignore l'aménagement de huttes d'hiver. Mais d'autres ont développé une adaptation particulière pour construire leur niche dans les climats plus froids. La construction des huttes par les castors *Castor fiber* et les rats musqués *Ondatra zibethicus* permet de supporter l'eau froide des milieux tempérés, une plasticité comportementale qui fait encore défaut au ragondin.

Autre exemple, chez les oiseaux, l'hypothèse de Lack présume que le nombre d'œufs d'un individu doit correspondre à l'aptitude des parents à élever un certain nombre d'oisillons[18]. Néanmoins, la mésange bleue *Cyanistes caeruleus* apporte une nuance. La date de ponte et la fécondité diffèrent considérablement selon la région fréquentée[19]. L'oiseau est en moyenne plus tardif et plus fécond en Europe moyenne que dans la région méditerranéenne. Il existe en fait une bonne corrélation entre la date de ponte de l'oiseau et la période d'abondance des chenilles qui constituent ses proies d'élection. De même, le nombre de jeunes à l'envol est corrélé avec la quantité des chenilles. Les oiseaux qui synchronisent au mieux leur date de ponte et leur fécondité avec la périodicité et l'abondance des ressources ont de bonnes probabilités de survie.

Mais les milieux caducifoliés sont plus riches que la garrigue de chênes verts. La reproduction est donc plus précoce et la fécondité, moindre dans les milieux méditerranéens. Ici, le déterminisme génétique de la date de ponte et de la fécondité se décale à travers une plasticité phénotypique, et les adaptations régionales n'ont été rendues possibles que par l'isolement partiel des populations. Alors, les sous-populations qui occupent ces milieux diffèrent beaucoup dans leur succès reproducteur, déterminant des zones démographiquement excédentaires, une source dans les milieux riches, et des zones déficitaires, un puits dans les plus pauvres.

La flexibilité phénotypique consiste dans une variation des comportements dépendante du contexte et confère alors un avantage décisif dans des milieux hétérogènes ou changeants. Il faut être flexible pour vivre.

Cela facilite les conciliations. Les corneilles noires *Corvus corone* se rassemblent en grandes bandes dans nos campagnes. La gestion des différends montre que la réconciliation est favorisée par un comportement d'affiliation à d'autres oiseaux[20]. Mais les corneilles s'engagent d'une manière très souple dans leurs affinités selon la gravité du conflit. Le chien domestique[21] adopte la même stratégie d'affiliation directe pour apaiser les interactions agressives.

Mieux encore. Dans le groupe, on a besoin des autres. Le babouin hamadryas *Papio hamadryas* peut remplacer la réconciliation directe après un conflit par la simple activité bienveillante d'un parent. Car les animaux peuvent être réticents à engager une tentative de réconciliation, dans la crainte que l'agression soit renouvelée. Les grognements amicaux répétés d'une autre femelle dominante peuvent suffire à apaiser l'antagonisme, et les singes agressés se mettent à nouveau à tolérer la proximité de leur agresseur[22].

Une véritable réconciliation indirecte, qui réduit le risque des nouvelles attaques, se substitue ainsi à un difficile accommodement direct.

Le macaque crabier *Macaca fascicularis*, ou macaque à face rouge, est un petit singe très commun de l'Asie du Sud-Est qui vit en communautés matrilinéaires d'une cinquantaine de congénères. Les singes disposent de larges compétences cognitives, utilisant des outils, et résolvent leurs différends à travers des comportements de réconciliation[23]. Les retrouvailles amicales, après un conflit, réduisent la motivation agressive et la peur du subordonné, rétablissant l'intégrité des réseaux du groupe[24] malgré les conflits d'intérêts inévitables.

Les attroupements du macaque à bonnet *Macaca radiata* occupent toute la péninsule indienne. Les femelles forment des bandes matrilinéaires importantes que les mâles intègrent, tout en gardant une grande flexibilité de dominance[25]. La promiscuité des individus entraîne des agressions rapidement résolues. Les macaques à bonnet mâles se toilettent, s'étreignent, dorment les uns près des autres, s'amusent ensemble et s'engagent dans des coalitions amicales qui jouent un rôle décisif pour désamorcer les conflits. La plasticité phénotypique est accompagnée d'un autre phénomène qui n'est pas sous contrôle génétique direct, une série d'habitudes apprises, un *héritage culturel* qui leur permet de modifier leurs propres agissements. L'impact de la flexibilité phénotypique associée à l'héritage comportemental fait naître des traditions culturelles, socialement transmissibles d'un groupe à l'autre, d'un bonnet à un autre.

Voilà comment, en dehors des périodes de pénurie, se favorise le pacifisme[26]. Chaque fois, les circonstances extérieures et les conditions de l'habitat interviennent sur la forme et la durabilité des relations sociales[27].

La culture animale et les liens sociaux influencent la géographie des comportements et des stratégies de survie. Le partitionnement de l'habitat et la spécialisation de la niche écologique dévoilent comment la dynamique socioécologique organise aussi un cloisonnement ou une ouverture des niches sociales.

Lorsque les ressources sont spatialement et temporellement prévisibles, les dauphins devraient rester résidents dans des environnements côtiers complexes où ils peuvent éviter les prédateurs. Mais la répartition hétéroclite des ressources disponibles limite la taille des groupes de grands dauphins *Tursiops sp* ou des dauphins longirostres *Stenella longirostris*. Les mâles y sont en mesure de contrôler les possibilités d'accouplement, allant parfois jusqu'à séquestrer les femelles solitaires. Mais, lorsque des ressources sont imprévisibles et réparties sur de plus larges surfaces, les dauphins partent ensemble à l'aventure en haute mer. La formation de groupes paraît alors une stratégie efficace pour esquiver la prédation. En outre, la recherche coopérative de proies concentrées devient éthologiquement avantageuse et facilite la formation de liens à long terme[28].

Alternativement, les individus peuvent afficher de nombreuses affinités coopératives à moyen terme[29], s'associant dans des sous-groupes privilégiés. Les accouplements restent alors polygynandriques dans cette promiscuité. Équilibrant la concurrence interne avec l'évitement de la prédation, le dauphin à bosse de l'océan Indien *Sousa plumbea* forme aussi des groupes de taille moyenne, permettant des associations fluides entre individus.

Le dauphin peut donc garder le sourire. Il semble que, lorsque la pression de prédation n'est pas forte, la formation de liaisons complexes soit favorisée à long terme. Ainsi, les orques, ou épaulards, maintiennent des liens sociaux intenses et coopératifs au sein de groupes familiaux, pareils à ceux qu'on retrouve chez les grands cachalots *Physeter macrocephalus,* ou même chez les éléphants de savane.

Les baleines à bosse *Megaptera novaeangliae,* se nourrissant dans les fjords du Pacifique canadien, révèlent une structure sociétale complexe. Les stratégies d'alimentation correspondent aux formes de l'habitat, mais confirment un partage de niche sociale sur les aires d'alimentation de cette espèce de baleine à fanons[30]. Et cette coopération a organisé d'incroyables stratégies qui diffèrent d'un groupe à l'autre. Les baleines utilisent une technique de piégeage des poissons en les isolant dans des filets de bulles que chaque congénère produit. Mais la pratique extensive de la chasse à bulles montre que ce comportement coordonné s'appuie sur une flexibilité sociale en fonction du type d'habitat. Elle s'accorde aux changements des réseaux sociaux. C'est l'intrusion d'individus familiers de ces tactiques qui incite les baleines à les exploiter. La vie sociale des baleines à bosse, et peut-être des baleines à fanons en général, paraît d'autant plus complexe que des relations d'affinités viennent compléter les comportements et peuvent durer une vie entière.

On le voit, parler d'« amitié » n'est pas forcément anthropomorphique. Les relations d'affinité chez les chevaux, les éléphants, les hyènes, les dauphins et les singes peuvent se poursuivre des années durant. Même les chimpanzés *Pan troglodytes,* bagarreurs, utilisent ce principe d'une affiliation[31] à un tiers, après un conflit. Cette consolation par des pairs favorise une réconciliation durable avec l'agresseur[32].

Les amitiés ne dépendent évidemment pas de la parenté. Dans beaucoup de cas, on observe des affinités intenses entre des individus non apparentés. Et, bien que les réciprocités coopératives puissent s'avérer décalées dans le temps, elles illustrent combien les émotions, associées aux interactions passées, possèdent une signification adaptative[33]. En s'alliant, les animaux montrent que les liens durables développent à la fois une capacité concurrentielle supérieure, un meilleur succès reproductif et une survie infantile plus élevée. Aussi, la vie sociale des bonobos a divergé de la société agressive des chimpanzés parce que les contraintes socioécologiques différaient en traversant le grand fleuve et a entraîné la spéciation des bonobos de l'autre côté du Congo.

La célébrité des bonobos doit tout à leur vie sociale pacifique. Car, bien que les comportements d'apaisement abondent dans le monde animal[34], les attitudes d'invitation sexuelle des bonobos *Pan paniscus* ont spectaculairement éclipsé une part de la socialité des autres. La sexualité avantageuse des bonobos est directement associée à leurs relations sociales apaisées, et, si le plaisir n'y est pas exclu, les activités sexuelles y fondent aussi la résolution des conflits[35]. Mais, ici, la vie sociale très complexe des grands singes témoigne déjà de l'influence d'autres facteurs d'origine cognitive.

À l'évidence, l'arrangement social des animaux suit une logique de mutualisation, davantage liée à une fonctionnalité écologique qu'à leur parenté zoologique. Ici, les rétroactions de fidélité des partenaires bénéficient du mutualisme. Ces rétroactions immédiatement plaisantes constituent la base de l'explication évolutive de la coopération.

L'approche socioécologique, justement, identifie les histoires de vie et les modes d'interactions qui favorisent le comportement coopératif[36]. Faire société apporte au bout du compte un bien-être et une quiétude favorables, largement suffisants pour développer, défendre et maintenir les relations sociales. Loin d'être enfermés dans une prise de décision collective ou imposée, ce sont les individus seuls qui décident. En fait, la décision émerge d'un quorum réfléchi où chacun soupèse sa participation sans obéir à des dominants et, en cela, souligne le fonctionnement anarchiste de la nature.

Kropotkine en avait eu l'intuition en affirmant que l'entraide restait un facteur d'évolution biologique. Bien que le mot entraide ne soit plus guère usité de nos jours, la biologie doit intégrer l'importance des interactions mutuelles qui favorisent la survie et la formation des groupes sociaux. Ces relations de solidarité engagent l'activation des centres nerveux de la récompense, et la stimulation de ces réseaux de neurones renforce en retour ces interactions positives. Frans de Waal a largement insisté sur l'émergence de l'empathie[37] chez les grands singes[38], et notamment chez les bonobos. L'empathie trouve sa source dans l'activation des neurones miroirs, permettant à l'individu de ressentir l'effet de l'action ou des émotions d'un congénère. Reste que, face à la dictature et à ses sbires, la seule solution de la résistance, et elle paraît bien maigre, repose sur l'affichage de la honte qui entache les dirigeants, favorisant une réduction des soutiens implicites du despote.

Interprétée ainsi à un niveau fonctionnel, l'empathie n'intègre que l'individu dans la relation, mais on peut comprendre qu'elle détermine un gradient de solidarité de l'interaction.

Faire société, c'est d'abord instaurer une écologie des interrelations. C'est le degré de solidarité dans les tâches qui détermine la survie des individus du groupe. Le fait social se déchiffre comme une autre forme des interactions écologiques mutuelles, qui fait émerger un statut des individus dans leur solidarité.

« Il n'y a pas de honte à préférer le bonheur*. »

---

* Camus A., *La Peste*, Gallimard, 1947.

Épilogue
Vers une écologie évolutive

Lémur catta

Jean-Paul Sartre avait raison : l'existence précède l'essence*. L'espèce existe d'abord par rapport aux autres, puisque sa seule clôture spécifique réside dans une inhibition sexuelle de la reproduction plus que dans une impossibilité d'interfécondation. Les espèces vivent de s'aimer et, corollaire absolu, se séparent de ne pas se séduire. Nulle essence ne les guide, le génome ne s'accomplit que si le corps l'exprime dans son environnement.

Sartre avait tort. L'enfer, ce n'est pas les autres**. « Les libertés ne sont pas autosuffisantes, elles sont interdépendantes*** », répliquait aussitôt Simone de Beauvoir. Des propriétés nouvelles émergent des interactions écologiques et sociales.

---

* Sartre, J.-P., *L'existentialisme est un humanisme* [1946].

** Sartre, J.-P., *Huis clos. Suivi de : Les Mouches*, Gallimard, 1947.

*** Beauvoir S. de, *Pour une morale de l'ambiguïté*, Gallimard, 1947.

Il n'existe pas d'animaux sans vie sociale. Chacun se reconnaît socialement sans nécessairement se connaître.

Il nous faut renverser la perspective. L'individualisme ne constitue pas la forme primaire de l'existence, c'est bien plutôt la vie de groupe qui découle d'une réticence à se disperser. Dans son ontogenèse précoce, chaque individu apprend les rudiments de son réseau social. Le conflit motivationnel de Marius imprègne toute la socioécologie des animaux sauvages.

Vivre seul, loin des autres, est un effet secondaire de son émancipation. Et, lorsque la distribution des ressources oblige à une exploitation intensive de petits secteurs hautement trophiques, mais séparés ou insuffisants pour plusieurs convives, les animaux adoptent une vie plus solitaire, renvoyant les interrelations à des repères olfactifs ou acoustiques. Les relations sociales s'y restreignent à reconnaître plus ou moins indirectement ses congénères. Mais ces interrelations distantes n'interdisent rien d'une vie sociale. D'ailleurs, les animaux adoptent souvent des mouvements fluides d'une dynamique de fission/fusion avec les autres, selon que la pression des prédateurs et les disponibilités de ressources les y obligent.

Alors, oui, la formation des groupes est le simple produit d'une dispersion différée. Le rassemblement des individus provient d'abord du soutien que la grégarité apporte contre les aléas climatiques et contre la vulnérabilité envers la prédation. Un avantage réciproque immédiat qui connaît les inconvénients d'installer les rivalités du conflit des sexes et de la concurrence pour les ressources. La réconciliation compose alors la dynamique de cette organisation libertaire, mais la réciprocité peut même s'avérer asymétrique, si elle apporte déjà une expérience acquise à long terme.

La géographie de l'éparpillement des ressources détermine en fait l'organisation sociospatiale des animaux, à travers un accès à différents niveaux de disposition sociale. Ainsi, le pacte des lions les entraîne à inscrire leur prédation dans la fonctionnalité écologique d'un groupe solidaire.

La parenté des protagonistes découle simplement des précautions indispensables pour quitter le groupe familial, et la parenté n'y bâtit aucune *fitness inclusive* plus prioritaire qu'ailleurs. L'apparentement n'est pas un facteur décisif de la réussite.

Plus. La hiérarchie des fourmilières tient à la faible organisation sociale des fourmis, dont le despotisme dépend d'interrelations biochimiques vitales, et non pas à une eusocialité prodigieuse. Une disposition d'ailleurs rare chez la plupart des animaux, dont les rivalités sont régulées, tant bien que mal, par les rapports de force de la dominance provisoire. Faire société engage avant tout la solidarité réciproque qui façonne la solidité et la coopération du groupe. Les alliances s'élaborent selon les sexes et les âges, et dans l'expérience vécue se révèle le fondement des réciprocités qui s'engagent. Le leader n'y tient pas d'autre rôle que de momentanément exclure ses propres concurrents sexuels, à travers les stratégies d'éloignement physique de la territorialité ou de la dominance.

La sexualité y apparaît comme une interaction parfaitement délibérée. Loin d'être aveugle, chacun est séduit par les différences de l'autre, entraînant la biodiversité du monde. Ici, l'ascendance partagée des parents ne gouverne d'abord que la diversification obligée des descendants[1]. Chacun y est unique. La sexualité y a pourvu[2].

Ce n'est pas l'intérêt égoïste des gènes qui établit leur histoire, mais c'est la diversification des organismes qui se joue dans l'évolution fonctionnelle des espèces[3], ce que l'on nomme adaptation. Les ajustements phénotypiques y répondent par le double jeu des variations et des rétroactions dans les cascades des interactions réciproques qui structurent les écosystèmes.

La *fitness* apporte, en effet, une mesure de la production quantitative ou de la longévité d'une descendance, mais cet outil n'exprime pas vraiment quelle est la contribution *fonctionnelle* décisive. La *fitness* ne fait qu'identifier les changements de fréquence, mais elle n'explique rien de ces changements. Associer une « condition adaptative » à la survie, tout en affirmant qu'aucune cause n'est implicite, corrompt forcément le raisonnement. Puisque la *fitness* identifie les changements de fréquence, la mesure ne peut rien expliquer de ces mêmes changements. Au demeurant, la correction phénotypique des caractères transportés n'a qu'une valeur provisoire pour les générations futures. Il ne peut jamais y avoir d'adaptation que momentanée.

Une autre confusion dans la thèse sociobiologique vient du fait que le concept de *fitness* laisse trop de côté les effets du sexe. Dans la sexualité, la ségrégation et le réassortiment produisent à la fois des génotypes hétérozygotes ou homozygotes dans la population. Et, singulièrement, les hétérozygotes possèdent plus d'avantages adaptatifs, soulignant encore l'importance de la diversité. En outre, les traits adaptatifs ne peuvent fonctionner que dans le cadre de la corrélation de plusieurs gènes et ne trouvent d'issue que dans l'ajustement précaire des organismes à leur milieu. Lions et antilopes évoluent ensemble en s'adaptant les uns aux autres, dans le même temps. Personne n'évolue seul. La niche spécifique se construit comme un espace-temps *fonctionnel* plus ou moins extensible qui fabrique les écosystèmes et les structure dans sa géographie[4].

Mais on peut largement suspecter que les hétérogénéités de l'environnement influencent à la fois la variance de la *fitness* et les rétroactions de l'ajustement des espèces. La divergence reste ancrée dans une *spécialisation* des phénotypes qui favorise la partition des niches, puis sépare les espèces en isolant leurs relations reproductives. Ni recherche de « bons gènes » ni acclamation d'une consanguinité génétique de parentèle n'expliquent quoi que ce soit de la biodiversité ou de la socialité des espèces. Le sexe, si. Quand la dissemblance des MHC compatibles entraîne la séduction des amants, diversifiant toujours plus leur progéniture.

Vivre consiste irrémédiablement à se mêler de la vie des autres.

Les mycorhizes renforcent les racines tout en les utilisant, et les martres *Martes martes* dispersent les graines d'arbres fruitiers dans leurs crottes. Les milliers d'interactions écologiques conduisent en cascade une évolution aveugle.

La variabilité est le fruit de milliers d'interactions complexes qui font de l'évolution un phénomène multifactoriel qui agit en cascade, une écologie évolutive. Mais les effets papillon des variations ne constituent pas des inégalités, ils font des *différences*. Chaque sous-unité de population se confronte à des milieux distincts qui changent d'année en année. Aussi, leur succès diffère.

Dawkins a insisté sur le fait que le phénotype devrait être « étendu » pour « inclure tous les effets qu'un gène a sur son environnement ». Ce concept de « phénotype étendu[5] » prétend donc élargir l'idée du gène égoïste à son action, mais a effectivement réduit la conception de l'interaction à une cause unidirectionnelle. Cependant, une interaction biologique est l'effet *réciproque* d'une molécule, d'une cellule, d'un organisme ou d'un milieu sur un autre dans une communauté. Le même gène peut également être exprimé de manière antagoniste par un mâle et une femelle, comme l'a démontré le phénomène d'empreinte parentale[6] qui dévoile, par exemple, que le mâle peut avoir tendance à exprimer la robustesse de ses gènes alors que la femelle vivipare en diminue les effets pendant sa gestation pour ne pas en supporter tout le coût. Alors, soulignant que le cadre de la théorie moderne ne répond que de manière insatisfaisante aux nouvelles avancées de la biologie, Laland[7] a même proposé en 2015 une conception alternative, la « synthèse évolutive étendue », ou EES, dans laquelle l'épigénétique, les biais de développement, un principe de causalité réciproque et la construction de niche partagent la responsabilité des taux d'évolution. Une nouvelle conception de la biologie.

L'écologie évolutive ajoute encore autre chose. Une espèce est divisée en populations dont chacune est confrontée à des différences d'environnement. Les bons gènes ne viennent pas simplement remplacer la population. De ce fait, les conditions de la propagation des caractères ne sont pas favorables partout et rendent impossible la diffusion des gènes à tous. Chaque population connaît une évolution originale, qui s'inscrit dans des microniches locales, développant des propriétés particulières, parfois contradictoires. Ce qui interdit que leur évolution soit homogène et régulière, mais dépend au contraire des sources différentes qui incitent à la diversification des espèces. La transformation du vivant découle des milliards de variations qui s'y aventurent et prennent un sens fonctionnel dans les écosystèmes.

Le renard roux *Vulpes vulpes* capture les mulots, ses proies favorites, par une curieuse attitude suivie d'un saut très haut au-dessus des galeries du terrier. Dans nos campagnes, le petit carnivore forme, plus de la moitié de l'année, des couples familiaux solidaires, mais très territoriaux. Les adultes matures défendent un vaste domaine, exploitant des ressources très dispersées. Or, sous l'effet des pressions cynégétiques rurales, des renards se sont installés dans les quartiers résidentiels et jusque dans le centre des villes. Ils trouvent là une grande diversité de nourriture, depuis les fruits exotiques des jardins publics jusqu'aux expédients des poubelles. L'abondance des peuplements de rats et de lapins *Oryctolagus cuniculus* leur procure aussi quantité de proies. En revanche, les superficies disponibles sont restreintes et réparties dans un patchwork de routes, de micro-espaces verts et de bâtiments. L'imperméabilité des sols réduit la disponibilité des gîtes, souvent cachés dans des décombres, et, entre les inondations, beaucoup de renards sont victimes de collisions routières. Ces animaux, à peine adultes, se regroupent et vivent en petites unités, dépêchant des reproductions très précoces. Les renards urbains connaissent une plus sévère mortalité qu'ils compensent par plus de promiscuité sociale que les couples de renards champêtres.

Une interaction produit un double effet en retour par les rétroactions qu'elle initie et qui invitent chacun à modifier son environnement, entraînant encore d'autres interactions. Les trichomes sont ainsi de fines excroissances des végétaux qui tuent les insectes et condensent des alcaloïdes capables de dégoûter en retour les animaux brouteurs. *L'individu contraint l'environnement comme l'environnement contraint l'individu*[8]. Des milliers d'interactions s'organisent dans la nature, formant des écosystèmes à l'équilibre provisoire. Ici se côtoient les lions, les loutres et les antilopes, mais les populations divergent les unes des autres en même temps, à cause de la variété des solutions possibles.

L'idée fondamentale de l'écologie évolutive propose une alternative parcimonieuse et suffisante : *la force structurante des interactions réciproques*, un phénomène bien connu en écologie, peut permettre de penser l'auto-organisation du vivant. Dès lors, il est suggéré que cette diversité de possibles engage les interactions réciproques comme une cause évolutive générant des adaptations au cours d'une longue histoire de l'expression des gènes.

À son tour, la socioécologie rapporte ici combien les comportements ne sont pas maximalisés pour servir la diffusion des gènes. Non, les comportements ne sont pas optimisés parce qu'il s'agit de bricolages qui découlent de leur écologie et agissent pour élargir et incorporer des niches écologiques. La préoccupation malthusienne à l'égard de la pénurie supposée des ressources disponibles a imposé le concept de la lutte pour les acquérir. Mais les environnements hétérogènes répartissent des ressources renouvelables, différentes et localement abondantes. Ilya Metchnikov avait déjà identifié cette faiblesse du darwinisme, qui instaure une généralisation des doctrines de Malthus[9]. En outre, le concept de la « sélection naturelle » semble décrire juste une « boîte noire » qui n'offre que bien peu de valeur heuristique sur les circonstances qui la conduiraient.

De ces processus résultent les adaptations locales et la spéciation écologique en dérive, diversifiant le monde. L'évolution est une *écologie évolutive*[10] parce que tout évolue en même temps, bâtissant des faunes et des flores interdépendantes, où chacun dépend des autres et les autres, de chacun.

Les interactions délibérées ou fortuites n'ont aucune volonté propre, elles sont contingentes, mais suffisantes pour structurer les écosystèmes[11]. L'augmentation des interactions découle mécaniquement de la présence des autres, mais chacun engage délibérément l'interaction dans un tir à la corde.

Ainsi, l'évolution reste une histoire naturelle, guidée par la seule contingence. Le hasard présente constamment la même probabilité d'un événement. Un dé offre toujours six issues.

Au contraire, dans la contingence, la probabilité s'accroît avec chaque résultat, comme le clou rouillé d'un fer à cheval augmente la probabilité qu'il se déchausse, fasse tomber le cavalier, égare le message et qu'en fin de compte le général perde la bataille.

Les individus *n'ont aucune raison* de répandre leurs propres gènes.

Ils génèrent, à travers la sexualité, une progéniture improbable, variable, mais localement capable de s'établir, voire de diverger en colonisant des milieux diversifiés. L'évolution ne produit pas de grand remplacement des populations, mais des dérives populationnelles dans un environnement hétérogène et richement diversifié. Cette coévolution[12] plurielle rassemble et disperse des espèces qui trouvent, l'espace d'un instant géologique, à définir une niche extensible. Cette coévolution, par un effet papillon, répond à travers la confrontation des gènes et des rétroactions qu'exerce l'hétérogénéité des milieux[13]. Les interactions réciproques stabilisent une écologie dynamique et changeante parce que le monde est nanti de cette hétérogénéité qui offre tant de solutions possibles.

Le groupe social peut aussi être pensé comme un mutualisme sous-spécifique. Il obéit aux mêmes lois naturelles. Les interactions réciproques qui s'exercent dans le mutualisme, entre des individus ou des espèces libres, favorisent immédiatement un bien-être dans des réseaux génétiquement variables, au sein desquels les espèces convergent autour d'un noyau de traits mutualistes.

D'un point de vue littéral, la vie n'a pas de sens. L'existence de l'être vivant n'exprime aucune finalité*. Les résolutions de vivre

---

* « C'est nous qui avons inventé la notion "fin" : dans la réalité, la fin fait défaut » (Nietzsche F., *Crépuscule des idoles ou Comment philosopher à coups de marteau* [1888]).

et de transmettre ses gènes ne sont que des propriétés émergentes de la formation d'un individu. Depuis la *physique* de la formation des bulles libertines, les êtres vivants ne vivent pas cette soif inextinguible de propager leurs gènes et n'en ont pas l'intention. Cette finalité n'est pas une réalité première, la reproduction est bien davantage une propriété émergente d'un organisme qui s'édifie depuis la nuit des temps à la manière d'un bricolage. Le vivant est irréductiblement soumis avec les autres aux exigences *fonctionnelles* de sa survie dans un écosystème, ou il n'est pas.

Les transferts horizontaux de gènes donnent une illustration de la force des interactions[14]. Imaginez un gène extrait du génome, quittant le noyau d'une cellule végétale, franchissant la cellule pour être aspiré dans la cellule d'un insecte, pénétrer la barrière nucléaire et finalement s'intégrer dans le génome animal par le simple fait de leur coexistence. C'est pourtant de cette façon que s'effectuent les transferts horizontaux de gènes qui laissent des gènes de champignons dans les cellules animales, par exemple. D'autres mécanismes sont aussi éclairants. Ainsi, les symbioses et les mutualismes illustrent l'influence des interactions durables d'une espèce sur une autre.

En affirmant une finalité à l'échelle du gène, la biologie s'empêche de traiter des propriétés naturelles d'autonomie qui émergent seulement au niveau de l'organisme entier, et aussi de ses interactions avec le milieu, c'est-à-dire à un niveau beaucoup plus global du vivant. Au demeurant, même si une sélection naturelle pouvait rectifier certains de ces effets indésirables, elle est assurée d'en occasionner mécaniquement d'autres. Quelle que soit la force suspectée des pressions de sélection, celles-ci s'avèrent impuissantes à corriger l'encombrement des conséquences inopportunes ou concordantes des réassortiments. Un caractère peut apparaître non par lui-même, mais parce qu'il en a accompagné un autre. Or chaque palier de l'autoconstruction des corps dégage des propriétés nouvelles à partir des interactions réciproques du génome et des hormones et des autres interférences entre les organes dans les multiples emboîtements du vivant. L'efficacité provisoire de leurs fonctions se déploie au niveau des mutualismes réciproques des êtres vivants.

Il n'y a pas d'arrière-monde. Le vivant n'est ni une machine fixée par un plan ni le résultat de l'intention d'un ingénieur, d'un bricoleur ou d'une sélection des meilleurs. Aucune extériorité au monde ne gouverne l'évolution d'êtres vivants autonomes et dépendants les uns des autres.

Le bricolage incessant que les interactions introduisent proscrit toute idée de donner au vivant une quelconque raison d'être.

La biologie devrait se garder du dogme de la prétendue finalisation adaptative ultime des comportements dans la *fitness*. L'évolution consiste plus dans l'autonomisation diversifiée des organismes que dans l'augmentation infinie d'une descendance au sein d'une population au point de s'y substituer. L'être vivant existe au milieu des autres, un point, c'est tout. « Nous la prenons pour un fleuve, qui roule vers son embouchure, mais la nature est un océan. Donner un but à la nature, ce serait la rétrécir*. »

La conséquence majeure du bricolage évolutif est que l'individualité de l'être vivant fait émerger de nombreuses imperfections. Mais, surtout, il dérive de l'autonomie organique une multitude de propriétés nouvelles qui résultent d'abord d'effets *immédiats,* tout comme les circuits nerveux du plaisir éveillent l'empathie et la sexualité et vivifient et l'activité sexuelle, et la coopération.

---

* Guyau J.-M., *Esquisse d'une morale sans obligation ni sanction* [1885].

Les corneilles de Nouvelle-Calédonie *Corvus moneduloides*, qui occupent les lambeaux de la forêt tropicale peuplée de bancouliers et de pandanus, vivent en petits groupes familiaux. Outre leur grande aptitude sociale, leur habileté à se forger des instruments sophistiqués, comme des brindilles en crochet ou des piques, révèle les compétences cognitives de ces oiseaux[15]. Le fait que ces techniques de fabrication varient d'un groupe à l'autre dénote qu'elles sont acquises auprès des adultes, formant déjà les prémices d'un patrimoine culturel. De même, si les cultures existent de confronter leurs habitudes les unes aux autres en plaidant de l'intérêt de leurs différences, les orques d'Australie ou de la mer du Nord élaborent des communications propres à chaque groupe et se les transmettent aussi à travers les générations.

Les individus ne sont pas de simples résidus d'une sélection naturelle, aveugle et statique par essence. Le rassemblement des gènes suit une même orientation parce que de nombreuses pulsions animent le vivant sans le programmer. La libido, disait Freud. Chacun fait apparaître une nouvelle dynamique dans les cascades des interactions du vivant.

Puisque aucun projet ni aucun dessein ne régente la formation de l'individu autonome, on ne peut le réduire à une simple machine à se reproduire perturbée par une sélection naturelle. D'autant que la contingence du bricolage évolutif induit d'imprédictibles résultats, émergents et rétroactifs sous les effets des interactions qu'il produit. L'apparente maîtrise du résultat appartient seule à l'espèce, encore que l'ajustement précaire qui apparaît ne puisse s'avérer ni parfait ni forcément durable. En regardant l'adaptation fonctionnelle découler passivement des gènes, on occultait le rôle dynamique des interactions, qui commande aux organismes de s'organiser et de se réorganiser eux-mêmes dans le réseau provisoire des écosystèmes de la planète.

Une écologie évolutive. Seule la *force structurante des interactions* réciproques s'avère suffisamment pertinente pour penser l'autonomie et l'auto-organisation du vivant.

« On commence par dire, mettons, que les éléphants c'est trop gros, trop encombrant, qu'ils renversent les poteaux télégraphiques, piétinent les récoltes, qu'ils sont un anachronisme, et puis on finit par dire la même chose de la liberté – la Liberté et l'Homme deviennent encombrants à la longue*. »

Alors, la conservation du rhinocéros, du vison ou du pélodyte ponctué ne se justifie pas simplement par une exigence morale de protection des animaux. Le maintien du vivant constitue la seule manière de laisser fonctionner la planète elle-même dans les cascades d'interactions qui font l'évolution de la diversité du monde.

* Gary R., *Les Racines du ciel*, Gallimard, 1956.

Références

Prologue à une dissidence

1. Altizer S. *et al.*, « Social organization and parasite risk in mammals : Integrating theory and empirical studies », *Ann. Rev. Ecol. Evol. Syst.,* 2003, 34, p. 517-547.
2. Drewe J. A., « Who infects whom ? Social networks and tuberculosis transmission in wild meerkat », *Proc. R. Soc. B,* 2010, 277, p. 633-642.
3. Corner L. A., Pfeiffer D. U., Morris R. S., « Social-network analysis of *Mycobacterium bovis* transmission among captive brushtail possums (*Trichosurus vulpecula*) », *Prev. Vet. Med.,* 2003, 59, p. 147-167.
4. Brewer K., Advantages and Disadvantages of Group Living for Animals, Orsett Psychol. Services, Grays, 2008.
5. Krause J., Ruxton G. D., *Living in Groups,* Oxford University Press, 2002.
6. Spraker T. R., Lyons E. T., Kuzmina T. A., Tift M. S. *et al.*, « Causes of death in pre-weaned northern elephant seal pups (*Mirounga angustirostris,* Gill, 1866) », *J. Vet. Diag. Inv.,* 2014, 26, p. 320-332.
7. Kokko H., Johnstone R. A., « Social queuing in animal societies. A dynamic model of reproductive skew », *Proc. R. Soc. Lond. B Biol. Sc.,* 1999, 266, p. 571-578.
8. Kelvin F. C., « Paternity and the relatedness of helpers in the cooperatively breeding Bell miner », *The Condor,* 1998, 100, p. 342-349.

9. Carr G. M., Macdonald D. W., « The sociality of solitary foragers, a model based on resource dispersion », *Anim. Behav.*, 1986, 34, p. 1540-1549.
10. Gautier J.-Y., *Socioécologie. L'animal et son univers*, Privat, 1982.
11. Lamarck J. B., *Zoologie philosophique*, Dentu/L'auteur, 1809 [sur Gallica].
12. Serres de Mesplès M. de, *Du perfectionnement graduel des êtres organisés*, Th. Lafargue, 1851.
13. Darwin C., *Sur l'origine des espèces au moyen de la Sélection Naturelle, ou la Préservation des races les meilleures dans la lutte pour la vie,* John Murray, 1859.
14. Candolle P. A. de, *Théorie élémentaire de la botanique*, Deterville, 1813.
15. Sageret A., *Mémoire sur les cucurbitacées, principalement sur le melon, avec des considérations sur la production des hybrides et des variétés*, Madame Huzard, 1826.
16. Vries H. de, *Die mutationstheorie*, Veit & Co, 1901-1903.
17. Mendel G., « Versuche über Pflanzenhybriden », *Verhandlungen des Naturforschenden Vereines in Brünn*, 1866, 4, p. 3-47.
18. Morgan T. H., *The Physical Basis of Heredity*, 1919, Henry Holt.
19. Avery O. T., Macleod C. M., McCarty M., « Studies on the chemical nature of the substance inducing transformation of pneumococcal types : Induction of transformation by a desoxyribonucleic acid fraction isolated from pneumococcus type iii », *J. Exp. Med.,* 1944, 79, p. 137-158.
20. Dobzhansky T., *Genetics and the Origin of Species*, Columbia University Press, 1937.
21. Huxley J., *Evolution : The Modern Synthesis,* Allen & Unwin ltd, 1942.
22. Mayr E., *Systematics and the Origin of Species*, Columbia University Press, 1942.
23. Jacob F., *Le Jeu des possibles. Essai sur la diversité du vivant*, Fayard, 1981.
24. Mayr E., « Cause and effect in biology », *Science*, 1961, 134, p. 1501-1506.
25. Lewontin R., *Biology as Ideology, the Doctrine of DNA*, CBC Massey Lectures, 1998.
26. Gould S. J., *Ever Since Darwin*, Norton & Company, 1977.
27. Ariew A., Lewontin R. C., « The confusions of fitness », *Brit. J. Phil. Sc.*, 2004, 55, p. 347-363.

28. Walsh D. M., Lewens T., Ariew A., « The trials of life : Natural selection and random drift », *Phil. Sc.*, 2002, 69, p. 452-473.
29. Darwin C., *The Descent of Man, and Selection in Relation to Sex*, John Murray, 1871.
30. Tort P., *Darwin et le Darwinisme*, PUF, 1997.
31. Tort P., *La Seconde Révolution darwinienne*, Kimé, 2002.
32. Gautier E., *Le Darwinisme*, Derveaux, 1880.
33. Pichot A., *La Société pure. De Darwin à Hitler*, Flammarion, 2000.
34. Carnegie A.. « The gospel of wealth », *North American Review*, 1889, 148, p. 653-655.
35. Saini A.. *Superior : The Return of Race Science*, Beacon Press, 2019.
36. Dawkins R., *Il était une fois nos ancêtres, une histoire de l'évolution*, traduit de l'américain par Marie-France Desjeux, Robert Laffont, 2007.
37. Guizani N., Elghariani A., Kobes J., Ghafoor A., « Effects of social network structure on epidemic disease spread dynamics with application to ad hoc networks », *IEEE Network*, 2019, 33, p. 139-145.

CHAPITRE 1
Le pacte des lions

1. Venkataraman M., « Variation in social organisation of lions with particular reference to the Asiatic Lions *Panthera leo persica* (Carnivora : Felidae) of the Gir forest, India », *J. Threat. Taxa*, 2009, 1 (3), p. 158-165.
2. Stander P. E., « Lions (Panthera leo) specialising on a marine diet in the Skeleton Coast Park, Namibia », *Nam. J. Env.*, 2019, 3, p. 1-10.
3. Lyke M. M., Dubach J., Briggs M. B., « A molecular analysis of African lion (*Panthera leo*) mating structure and extra-group paternity in Etosha National Park », *Mol. Ecol.*, 2013, 22, p. 2787-2796.
4. West P. M., Packer C., « Sexual selection, temperature and the lion's mane », *Science*, 2002, 297, p. 1339-1343.
5. Neiburger E. J., Patterson B. D., « The man-eaters with bad teeth », *N. Y. St. Dent. J.*, 2001, 66, p. 26-29.

6. Kays W., Patterson B. D., « Mane variation in African lions and its social correlates », *Ban. J. Zool.,* 2002, 80, p. 471-478.
7. Patterson B. D., Kasiki S. M., Selempo E., Kays R. W., « Livestock predation by lions (*Panthera leo*) and other carnivores on ranches neighboring Tsavo National Park, Kenya », *Biol. Cons.,* 2004, 119, p. 507-516.
8. Pastor J., Cohen Y., Hobbs T., « The roles of large herbivores in ecosystem nutrient cycles », *in* Danell K. (dir.), *Large Herbivore Ecology, Ecosystem Dynamics and Conservation,* Cambridge University Press, 2006.
9. Hayward M. W., Kerley G. I. H., « Prey preferences of the lion (*Panthera leo*) », *J. Zool. Lond.*, 2005, 267, p. 309-322.
10. Maruping-Mzileni N. T., Ferreira S., Young K., Funston P. J., « Ecological drivers of female lion (*Panthera leo*) reproduction in the Kruger National Park », *Ecol. Evol.,* 2020, 10, p. 7995-8006.
11. Packer C., Scheel D., Pusey A. E., « Why lions form group ? Food is not enough », *Am. Nat.*, 1990, 136, p. 1-19.
12. Packer C., Gilbert D. A., Pusey A. E., O'Brien S. J., « A molecular genetic analysis of kinship and cooperation in African lions », *Nature,* 1991, 351, p. 562-565.
13. Brandell E. E., Fountain-Jones N. M., Gilbertson M. L. J. *et al.,* « Group density, disease, and season shape territory size and overlap of social carnivores », *J. Anim. Ecol.,* 2021, 90, p. 87-101.
14. Packer C., Pusey A. E., Eberly L. E., « Egalitarianism in female African lions », *Science,* 2001, 293, p. 690- 693.
15. Clutton-Brock T. H., « Reproductive skew, concessions and limited control », *TREE,* 1998, 13, p. 288-292.
16. Caraco T., Wolf L. L., « Ecological determinants of group sizes of foraging lions », *Am. Nat.*, 1975, 109, p. 343-352.
17. Packer C., Pusey A. E., « Adaptations of female lions to infanticide by incoming males », *Am. Nat.*, 1983, 121, p. 716-728.
18. Schaller G. B., *The Serengeti Lion : A Study of Predator-Prey Relations,* University of Chicago Press, 1972.
19. Rodman P. S., « Inclusive fitness and group size with a reconsideration of group sizes in lions and wolves », *Am. Nat.*, 1981, 118, p. 275-283.

20. Van Hooft P., Keet D. F., Brebner D. K., Bastos A. D. S., « Genetic insights into dispersal distance and disperser fitness of African lions (*Panthera leo*) from the latitudinal extremes of the Kruger National Park, South Africa », *BMC Gen*etics, 2018, 19, p. 1-16.
21. Packer C., Pusey A. E., « Infanticide in carnivores », *in* Hanfater G., Hrdy S. B. (dir.), *Infanticide : Comparative and Evolutionary Perspectives*, Routledge, 1984, p. 31-42.
22. Hayward M. W., « Prey preferences of the spotted hyaena (*Crocuta crocuta*) and degree of dietary overlap with the lion (*Panthera leo*) », *J. Zool.*, 2006, 270, p. 606-614.
23. Kruuk H., *The Spotted Hyena : A Study of Predation and Social Behaviou*r, University of California Press, 1972, p. 139-141.
24. Briers-Louw W. D., Leslie A. J., « Dietary partitioning of three large carnivores in Majete Wildlife Reserve, Malawi », *Afr. J. Ecol.*, 2020, 58, p. 382.
25. Fester K. S. M., Hockings G., van Vuuren R. J., van Vuuren M., « Spotted hyaena *Crocuta crocuta* feeding ecology and selectivity of large herbivorous prey in the Namib desert », *Ecol. Evol.*, 2021, 11, p. 3672- 3678.
26. Holekamp K. E., Sakai S. T., Lundrigan B. L., « Social intelligence in the spotted hyena (*Crocuta crocuta*) », *Phil. Trans. R. Soc. B Biol. Sc.*, 2007, 362, p. 523-538.
27. Holekamp K. E., Smith J. E., Strelioff C. C., Van Horn R. C., Watts H. E., « Society, demography and genetic structure in the spotted hyena », *Mol. Ecol.*, 2012, 21, p. 613-632.
28. Holekamp K. E., Cooper S. M., Katona C. I., Berry N. A., « Patterns of association among female spotted hyenas (*Crocuta crocuta*) », *J. Mammal.*, 1997, 78, p. 55-64.
29. Frank L. G., « Social organization of the spotted hyaena *Crocuta crocuta*. II. Dominance and reproduction », *Anim. Behav.*, 1986, 34, p. 1510-1527.
30. Stratford K., Stratford S., Périquet S., « Dyadic associations reveal clan size and social network structure in the fission-fusion society of spotted hyaenas », *Afr. J. Ecol.*, 2020, 58, p. 182-192.
31. Smith J. E., Van Horn R. C., Powning K. S., Cole A. R. *et al.*, « Evolutionary forces favoring intragroup coalitions among spotted hyenas and other animals », *Behav. Ecol.*, 2010, 21, p. 284-303.

32. Gould S. J., *Quand les poules auront des dents. Réflexion sur l'histoire naturelle*, Fayard, 1984.
33. Turner J. W., Robitaille A. L., Bills P. S., Holekamp K. E., « Early-life relationships matter : Social position during early life predicts fitness among female spotted hyenas », *J. Anim. Ecol*, 2021, 90, p. 183-196.
34. Holekamp K. E., Strauss E. D., « Reproduction within a hierarchical society from a female's perspective », *Int. Comp. Biol.*, 2020, 60, p. 753-764.
35. De V. Pienaar U., « Predator-prey relationships amongst the larger mammals of the Kruger National Park », *Koedoe*, 1969, 12, p. a753.

CHAPITRE 2
La vigilance des antilopes

1. Davis R. S., Yarnell R. W., Gentle L. K., Uzal A. *et al.*, « Prey availability and intraguild competition regulate the spatiotemporal dynamics of a modified large carnivore guild », *Ecol. Evol.*, 2021, 11, p. 7890-7904.
2. Radloff F. G. T., Du Toit J. T., « Large predators and their prey in a southern African savanna : A predator's size determines its prey size range », *J. Anim. Ecol.*, 2004, 73, p. 410-423.
3. Wilson A. M., Lowe J. C., Roskilly K., Hudson P. E. *et al.*, « Locomotion dynamics of hunting in wild cheetahs », *Nature*, 2013, 498, p. 185-189.
4. Clements H. S., Tambling C. J., Kerley G. I. H., « Prey morphology and predator sociality drive predator prey preferences », *J. Mammal.*, 2016, 97, p. 919-927.
5. Collins D. A., Caro T. M., « Male cheetah social organization and territoriality », *Ethology*, 1987, 74, p. 52-64.
6. Kamler J. F., Stenkewitz U., Gharajehdaghipour T., Macdonald D. W., « Social organization, home ranges, and extraterritorial forays of black-backed jackals », *J. Wild. Mgmt.*, 2019, 83, p. 1800-1808.
7. Creel S., Creel N. M., « Limitation of African wild dogs by competition with larger carnivores », *Cons. Biol.*, 1996, 10, p. 526-538.

8. Malcolm J. R., Marten K., « Natural selection and the communal rearing of pups in African wild dogs *Lycaon pictus* », *Behav. Ecol. Sociobiol.,* 1982, 10, p. 1-13.
9. Frame L. H., Malcolm J. R., Frame G. W., van Lawick H., « Social organization of African wild dogs *Lycaon pictus* on the Serengeti Plains », *Z. Tierpsychol.*, 1979, 50, p. 225-249.
10. Creel S., Creel N. M., *The African Wild Dog. Behavior, Ecology, and Conservation*, Princeton University Press, 2002.
11. Hayward M. W., O'Brien J., Hofmeyr M., Kerley G. I., « Prey preferences of the African wild dog *Lycaon pictus* (*Canidae* : *Carnivora*) : Ecological requirements for conservation », *J. Mammal.,* 2006, 87, p. 1122-1131.
12. Packer C., Pusey A. E., « Cooperation and competition within coalition of male lions : Kin selection or game theory ? », *Nature,* 1982, 296, p. 740-742.
13. Chakrabarti S., Jhala Y. V., « Battle of the sexes : A multi-male mating strategy helps lionesses win the gender war of fitness », *Behav. Ecol.,* 2019, 30, p. 1050-1061.
14. Reeve H. K., Emlen S. T., Keller L., « Reproductive sharing in animal societies : Reproductive incentives or incomplete control by dominant breeders ? », *Behav. Ecol.*, 1998, 9, p. 267-278.
15. Mbizah M. M., Valeix M., Macdonald D. W., Loveridge A. J., « Applying the resource dispersion hypothesis to a fission-fusion society : A case study of the African lion (*Panthera leo*) », *Ecol. Evol.,* 2019, 9, p. 9111-9119.
16. Watts D. E., Butler L. G., Dale B. W., Cox R. D., « The Ilnik wolf *Canis lupus* pack : Use of marine mammals and offshore sea ice », *Wildl. Biol.,* 2010, 16, p. 144-149.
17. Stronen A. V., Navid E. L., Quinn M. S., Paquet P. C. *et al.*, « Population genetic structure of gray wolves (*Canis lupus*) in a marine archipelago suggests island-mainland differentiation consistent with dietary niche », *BMC Ecology*, 2014, 14, article 11.
18. Stronen A. V., Jedrzejewska B., Pertoldi C., Demontis D., Randi E. *et al.,* « North-South differentiation and a region of high diversity in European wolves (*Canis lupus*) », *PLoS One,* 2013, 8, e76454.
19. Thierry D., Canard M., Deutsch M., Ventura M., Lourenço P., Lodé T., « Ecologic character displacements in the European competing common

green lacewings : A route to speciation ? », *Biol. J. Linn. Soc.*, 2011, 102, p. 292-300.
20. West S., Griffin A., Gardner A., 2007, Evolutionary explanations for cooperation, *Curr. Biol.*, 17, p. R661-R672.
21. Wynne-Edwards V. C., *Animal Dispersion in Relation to Social Behavior*, Oliver and Boyd, 1970.
22. Dubost G., « Comparison of the diets of frugivorous forest ruminants of Gabon », *J. Mammal.*, 1984, 65, p. 298-316.
23. Jarman P. J., « The social organisation of antelope in relation to their ecology », *Behaviour*, 1974, 48, p. 215-267.
24. Jarman P. J., « Mating systems and sexual dimorphism in large terrestrial mammalian herbivores », *Biol. Rev.*, 1983, 58, p. 485-520.
25. Szemán K., Liker A., Székely T., « Social organization in ungulates : Revisiting Jarman's hypotheses », *J. Evol. Biol.*, 2021, 34, p. 604-613.

CHAPITRE 3
Mésententes dans la colonie de fourmis

1. Gordon D. M., « The organization of work in social insect colonies », *Nature*, 1996, 380, p. 121-124.
2. Charbonneau D., Dornhaus A., « Workers "specialized" on inactivity : Behavioral consistency of inactive workers and their role in task allocation », *Behav. Ecol. Sociobiol.*, 2015, 69, p. 1459-1472.
3. Klein B. A., Seeley T. D., « Work or sleep ? Honeybee foragers opportunistically nap during the day when forage is not available », *Anim. Behav.*, 2011, 82, p. 77-83.
4. Beshers S. N., Fewell J. H., « Models of division of labor in social insects », *Ann. Rev. Entomol.*, 2001, 46, p. 413-440.
5. Wheeler W. M., « The ant colony as an organism », *J. Morphol.*, 1911, 22, p. 307-325.
6. Vollrath F., Rhodearndt D., « Prey capture and feeding in the Social Spider *Anelosimus eximius* », *Z. Tierpsychol.*, 1983, 61, p. 334-340.

7. Whitehouse M. E. A., Lubin Y., « Competitive foraging in the social spider *Stegodyphus dumicola* », *Anim. Behav.*, 1999, 58, p. 677-688.
8. Kropotkine P., *L'Entraide, un facteur de l'évolution*, Hachette, 1904.
9. Hölldobler B., Wilson E., *The Ants*, Springer-Verlag, 1990.
10. Hamilton W. D., « The genetical theory of social behavior, I & II », *J. Theor. Biol.*, 1964, 7, p. 1-16 et 17-52.
11. Hamilton W. D., « Altruism and related phenomena, mainly in social insects », *Ann Rev. Ecol. Syst.*, 1972, 3, p. 193-232.
12. Dawkins R., *The Selfish Gene*, Oxford University Press, 1976.
13. Maynard Smith J., « The theory of games and the evolution of animal conflicts », *J. Theor. Biol.*, 1974, 47, p. 209-221.
14. Jarvis J., « Eusociality in a mammal : Cooperative breeding in naked molerat colonies », *Science*, 1981, 212, p. 571-573.
15. O'Riain M. J., Faulkes C. G., « African mole rats : Eusociality, relatedness and ecological constraints », *in* Korb J., Heinze J. (dir.), *Ecology of Social Evolution*, Springer, 2008, p. 207-223.
16. Jarvis J., « Eusociality in a mammal : Cooperative breeding in naked mole-rat colonies », *Science*, 1981, 212, p. 571-573.
17. Cooney R., Bennett N. C., « Inbreeding avoidance and reproductive skew in a cooperative mammal », *Proc. Biol. Sci.*, 2000, 267, p. 801-806.
18. Park S., Guille-Escuret G., *Sociobiology vs Socioecology, Consequences of an Unraveling Debate*, Wiley, 2017.
19. Haldane J. B. S., « Population genetics », *New Biol.*, 1955, 18, p. 34-51.
20. Wilson E. O., *Sociobiology : The New Synthesis*, Belknap Press, 1975.

CHAPITRE 4
La confidence des termites

1. Gereys B., *Vespidae solitaires de France métropolitaine Hymenoptera : Eumeninae, Masarinae*, Fédération française des sociétés de sciences naturelles, coll. « Faune de France », 2016.
2. Orlove M. J., « A model of kin selection not invoking coefficients of relationship », *J. Theor. Biol.*, 1975, 49, p. 289-310.

3. Dangerfield J. M., McCarthy T. S., Ellery W. N., « The mound-building termite *Macrotermes michaelseni* as an ecosystem engineer », *J. Trop. Ecol.,* 1998, 14, p. 507-520.
4. Theraulaz G., Bonabeau É., Deneubourg J.-L., « The origin of nest complexity in social insects », *Complexity,* 1998, 3, p. 15-25.
5. Dornhaus A., « Specialization does not predict individual efficiency in an ant », *PLoS Biol.,* 2008, 6, e285.
6. Tasaki E., Takata M., Matsuura K., « Why and how do termite kings and queens live so long ? », *Phil. Trans. R. Soc. B,* 2021, 376, 20190740.
7. Buffenstein R., « Negligible senescence in the longest living rodent, the naked mole-rat : Insights from a successfully aging species », *J. Comp. Physiol. B Biochem. Syst. Environ. Physiol.,* 2008, 178, p. 439-445.
8. Kramer J., Meunier J., « The other facets of family life and their role in the evolution of animal sociality », *Biol. Rev.,* 2019, 94, p. 199-215.
9. Lamb R. J., « Parental behavior in the dermaptera with special reference to *Forficula auricularia* (*Dermaptera* : *Foliculidae*), *Can. Ent.*, 1976, 108 (6), p. 609-619.
10. Oldroyd B. P., Halling L., Rinderer T. E., « Development and behaviour of anarchistic honeybees », *Proc. R. Soc. Lond. B,* 1999, 266, p. 1875-1878.
11. Oldroyd B. P., Smolenski A. J., Cornuet J.-M., Crozier R. H., « Anarchy in the beehive », *Nature,* 1994, 371, p. 749.
12. Martin S. J., Chaline N., Oldroyd B. P., Jones G. R., Ratnieks F. L. W., « Egg marking pheromones of anarchistic worker honeybees (*Apis mellifera*) », *Behav. Ecol.*, 2004, 15, p. 839-844.
13. Barron A. B., Oldroyd B. P., Ratnieks F. L., « Worker reproduction in honey-bees and the anarchic syndrome : A review », *Behav. Ecol. Sociobiol.,* 2001, 50, p. 199-208.
14. Chakraborty S., Shukla S. P., Arunkumar K. P. *et al.*, « Genetic relatedness does not predict the queen's successors in the primitively eusocial wasp, *Ropalidia marginata* », *J. Genet.,* 2018, 97, p. 429-438.

CHAPITRE 5

Une socioécologie des animaux solitaires

1. Graham L. H., Reid K., Webster T., Richards M., Joseph S., « Endocrine patterns associated with reproduction in the Nile hippopotamus as assessed by fecal progestagen analysis », *Gen. Comp. End.*, 2002, 128, p. 74-81.
2. Geisler J. H., Theodor J. M., « Hippopotamus and whale phylogeny », *Nature*, 2009, 458, 7236.
3. Hamer D., *The God Gene : How Faith Is Hardwired into Our Genes*, Anchor, 2005.
4. Dennett D. C., *Darwin's Dangerous Idea : Evolution and the Meanings of Life*, Simon and Schuster, 1996.
5. Coyne J., « Of Vice and Men. The Fairy Tales of Evolutionary Psychology (Review of *A Natural History of Rape* by R. Thornhill and C. T. Palmer) », *The New Republic, New Rep.*, 2000, 222.
6. Lewontin R. C., « Sociobiology : Another biological determinism », *Int. J. Health Serv.*, 1980, 10, p. 347-363.
7. Gautier J.-Y., *Socioécologie. L'animal social et son univers*, Privat, 1982.
8. Jacob F., *Le Jeu des possibles. Essai sur la diversité du vivant*, Fayard, 1981.
9. Lewontin R. C., Kamin L., Steven R., *Not in Our Genes : Biology, Ideology, and Human Nature*, Pantheon Books, 1984.
10. Nowak M., Tarnita C., Wilson E., « The evolution of eusociality », *Nature*, 2010, 466, p. 1057-1062.
11. Fletcher J. A., Zwick M., Doebeli M., Wilson D. N., « What's wrong with inclusive fitness ? », *TREE*, 2006, 21, p. 597-598.
12. Rousset F., Lion S., « Much ado about nothing : Nowak et al.'s charge against inclusive fitness theory », *J. Evol. Biol.*, 2011, 24, p. 1386-1392.
13. Abbot P., Abe J., Alcock J. *et al.*, « Inclusive fitness theory and eusociality », *Nature*, 2011, 471, p. E1-E4.
14. Dalerum F., « Phylogenetic reconstruction of carnivore social organizations », *J. Zool.*, 2007, 273, p. 90-97.

15. Muggenthaler E. von, Reinhart P., Limpany B., Craft R., « Songlike vocalizations from the Sumatran Rhinoceros (*Dicerorhinus sumatrensis*) », *Aco. Res. Let.*, 2003, 4, p. 83.
16. Lodé T., « Sexual dimorphism and trophic constraints : Prey selection in the European polecat *Mustela putorius* », *Ecoscience,* 2003, 10, p. 17-23.
17. Lodé T., « Le comportement de mise en réserve alimentaire des proies chez le Putois *Mustela putorius* », *Cah. éthol. appl.*, 1989, 9, p. 19-30.
18. Lodé T., « Ontogenèse des comportements de prédation et rôle de l'expérience alimentaire précoce chez *Mustela putorius* », *Mammalia*, 1989, 53, p. 497-509.
19. Lodé T., « Trophic status and feeding habits of the European Polecat *Mustela putorius* L., 1758 », *Mam. Rev.*, 1997, 27 (4), p. 177-184.
20. Lodé T., « Évolution annuelle du régime alimentaire du Putois *Mustela putorius* L. en fonction de la disponibilité des proies », *Bull. écol.*, 1991, 22, p. 337-342.
21. Lodé T., « Functional response and area-restricted search of a predator : Seasonal exploitation of anurans by European polecat *Mustela putorius* », *Autral. Ecol.*, 2000, 25, p. 223-231.
22. Lodé T., « Predation of European polecat upon frog and toad populations at breeding sites in western France », *Ethol. Ecol. Evol.*, 1996, 8, p. 115-124.
23. Lodé T., Holveck M. J., Lesbarrères D., Pagano A., « Sex-biased predation by polecats influences the mating system of frogs », *Proc. R. Soc. Lond., Biol.*, 2004, 271 (S6), p. S399-S401.
24. Lodé T., « Mating system and genetic variance in a polygeneous mustelid, the European polecat », *Gen. Gen. Syt.*, 2001, 76, p. 221-227.
25. Lodé T., Pereboom V., Berzins R., « Implications of an individualistic lifestyle for species conservation : Lessons from jealous beasts », *C. R. Biol.*, 2003, 326, S30-S36.
26. Smith J. L., McDougal C., Miquelle D., « Scent marking in free-ranging tigers, *Panthera tigris* », *Anim. Behav.*, 1989, 37, p. 1-10.
27. Joshi A., Vaidyanathan S., Mondol S., Edgaonkar A., Ramakrishnan U., « Connectivity of tiger (*Panthera tigris*) populations in the human-influenced forest mosaic of Central India », *PLoS One,* 2013, 8, p. e77980.

28. Lodé T., « Conspecific tolerance and sexual segregation in European polecat », *Acta Ther.,* 1996, 41, p. 171-176.
29. Lodé T., Guiral G., Peltier D., « European mink-polecat hybridization events : Hazards from natural process ? », *J. Hered.,* 2005, 96, p. 1-8.
30. van Vuuren, B. J., Robinson T. J., « Genetic population structure in the yellow mongoose, *Cynictis penicillate* », *Mol. Ecol.,* 1997, 6, p. 1147-1153.
31. Nowak R., *Walker's Mammals of the World,* Johns Hopkins University Press, 1999.
32. Coppola F., Guerrieri D., Simoncini A., Varuzza P. *et al.,* « Evidence of scavenging behaviour in crested porcupine », *Sc. Rep.,* 2020, 10, p. 12297.
33. Dahle B., Swenson J. E., « Seasonal range size in relation to reproductive strategies in brown bears *Ursus arctos* », *J. Anim. Ecol.,* 2003, 72, p. 660-667.
34. Libal N. S., Belant J. L., Leopold B. D., Wang G., Owen P. A., « Despotism and risk of infanticide influence grizzly bear den-site selection », *PLoS One,* 2011, 6, e24133.
35. Steyaert S. M. J. G., Leclerc M., Pelletier F., Kindberg J., Brunberg S., Swenson J. E., Zedrosser A., « Human shields mediate sexual conflict in a top predator », *Proc. R. Soc. B.*, 2016, 283 (1833).
36. Owen N., Barrie G. K., « Perceived risk, displacement and refuging in brown bears : Positive impacts of ecotourism ? », *Biol. Cons.*, 2005, 121, p. 611-622.

CHAPITRE 6
Changement de direction chez les maquereaux

1. Montgomery J. C., Baker C. F., Carton A. G., « The lateral line can mediate rheotaxis in fish », *Nature,* 1997, 389, p. 960-963.
2. Hemelrijk C. K., Hildenbrandt H., « Self-organized shape and frontal density of fish schools », *Ethology,* 2008, 114, p. 245-254.
3. Herbert-Read J. E., Buhl J., Hu F., Ward A. J. W., Sumpter D. J. T., « Initiation and spread of escape waves within animal groups », *R. Soc. Open. Sci.,* 2015, 2, p. 140355.

4. Sumpter D. J., Pratt S. C., « Quorum responses and consensus decision making », *Phil. Trans. R. Soc. B*, 2009, 364, p. 743-753.
5. Baghemihl B., *Biological Exuberance : Animal Homosexuality and Natural Diversity*, St Martins Press, 1998.
6. Bengtson S., Canfield D. E., Bekker A., Macchiarelli R. *et al.*, « Large colonial organisms with coordinated growth in oxygenated environments 2.1 billion years ago », *Nature,* 2010, 466, p. 100-104.
7. Lodé T., « The origin of sex was interaction, not reproduction (what's sex really all about) », *Big Idea. New Scientist,* 2011, 2837, p. 30-31.
8. Lodé T., « Have sex or not ? Lessons from bacteria », *Sexual. Dev.*, 2012, 6, p. 325-328.
9. Lodé T., « Sex and the origin of genetic exchanges », *Trends Evol. Biol.,* 2012, 4, e11.
10. Lodé T., « For quite a few chromosomes more : The origin of eukaryotes », *J. Mol. Biol.,* 2012, 423, p. 135-142.
11. Normark B. B., Judson O. P., Moran N. A., « Genomic signatures of ancient asexual lineages », *Biol. J. Linn. Soc. Lond.*, 2003, 79, p. 69-84.
12. Lodé T., « Sex is not a solution for reproduction : The libertine bubble theory », *BioEssays,* 2011, 33, p. 419-422.
13. Kupiec J.-J., Sonigo P., *Ni Dieu ni gène. Pour une autre théorie de l'hérédité,* Seuil, coll. « Points », 2003.
14. Lodé T., *Manifeste pour une écologie évolutive. Darwin et après ?,* Odile Jacob, 2014.
15. Wolf J., Mawdsley D., Trillmich F., James R., « Social structure in a colonial mammal : Unravelling hidden structural layers and their foundations by network analysis », *Anim. Behav.*, 2007, 74, p. 1293-1302.
16. Wolf J., Tautz D., Trillmich F., « Galapagos and Californian sea lions are separate species : Genetic analysis of the genus *Zalophus* and its implications for conservation management », *Front. Zool.,* 2007, 4, p. 20.
17. Fishlock V., Phyllis C. L., « Forest elephants : Fission fusion and social arenas », *Anim. Behav.*, 2013, 85, p. 357-363.
18. Wittemyer G., Douglas-Hamilton I., Getz W. M., « The socioecology of elephants : Analysis of the processes creating multitiered social structures », *Anim. Behav.,* 2005, 69, p. 1357-1371.

19. Nattrass S., Croft D., Ellis S., Cant M. *et al.*, « Post-reproductive killer whale grandmothers improve the survival of their grandoffspring », *PNAS*, 2019, 116, p. 26669-26673.
20. Ehrman L., « The mating advantage of rare males in drosophila », *PNAS*, 1970, 65, p. 345-348.
21. Knoppien P., « Rare male mating advantage : A review », *Biol. Rev.*, 2008, 60, p. 81-117.
22. Lodé T., *La Biodiversité amoureuse. Sexe et évolution*, Odile Jacob, 2011.
23. Lodé T., « A brief natural history of the orgasm », *Front. Life Sc.*, 2019, 13, p. 34-44.
24. Clifton S. M., Braun R. I., Abrams D. M., « Handicap principle implies emergence of dimorphic ornaments », *Proc. R. Soc. Lond. B*, 2016, 283, 20161970.
25. Lodé T., *Histoire naturelle du plaisir amoureux*, Odile Jacob, 2021.
26. Milinski M., Griffiths S., Wegner K. M., Reusch T. B. *et al.*, « Mate choice decisions of stickleback females predictably modified by MHC peptide ligands », *PNAS*, 2005, 102, p. 4414-4418.
27. Olsson M., Madsen T., Nordby J., Wapstra E., Ujvari B., Wittsell H., « Major histocompatibility complex and mate choice in sand lizards », *Proc. Biol. Sci.*, 2003, 270, p. S254-256.
28. Winternitz J. C., Abbate J. L., « MHC and mate choice in humans and other primates », *Res. Rep. Biol.*, 2015, 6, p. 73-88.

CHAPITRE 7
La réciprocité des moqueurs

1. Davis A. R., Corl A., Surget-Groba Y., Sinervo B., « Convergent evolution of kin-based sociality in a lizard », *Proc. R. Soc. B*, 2011, 278, p. 1507-1514.
2. Rabosky A. R. D., Corl A., Liwanag H. E. M., Surget-Groba Y., Sinervo B., « Direct fitness correlates and thermal consequences of facultative aggregation in a desert lizard », *PLoS One*, 2012, 7, e40866.

3. Alison R. D., « Kin presence drives philopatry and social aggregation in juvenile desert night lizards (*Xantusia vigilis*) », *Behav. Ecol.*, 2012, 23, p. 18-24.
4. Leal M., Powell B. J., « Behavioural flexibility and problem-solving in a tropical lizard », *Biol. Lett.* 2011, 8, p. 28-30.
5. Bock B. C., Rand A. S., « Factors influencing nesting synchrony and hatching success at a green iguana nesting aggregation in Panama », *Copeia*, 1989, p. 978-986.
6. Bock B. C., Rand A. S., Burghardt G. N., « Nesting season movements of female green iguanas, *Iguana iguana* », *Copeia*, 1989, p. 4-16.
7. Vliet K. E., « Social displays of the American Alligator (*Alligator mississippiensis*) », *Am. Zool.*, 1989, 29, p. 1019-1031.
8. Ted R. A., *Biology of the Ubiquitous House Sparrow : From Genes to Populations*, Oxford University Press, 2006.
9. Gaston A. J., « The ecology and behaviour of the long-tailed tit », *Ibis*, 1973, 115 (3), p. 330-351.
10. McGowan A., Hatchwell B. J., Woodburn R. J. W., « The effect of helping behaviour on the survival of juvenile and adult long-tailed tits *Aegithalos caudatus* », *J. Anim. Ecol.*, 2003, 72, p. 491-499.
11. Glen N. W., Perrins C. M., « Cooperative breeding by long-tailed tits », *Brit. Bir.*, 1988, 81, p. 630-641.
12. Jouventin P., Barbraud C., Rubin M., « Adoption in the emperor penguin, *Aptenodytes forsteri* », *Anim. Behav.*, 1995, 50, p. 1023-1029.
13. Tony D. W., *The Penguins*, Oxford University Press, 1995.
14. Ligon J. D., Ligon S. H., « Green woodhoopoes : Life history traits and sociality », *in* Stacey P. B., Koenig W. D. (dir.), *Cooperative Breeding in Birds*, Cambridge University Press.
15. Ligon J. D., Ligon S. H., « Communal breeding in green woodhoopoes as a case for reciprocity », *Nature*, 1978, 276, p. 496-498.
16. Browning L. E., Patrick S. C., Rollins L. A., Griffith S. C., Russell A. F., « Kin selection, not group augmentation, predicts helping in an obligate cooperatively breeding bird », *Proc. R. Soc. B Biol. Sc.*, 2012, 279, p. 3861-3869.

17. Lukas D., Clutton-Brock T., « Life histories and the evolution of cooperative breeding in mammals », *Proc. R. Soc. B Biol. Sc.,* 2012, 279, p. 4065-4070.
18. Ibarra-Soria X., Levitin M. A., Logan D. W., « The genomic basis of vomeronasal-mediated behaviour », *Mamm. Gen.,* 2014, 25, p. 75-86.
19. Løvlie H., Gillingham M. A. F., Worley K., Pizzari T., Richardson D. S., « Cryptic female choice favours sperm from major histocompatibility complex-dissimilar males », *Proc. R. Soc. Lond. B,* 2013, 280, 20131296.
20. Charmantier A., Keyser A. J., Promislow D. E. L., « First evidence for heritable variation in cooperative breeding behaviour », *Proc. R. Soc. B, Biol. Sc.,* 2007, 274, p. 1757-1761.
21. Trivers R. L., « The evolution of reciprocal altruism », *Quart. Rev. Biol.,* 1971, 46, p. 35-57.
22. Emeln S. T., Wrege P. H., « A test of alternate hypotheses for helping behavior in white-fronted bee-eaters », *Behav. Ecol. Sociobiol.*, 1989, 25, p. 303-319.
23. Emlen S. T., Wrege P. H., « The role of kinship in helping decisions among white-fronted bee-eaters », *Behav. Ecol. Sociobiol.*, 1988, 23, p. 305-315.
24. Emlen S. T., Wrege P. H., « Forced copulations and intraspecific parasitism : Two costs of social living in the white-fronted bee-eater », *Ethol.*, 1986, 71, p. 2-29.
25. Shakya S. B., Fuchs J., Pons J.-M., Sheldon F. H., « Tapping the woodpecker tree for evolutionary insight », *Mol. Phyl. Evol.*, 2017, 116, p. 182-191.
26. Koenig W. D., « Opportunity of parentage and nest destruction in polygynandrous acorn woodpeckers, *Melanerpes formicivorus* », *Behav. Ecol.,* 1990, 1, p. 55-61.
27. Koenig W. D., Haydock J., Stanbeck M., « Reproductive roles in the cooperatively breeding Acorn Woodpecker : Incest avoidance versus reproductive competition », *Am. Nat.*, 1998, 151, p. 243-255.
28. Hatchwell B. J., Komdeur J., « Ecological constraints, life history traits and the evolution of cooperative breeding », *Anim. Behav.*, 2000, 59, p. 1079-1086.

29. Robert G. H., « Kidnapping and reciprocity in cooperatively breeding white-winged choughs », *Anim. Behav.,* 1991, 41, p. 1097-1100.
30. Boland C. R. J., Heinsohn R., Cockburn A., « Deception by helpers in cooperatively breeding white-winged choughs and its experimental manipulation », *Behav. Ecol. Sociobiol.,* 1997, 41, p. 251-256.
31. Heinsohn R., Cockburn A., « Helping is costly to young birds in cooperatively breeding white-winged choughs », *Proc. R. Soc. Lond. B, Biol. Sc.,* 1994, 256, p. 293-298.
32. Charlie K. C., « Cooperative breeding and the evolutionary coexistence of helper and nonhelper strategies », *PNAS*, 2018, 115, p. 1684-1686.
33. Shen S.-F., Emlen S. T., Koenig W. D., Rubenstein D. R., « The ecology of cooperative breeding behaviour », *Ecol. Lett.,* 2017, 20, p. 708-720.
34. Cockburn A., « Evolution of helping behavior in cooperatively breeding birds », *Ann. Rev. Ecol. Syst.*, 1998, 29, p. 141-177.
35. Nichols H. J., Arbuckle K., « A case of reproductive breeding in the European starling *Sturnus vulgaris* », *Ecol. Evol.*, 2022, 12, e8318.
36. Drouiche P., « Abondance de parents ne nuit pas », *Courr. Nat.*, 1994, 143, p. 4.

CHAPITRE 8
La promesse des chauves-souris

1. Ainley D. G., Wilson P. R., Barton K. J., Ballard G. *et al.*, « Diet and foraging effort of Adélie penguins in relation to pack-ice conditions in the southern Ross Sea », *Polar Biol.*, 1998, 20, p. 311-319.
2. Le Bohec C., Gauthier-Clerc M., Le Maho Y., « The adaptive significance of creches in the king penguin », *Anim. Behav.*, 2005, 70, p. 527-538.
3. Wilkinson G. S., « Social grooming in the common vampire bat, *Desmodus rotundus* », *Anim. Behav.*, 1986, 34, p. 1880-1889.
4. Kerth G., « Causes and consequences of sociality in bats », *BioScience*, 2008, 58, p. 737-746.
5. Brosset A., *La Biologie des chiroptères*, Masson, 1966.

6. Gracheva E. O., Cordero-Morales J. F., González-Carcacía J. A., Ingolia N. T. *et al.*, « Ganglion-specific splicing of TRPV1 underlies infrared sensation in vampire bats », *Nature*, 2011, 476, p. 88-91.
7. McNab B. K., « Energetics and distribution of vampire bats », *J. Mammal*, 1973, 54, p. 131-144.
8. Wilkinson G. S., « Reciprocal food sharing in the vampire bat », *Nature*, 1984, 308, p. 181-184.
9. Clutton-Brock T. H., « Cooperation between non-kin in animal societies », *Nature*, 2009, 462, p. 51-57.
10. Clutton-Brock T. H., « Breeding together : Kin selection and mutualism in cooperative vertebrates », *Science*, 2002, 296, p. 69-72.
11. Patriquin K. J., Palstra F., Leonard M. L., Broders H. G., « Female northern myotis (*Myotis septentrionalis*) that roost together are related », *Behav. Ecol.*, 2013, 24, p. 949-954.
12. Metheny J. D., Kalcounis-Rueppell M. C., Willis C. K., Kolar K. A., Brigham R. M., « Genetic relationships between roost-mates in a fission-fusion society of tree-roosting big brown bats (*Eptesicus fuscus*) », *Behav. Ecol. Sociobiol.*, 2008, 62, p. 1043-1051.
13. Dechmann D. K. N., Heucke S. L., Giuggioli L., Safi K. *et al.*, « Experimental evidence for group hunting via eavesdropping in echolocating bats », *Proc. R. Soc. B*, 2009, 276, p. 2721-2728.
14. Kerth G., Perony N., Schweitzer F., « Bats are able to maintain long-term social relationships despite the high fission-fusion dynamics of their groups », *Proc. R. Soc. B*, 2011, 278, p. 2761-2767.
15. Huguin M., Arechiga-Ceballos N., Delaval M., Guidez A. *et al.*, « How social structure drives the population dynamics of the common vampire bat (*Desmodus rotundus*, Phyllostomidae) », *J. Hered.*, 2018, 109, p. 393-404.
16. Hammerstein P., « Why is reciprocity so rare in social animals ? A protestant appeal », *in* Hammerstein P. (dir.), *Genetic and Cultural Evolution of Cooperation*, MIT Press, 2003, p. 83-93.
17. Wilkinson G. S., Carter G. G., Bohn K. M., Adams D. M., « Non-kin cooperation in bats », *Phil. Trans. R. Soc. Lond. B, Biol. Sci.*, 2016, 371, 20150095.

18. Ancillotto L., Serangeli M. T., Russo D., « Spatial proximity between newborns influences the development of social relationships in bats », *Ethology*, 2012, 118, p. 331-340.
19. Wilkinson G. S., Carter G. G., Bohn K. M., Adams D. M., « Non-kin cooperation in bats », *Phil. Trans. R. Soc. Lond. B Biol. Sci.*, 2016, 371, 20150095.
20. Razik I., Brown B. K. G., Page R. A., Carter G. G., « Non-kin adoption in the common vampire bat », *R. Soc. Open Sci.*, 2021, 8, 201927.
21. Wilkinson G. S., « The social organization of the common vampire bat. I. Pattern and cause of association », *Behav. Ecol. Sociobiol.*, 1985., 17, p. 111-121.
22. Carter G. G., Wilkinson G. S. D., « Does food sharing in vampire bats demonstrate reciprocity ? », *Comm. Int. Biol.*, 2013, 6, e25783.
23. Denault L., Mcfarlane D., « Reciprocal altruism between male vampire bats, *Desmodus rotundus* », *Anim. Behav.*, 1995, 49, p. 855-856.
24. Dolivo V., Taborsky M., « Norway rats reciprocate help according to the quality of help they received », *Biol. Lett.*, 2015, 11, 20140959.
25. Rutte C., Taborsky M., « The influence of social experience on cooperative behaviour of rats (*Rattus norvegicus*) : Direct vs generalised reciprocity », *Behav. Ecol. Sociobiol.*, 2008, 62, p. 499-505.
26. Carter G. G., « The reciprocity controversy », *Anim. Behav. Cogn.*, 2014, 1, p. 368-386.
27. Axelrod R., Hamilton W. D., « The evolution of cooperation », *Science*, 1981, 211, p. 1390-1396.
28. Trivers R. L., « L'évolution de l'altruisme réciproque », *Quart. Rev. Biol.*, 1971, 46, p. 35-57.
29. Axelrod R., *Comment réussir dans un monde d'égoïstes. Théorie du comportement coopératif*, Odile Jacob, 2006.
30. Crisp R. J., Brent L. J. N., Carter G. G., « Social dominance and cooperation in female vampire bats », *R. Soc. Op. Sc.*, 2021, 8 (7), 8210266210266.
31. Canestrari D., Marcos J. M., Baglione V., « Reproductive success increases with group size in cooperative carrion crows, *Corvus corone corone* », *Anim. Behav.*, 2008, 75, p. 403-416.

32. Moore A. J., Brodie E. D. I., Wolf J. B., « Evolutionary consequences of indirect genetic effects », *Evolution*, 1997, 51, p. 1352-1362.
33. Melin A. D., Kline D. W., Hiramatsu C., Caro T., « Zebra stripes through the eyes of their predators, zebras, and humans », *PLoS One*, 2016, 11, e0145679.
34. How M. J., Gonzales D., Irwin A., Caro T., « Zebra stripes, tabanid biting flies and the aperture effect », *Proc. R. Soc. B*, 2020, 287, 20201521.
35. Balasingh J., Koilraj J., Kunz T. H., « Tent construction by the short-nosed fruit bat *Cynopterus sphinx* (*Chiroptera, Pteropodidae*) in Southern India », *Ethol.*, 1995, 100, p. 210-229.
36. Rodriguez-Herrera B., Medellin R. A., Gamba-Rios M., « Tent building by female *Ectophylla alba* (*Chiroptera : Phyllostomidae*) in Costa Rica », *Acta Chiropt.*, 2006, 8, p. 557-560.
37. Van der Jeugd H. P., Prins H. H. T., « Movements and group structure of giraffe (*Giraffa camelopardalis*) in Lake Manyara National Park, Tanzania », *J. Zool.*, 2000, 251, p. 15-21.
38. Bercovitch F. B., Berry P. S. M., « Herd composition, kinship and fission-fusion social dynamics among wild giraffe », *Afr. J. Ecol.*, 2012, 51, p. 206-216.
39. Bond M. L., Lee D. E., Ozgul A., Farine D. R., König B., « Leaving by staying : Social dispersal in giraffes », *J. Anim. Ecol.*, 2021, 90, p. 2755-2766.
40. Muller Z., Cuthill I. C., Harris S., « Group sizes of giraffes in Kenya : The influence of habitat, predation and the age and sex of individuals », *J. Zool.*, 2018, 306, p. 77-87.
41. Muller Z., Cantor M., Cuthill I. C., Harris S.., « Giraffe social preferences are context dependent », *Anim. Behav.*, 2018, 146, p. 37-49.
42. Baotic A., Sicks F., Stoeger A. S., « Nocturnal "humming" vocalizations : Adding a piece to the puzzle of giraffe vocal communication », *BMC Res Not.*, 2015, 8, p. 425.
43. Levins R., Lewontin R. C., *The Dialectical Biologist,* Harvard University Press, 1985.
44. Laland K. N., Odling-Smee F. J., Feldman M. W., « Evolutionary consequences of niche construction and their implications for ecology », *PNAS,* 1999, 96, p. 10242-10247.

45. Wright B. H., Bartel R. A., Haddad N. M., Wright J. P., « Ecosystem engineers maintain a rare species of butterfly and increase plant diversity », *Oikos*, 2010, 119, p. 883-890.

CHAPITRE 9
Des phoques et des despotes

1. Santos E. S. A., Santos L. L. S., Lagisz M., Nakagawa S., « Conflict and co-operation over sex : The consequences of social and genetic polyandry for reproductive success in dunnocks », *J. Anim. Ecol.*, 2015, 84, p. 1509-1519.
2. Burke T., Davies N. B., Bruford M. W., Hatchwell B. J., « Parental care and mating behaviour of polyandrous dunnocks *Prunella modularis* related to paternity by DNA fingerprinting », *Nature*, 1989, 338, p. 249-251.
3. Davies N. B., Houston A. I., « Reproductive success of dunnocks, *Prunella modularis*, in a variable mating system », *J. Anim. Ecol.*, 1986, 55, p. 123-138.
4. Schärer L., Janicke T., Ramm S. A., « Sexual conflict in hermaphrodites », *Cold Spr. Harb. Pers. Biol.*, 2014, 7, a017673.
5. Domínguez J., Velando A., « Sexual selection in earthworms », *Appl. Soil. Ecol.*, 2013, 69, p. 21-27.
6. Calhoun J. B., « Population density and social pathology », *Am. Scient.*, 1962, 206, p. 139-148.
7. Insley S. J., « Mother-offspring vocal recognition in northern fur seals is mutual but asymmetrical », *Anim. Behav.*, 2001, 61, p. 129-137.
8. Phillips A. V., Stirling I., « Vocal repertoire of South American fur seals, *Arctocephalus australis* », *Can. J. Zool.*, 2001, 79, p. 420-437.
9. Baker J. D., Antonelis G. A., Fowler R. C. W., York A. E., « Natal site fidelity in northern fur seals, *Callorhinus ursinus* », *Anim. Behav.*, 1995, 50, p. 237-247.
10. Witmer L., « A nose for all reasons », *Nat. Hist.*, 2001, 110, p. 65.

11. Andersen J. M., Wiersma Y. F., Stenson G. B., Hammill M. O. *et al.*, « Habitat selection by hooded seals (*Cystophora cristata*) in the Northwest Atlantic Ocean », *ICES J. Mar. Sc.,* 2012, 70, p. 173-185.
12. Lodé T., *Pourquoi les animaux trichent et se trompent. Les infidélités de l'évolution,* Odile Jacob, 2013.
13. Mech D., Boitani L. (dir.), *Wolves : Behaviour, Ecology and Conservation,* University Chicago Press, 2003.
14. Smith D., Meier T., Geffen E., Mech L. D., Burch J. W., Adams L. G., Wayne R. K., « Is incest common in grey wolf packs ? », *Behav. Ecol.*, 1997, 8, p. 384-391.
15. Waal F. de, *La Politique du chimpanzé,* Odile Jacob, 1995.
16. Schjelderup-Ebbe T., « Beiträge zur Sozialpsychologie des Haushuhns », *Z. Psychol.*, 1922, 88, p. 225-252.
17. Drews C., « The concept and definition of dominance in animal behavior », *Behaviour,* 1993, 125, p. 283-313.
18. Fulenwider H. D., Caruso M. A., Ryabinin A. E., « Manifestations of domination : Assessments of social dominance in rodents », *Gen. Br. Behav.*, 2022, 21, e12731.
19. Minot E., Linklater W., « Stallion harassment and the mating system of horses », *Anim. Behav.*, 1999, 58, p. 295-306.
20. Meeghan E., Gray E. Z., Cameron E. Z., Peacock M. M. *et al.*, « Are low infidelity rates in feral horses due to infanticide », *Behav. Ecol. Sociobiol.*, 2012, 66, p. 529-537.
21. Feh C., « Alliances and reproductive success in Camargue stallions », *Anim. Behav.,* 1999, 57, p. 705-713.
22. Feh C., Munkhtuya B., « Male infanticide and paternity analyses in a socially natural herd of Przewalski's horses : Sexual selection ? », *Behav. Proc.,* 2008, 78, p. 335-339.
23. Linklater W. L., Cameron E. Z., « Tests for cooperative behaviour between stallions », *Anim. Behav.*, 2000, 60, p. 731-743.
24. Cameron E. Z., Setsaas T. H., Linklater W. L., « Social bonds between unrelated females increase reproductive success in feral horses », *Proc. Natl Acad. Sci. USA,* 2009, 106, p. 13850-13853.

25. Maeda T., Sueur C., Hirata S., Yamamoto S., « Behavioural synchronization in a multilevel society of feral horses », *PLoS One*, 2021, 16 (10), e0258944.
26. Feh C., Munkhtuya B., « Male infanticide and paternity analyses in a socially natural herd of Przewalski's horses : Sexual selection ? », *Behav. Proc.*, 2008, 78, p. 335-339.
27. Bourjade M., Thierry B., Maumy M., Petit O., « Decision-making in Przewalski horses (*Equus ferus przewalskii*) is driven by the ecological contexts of collective movements », *Ethology*, 2009, 115, 321-330.
28. Berdoy M., Smith P., MacDonald D. W., « Stability of social status in wild rats : Age and the role of settled dominance », *Behaviour*, 1995, 132, p. 193-212.
29. Dupont P., Roger Pradel R., Lardy S., Allainé D. *et al.*, « Litter sex composition influences dominance status of Alpine marmots (*Marmota marmota*) », *Oecologia*, 2015, 179, p. 753-763.
30. Lardy S., Allainé D., Cohas A., « Intrasexual competition and female dominance in a singular breeding mammal, the Alpine marmot », *Anim. Behav.*, 2013, 86, p. 1155-1163.
31. Lardy S., Cohas A., Desouhant E., Tafani M. *et al.*, « Paternity and dominance loss in male breeders : The cost of helpers in a cooperatively breeding mammal », *PLoS One*, 7, p. e2950.
32. Lardy S., Cohas A., Figueroa I., Allainé D., « Mate change in a socially monogamous mammal, evidences support the "forced divorce" hypothesis" », *Behav. Ecol.*, 2011, 221, p. 120-125.
33. Matsumura S., « The evolution of "egalitarian" and "despotic" social systems among macaques, *Primates*, 1999, 40, p. 23-31.
34. Palagi E., Norscia I., « The season for peace : Reconciliation in a despotic species (*Lemur catta*) », *PLoS One*, 2018, 10, e0142150.

CHAPITRE 10

L'improbable alliance des loutres

1. Irestedt M., Jønsson K. A., Fjeldså J. *et al.*, « An unexpectedly long history of sexual selection in birds-of-paradise », *BMC Evol. Biol.*, 2009, 9, p. 235.
2. Stevan J. A., Lynne D. H., « Can the fisher-lande process account for birds of paradise and other sexual radiations ? », *Am. Nat.*, 2016, 187, p. 717-735.
3. Davis W. E., Beehler B. M., « Nesting behavior of a Raggiana bird of paradise », *Wils. Bull.*, 1994, 106, p. 522-530.
4. Beehler B., « Frugivory and polygamy in birds of paradise », *Auk*, 1983, 100, p. 1-12.
5. Frith C. B., Beehler B. M., *The Birds of Paradise*, Oxford University Press, 1998.
6. Lodé T., *Histoire naturelle du plaisir amoureux*, Odile Jacob, 2021.
7. Lodé T., « Genetic divergence without spatial isolation in polecat *Mustela putorius* populations », *J. Evol. Biol.*, 2001, 14, p. 228-236.
8. Lodé T., *Manifeste pour une écologie évolutive. Darwin et après ?*, Odile Jacob, 2014.
9. Deichmann U., « Epigenetics : The origins and evolution of a fashionable topic », *Dev. Biol.*, 2016, 416, p. 249-254.
10. Reik W., Dean W., Walter J., « Epigenetic reprogramming in mammalian development », *Science*, 2001, 293, p. 1089-1093.
11. Carroll R. L., *Patterns and Processes of Vertebrate Evolution*, Cambridge University Press, 1997.
12. Lodé T., *La Guerre des sexes chez les animaux*, Odile Jacob, 2007.
13. Kruuk H., *Otters. Ecology, Behaviour and Conservation*, Oxford University Press, 2006.
14. Ray J., « Comparative ecology of two African forest mongooses, *Herpestes naso* and *Atilax paludinosus* », *Af. J. Ecol.*, 1997, 35, p. 237-253.
15. Lodé T., Lélias M.-L., Lemasson A., Blois-Heulin C., « Solitary versus group living lifestyles, social group composition and cooperation in otters », *Mamm. Res.*, 2021, 66, p. 13-31.

16. Sepúlveda M. A., Bartheld J. L., Monsalve R., Gómez V. *et al.*, « Habitat use and spatial behaviour of the endangered Southern river otter *Lontra provocax* in riparian habitats of Chile, conservation implications », *Biol. Cons.*, 2007, 140, p. 329-338.
17. Sivasothi N., Nor B. H., « A review of otters (*Carnivora : Mustelidae : Lutrinae*) in Malaysia and Singapore », *Hydrobiol.*, 1994, 285, p. 151-170.
18. Jacques H., Véron G, Allary F, Aulagnier S., « The Congo clawless otter *Aonyx congicus Mustelidae, Lutrinae*, a review of its systematics, distribution and conservation status », *Afr. Zool.*, 2009, 44, p. 159-170.
19. Angelici F. M., Politano E., Bogudue A. J., Luiseli L., « Distribution and habitat of otters. *Aonyx capensis* and *Lutra maculicollis* in southern Nigeria », *Ital. J. Zool.*, 2005, 72, p. 223-227.
20. Reed-smith J., Thomas S., Kihudu T., Mussa M., « Preliminary report on the behaviour of Spotted-necked otter (*Lutra maculicollis*, Lichtenstein, 1835) living in a lentic ecosystem », *Zoo Biol.*, 2014, 33 (2), p. 121-130.
21. Rheingantz M. L., Santiago-Plata V., Trinca C., « The Neotropical otter *Lontra longicaudis* : A comprehensive update on the current knowledge and conservation status of this semi-aquatic carnivore », *Mamm. Rev.*, 2017, 47, p. 291-305.
22. Rodrigues L. A., Leuchtenberger C., Kasper C. B., Junior O. C. *et al.*, « Avaliação do risco de extinção da lontra Neotropical *Lontra longicaudis* (Olfers, 1818) no Brasil », *Biodiv. Bras.*, 2013, 3, p. 216-227.
23. Nawab A., « Aspects of the ecology of Smooth-coated otter *Lutrogale perspicillata* Geoffroy St. Hilaire, 1826 : A review », *J. Bomb. Nat. Hist. Soc.*, 2009, 106, p. 5-10.
24. Quaglietta L., Fonseca da Silva V., Mira A., Boitani L., « Sociospatial organisation of a solitary carnivore, the Eurasian otter *(Lutra lutra)* », *J. Mammal.*, 2014, 95, p. 140-150.
25. Larivière S., Walton L. R., « *Lontra canadensis* », *Mamm. Spec.*, 1998, 587, p. 1-8.
26. Blundell G. M., Ben-David M., Bowyer R. T., « Sociality in river otters, cooperative foraging or reproductive strategies ? », *Behav. Ecol.*, 2002, 13, p. 134-141.

27. Laidre K. L., Jameson R. J., Gurarie E., Jeffries S. J. *et al.*, « Spatial habitat use patterns of sea otters in coastal Washington, » *J. Mamm.*, 2009, 90, p. 906-917.
28. Leuchtenberger C., Mourão G., « Social organisation and territoriality of giant otters. *Carnivora, Mustelidae* in a seasonally flooded savanna in Brazil », *Sociobiol.*, 2008, 52, p. 257-270.
29. Davenport L. C., « Aid to a declining matriarch in the giant otter *Pteronura brasiliensis* », *PLoS One,* 2010, 5, e11385.
30. Ribas C., Cunha H., Damasceno G., Magnusson W. *et al.*, « More than meets the eye : Kinship and social organization in giant otters *(Pteronura brasiliensis)* », *Behav. Ecol. Sociobiol.,* 2015, 70, p. 61-72.
31. Hussain S. A., Gupta S. K., de Silva P. K., « Biology and ecology of Asian Small-Clawed Otter *Aonyx cinereus.* Illiger, 1815, a review », *IUCN Otter Sp. Gr. Bull.,* 2011, 28, p. 63-75.
32. Perdue B. M., Snyder R. J., Maple T. L., « Cognitive research in Asian Small-Clawed otters », *Int. J. Comp. Psychol.,* 2013, 26, p. 105-113.
33. Kruuk H., Moorehouse A., « The spatial organisation of otters *Lutra lutra* in Shetland », *J. Zool.,* 1991, 224, p. 41-57.
34. Clavero M., Prenda J., Delibes M., « Influence of spatial heterogeneity on coastal otter (*Lutra lutra*) prey consumption », *Ann. Zool. Fen.,* 2004, 41, p. 551-561.
35. Cabral M. M. M., Zuanon J., De Mattos G. E., Rosas F. C. W., « Feeding habits of giant otters *Pteronura brasiliensis Carnivora Mustelidae* in the Balbina hydroelectric reservoir Central Brazilian Amazon », *Zoologia,* 2010, 27, p. 47-53.
36. Lélias M.-L., Lemasson A., Lodé T., « Social organization of otters in relation to their ecology », *Biol. J. Linn. Soc.,* 2021, 133, p. 1-27.
37. Lodé T., Lélias M.-L., Lemasson A., Blois-Heulin C., « Solitary versus group living lifestyles, social group composition and cooperation in otters », *Mamm. Res.*, 2021, 66, p. 13-31.

CHAPITRE 11
Le biais des suricates

1. Ferron J., Ouellet J.-P., « Temporal and intrasexual variations in the use of space with regards to social organization in the woodchuck (*Marmota monax*) », *Can. J. Zool.*, 1989, 67, p. 1642-1649.
2. Blumstein D. T., Armitage K. B., « Life history consequences of social complexity : A comparative study of ground-dwelling sciurids », *Behav. Ecol.*, 1998, 9, p. 8-19.
3. Arnold W., Dittami J., « Reproductive suppression in male alpine marmots », *Anim. Behav.*, 1997, 53, p. 53-66.
4. Allainé D., « Sociality, mating system and reproductive skew in marmots : Evidence and hypotheses », *Behav. Proc.*, 2000, 51, p. 21-34.
5. Armitage K. B., « Reproductive strategies of yellow-bellied marmots : Energy conservation and differences between the sexes », *J. Mammal.*, 1998, 79, p. 385-393.
6. Allainé D., « Sociality, mating system and reproductive skew in marmots : Evidence and hypotheses », *Behav. Proc.*, 2000, 51, p. 21-34.
7. Downhower J. F., Armitage K. B., « The yellow-bellied marmot and the evolution of polygamy », *Am. Nat.*, 1971, 105, p. 355-370.
8. Kokko H., Johnstone R. A., Clutton-Brock T. H., « The evolution of cooperative breeding through group augmentation », *Proc. R. Soc. Lond. B.*, 2001, 268, p. 187-196.
9. Pennisi E., « How did cooperative behavior evolve », *Science*, 2005, 309, p. 93558.
10. Carr G. M., Macdonald D. W., « The sociality of solitary foragers : A model based on resource dispersion », *Anim. Behav.*, 1986, 34, p. 1540-1549.
11. Revilla E., Palomares F., « Spatial organization, group living and ecological correlates in low-density populations of Eurasian badgers », *Meles meles*, *J. Anim. Ecol.*, 2002, 71, 497-512.
12. Sherman P. W., « Nepotism and the evolution of alarm calls », *Science*, 1977, 197, p. 1246-1253.

13. Hailman J. P., Mcgowan K. J., Woolfenden G. E., « Role of helpers in the sentinel behaviour of the Florida scrub jay *Aphelocoma c coerulescens* », *Ethology*, 1994, 97, p. 119-140.
14. Manser M. B., « The acoustic structure of suricates' alarm calls varies with predator type and the level of response urgency », *Proc. R. Soc. B*, 2001, 268, p. 2315-2324.
15. Townsend S. W., Zöttl M., Manser M. B., « All clear ? Meerkats attend to contextual information in close calls to coordinate vigilance », *Behav. Ecol. Sociobiol.*, 2011, 65, p. 1927-1934.
16. Manser M. B., « Response of foraging group members to sentinel calls in suricates », *Suricata suricatta, Proc. R. Soc. B*, 1999, 266, p. 1013-1019.
17. Blumstein D. T., « Enhanced. Selfish Sentinels », *Science*, 1999, 284, p. 1633-1634.
18. West S. A., Griffin A. S., Gardner A., « Evolutionary explanations for cooperation », *Curr. Biol.*, 2007, 17, p. R661-R672.
19. Doolan S. P., Macdonald D. W., « Band structure and failures of reproductive suppression in a cooperatively breeding carnivore, the slender tailed meerkat *Suricata suricatta* », *Behaviour*, 1997, 134, p. 827-848.
20. Kutsukake N., Clutton-Brock T. H., « The number of subordinates moderates intrasexual competition among males in cooperatively breeding meerkats », *Proc. Biol. Sci.*, 2008, 275, p. 209-216.
21. Bowman L., Dilley S. R., Keverne E. B., « Suppression of oestrogen-induced LH surges by social subordination in talapoin monkeys », *Nature*, 1978, 275, p. 56-58.
22. Barrette M.-F., Monfort S. L., Festa-Bianche M., Clutton-Brock T. H. *et al.*, « Reproductive rate, not dominance status, affects fecal glucocorticoid levels in breeding female meerkats », *Horm. Behav.*, 2012, 61, p. 463-471.
23. Clutton-Brock T. H., Hodge S. J., Flower T. P., Spong G. *et al.*, « Adaptive suppression of subordinate reproduction in cooperative mammals », *Am. Nat.*, 2010, 176, p. 664-673.

24. Young A. J., Carlson A. A., Monfort S. L., Russell A. F. *et al.,* « Stress and the suppression of subordinate reproduction in cooperatively breeding meerkats », *PNAS,* 2006, 103, p. 12005-12010.
25. Clutton-Brock T. H., Brotherton P. N. M., Smith R., McIlrath G. M. *et al.,* « Infanticide and expulsion of females in a cooperative mammal », *Proc. R. Soc. Lond. B,* 1998, 265, p. 2291-2295.
26. Fulenwider H. D., Caruso M. A., Ryabinin A. E., « Manifestations of domination : Assessments of social dominance in rodents », *Gen. Br. Behav.*, 2022, 21, e12731.
27. Rasa A., « Intra-familial sexual repression in the dwarf mongoose (*Helogale parvula*) », *Naturwiss.,* 1973, 60, p. 303-304.
28. Julie M. K., Radford A. N., « Sentinel dwarf mongooses, *Helogale parvula,* exhibit flexible decision making in relation to predation risk », *Anim. Behav.,* 2014, 98, p. 185-192.
29. Creel S., Waser P., « Failures of reproductive suppression in dwarf mongooses », *Behav. Ecol.,* 1991, 2, p. 7-15.
30. Keane B., Waser P. M., Creel S. R., Creel N. M., Elliott L. F., Minchella D. J., « Subordinate reproduction in dwarf mongooses », *Anim. Behav.,* 1994, 47, p. 65-75.
31. Creel S. R., Waser P. M., « Inclusive fitness and reproductive strategies in dwarf mongooses », *Behav. Ecol.,* 1994, 5, p. 339-348.
32. Doolan S. P., Macdonald D. W., « Breeding and juvenile survival among slender-tailed meerkats *Suricata suricatta* in the south western Kalahari : Ecological and social influences », *J. Zool.*, 1997, 242, p. 309-327.
33. Crespi B., « Social conflict resolution, life history, and the reconstruction of skew », *in* Jones C., Hager R. (dir.), *Reproductive Skew in Vertebrates : Proximate and Ultimate Causes,* Cambridge University Press, 2010.
34. Doolan S. P., MacDonald D. W., « Band structure and failures of reproductive suppression in a cooperatively breeding carnivore, the slender-tailed meerkat (*Suricata suricatta*) », *Behaviour,* 2008, 134, p. 827-848.
35. Cant M. A., « Social control of reproduction in banded mongooses », *Anim. Behav.*, 2000, 59, p 147-158.

36. Gilchrist J. S., « Reproductive success in a low skew, communal breeding mammal : The banded mongoose, *Mungos mungo* », *Behav. Ecol. Sociobiol.*, 2006, 60, p. 854-863.
37. Messeri P., Dessi-Fulgheri F., « Reproductive suppression in the banded mongoose, *Mungos mungo* », *in* Moli F. L. (dir.), *Third European Conference International Society for Research on Aggression*, University degli Studi di Parma, 2001, p. 80-207.
38. Gilchrist J. S., Otali E., Mwanguhya F., « Communally ? Factors affecting fecundity in a communal breeding mammal : The banded mongoose (*Mungos mungo*) », *Behav. Ecol. Sociobiol.*, 2004, 57, p. 119-131.
39. Luca D. W., Ginsberg J. R., « Dominance, reproduction and survival in banded mongooses : Towards an egalitarian social system ? », *Anim. Behav.*, 2001, 61, p. 17-30.
40. Cant M. A., Hodge S. J., Bell M. B., Gilchrist J. S. *et al.*, « Reproductive control via eviction (but not the threat of eviction) in banded mongooses », *Proc. Biol. Sci.*, 2010, 277, p. 2219-2226.
41. Bell M. B., Nichols H. J., Gilchrist J. S., Cant M. A. *et al.*, « The cost of dominance : Suppressing subordinate reproduction affects the reproductive success of dominant female banded mongooses », *Proc Biol Sci.*, 2012, 279, p. 619-624.
42. Emlen S. T., « Benefits, constraints and the evolution of the family », *TREE*, 1994, 9, p. 282-285.
43. Harcourt A. H., « Dominance and fertility among female primates », *J. Zool.*, 1987, 213, p. 471-487.
44. Wrangham R. W., Waterman P. G., « Feeding behaviour of vervets monkeys on *Acacia tortilis* and *Acacia xanthophloea* », *J. Anim. Ecol.*, 1981, 50, p. 715-731.
45. Cooper M. A., Bernstein I. S., « Counter aggression and reconciliation in Assamese macaques (*Macaca assamensis*) », *Am. J. Primatol.*, 2002, 56, p. 215-230.
46. Boonratana R., « Social organisation of proboscis monkeys (*Nasalis larvatus*) in the lower Kinabatangan, Sabah, Malaysia », *Malay Nat. J.*, 2002, 56, p. 57-75.

47. Murai T., « Social behaviors of all-male proboscis monkeys when joined by females », *Ecol. Res.*, 2004, 19, p. 451-454.
48. Yeager C. P., « Possible antipredator behavior associated with river crossings by proboscis monkeys (*Nasalis larvatus*) », *Am. J. Primatol.,* 1991, 24, p. 61-66.
49. Atmoko T., Mardiastuti A., Iskandar E., « Adaptation strategy of proboscis monkey (*Nasalis larvatus* wurmb 1787) on daily activities and feed preference in fragmented habitat », *J. Prim. Ind.,* 2017, 14, p. 14-21.

CHAPITRE 12
La démocratie des pintades

1. Planas-Sitjà I., Deneubourg J. L., Cronin A. L., « Variation in personality can substitute for social feedback in coordinated animal movements », *Comm. Biol.,* 2021, 4, p. 469.
2. Hall K. R. L., De Vore I., « Baboon social behavior », *in* De Vore I. (dir.), *Primate Behavior. Field Studies of Monkeys and Apes*, Holt, Rinehart and Winston, 1965, p. 53-110.
3. Altmann S. A., « Baboon progressions : Order or chaos ? A study of one-dimensional group geometry », *Anim. Behav.*, 1979, 27, p. 46-80.
4. Bentley-Condit V., Smith E., « Female dominance and female social relationships among yellow baboons (*Papio hamadryas cyocephalus*) », *Am. J. Prim.*, 1999, 47, p. 321-334.
5. Post D. G., Hausfater G., McCuskey S. A., « Feeding behavior of yellow baboons (*Papio cynocephalus*) : Relationship to age, gender and dominance rank », *Folia Primatol.,* 34, 1980, p. 170-195.
6. Hausfater G., « Dominance and reproduction in Baboons (*Papio cynocephalus*) », *Contrib. Primatol.,* 1975, 7, p. 1-150.
7. Silk J. B., Beehner J. C., Bergman T. J., Crockford C. *et al.,* « The benefits of social capital : Close social bonds among female baboons enhance offspring survival », *Proc. R. Soc. B,* 2009, 276, p. 3099-3104.

8. Packer C., Collins D. A., Sindimwo A., Goodall J., « Reproductive constraints on aggressive competition in female baboons », *Nature,* 1995, 373, p. 60-63.
9. Bourjade M., Thierry B., Maumy M., Petit O., « Decision-making in Przewalski horses (E*quus ferus przewalskii*) is driven by the ecological contexts of collective movements », *Ethology,* 2009, 115, 321-330.
10. Seeley T. D., *Honeybee Democracy*, Princeton, 2010.
11. Bourjade M., Thierry B., Hausberger M., Petit O., « Is leadership a reliable concept in animals ? An empirical study in the horse », *PLoS One,* 2015, 10, e0126344.
12. Lerch B. A., Abbott K. C., Archie E. A., Alberts S. C., « Better baboon break-ups : Collective decision theory of complex social network fissions », *Proc. R. Soc. B.,* 2021, 288, 206020212060.
13. Papageorgiou D., Christensen C., Gall G. E. C., Klarevas-Irby J. A. *et al.,* « The multilevel society of a small-brained bird », *Curr. Biol.,* 2019, 29, R1120-R1121.
14. Gautier J.-Y., *Socioécologie. L'animal social et son univers*, Privat.
15. Bourlière F., « Primate communities : Their structure and role in tropical ecosystems », *Int. J. Prim.,* 1985, 6, p. 1-26.
16. Pulliam H. R., « Sources, sinks and population regulation », *Amer. Nat.,* 1988, 132, p. 652-661.
17. Doncaster C. P., Micol T., « Response by coypus to catastrophic events of cold and flooding », *Holarct. Ecol.,* 1990, 13, p. 98-104.
18. Lack D., *Population studies of birds*, Clarendon Press, 1966.
19. Blondel J., Dias P., Perret P., Maistre M. *et al.,* « Selection-based biodiversity at a small spatial scale in a low-dispersing insular bird », *Science,* 1999, 285, p. 1399-1402.
20. Sima M. J., Matzinger T., Bugnyar T., Pika S., « Reconciliation and third-party affiliation in carrion crows », *Ethology*, 2018, 124, p. 33-44.
21. Cools A., Van Hout A., Nelissen M., « Canine reconciliation and consolation : Conflict management mechanisms in dogs », communication à l'International Ethological Conference., 2007.

22. Wittig R. M., Crockford C., Wikberg E., Seyfarth R. M., « Kin-mediated reconciliation substitutes for direct reconciliation in female baboons », *Proc. R. Soc. B,* 2007, 274, p. 1109-1115.
23. Cords M., « Post-conflict reunions and reconciliation in long-tailed macaques », *Anim. Behav.,* 1992, 44, p. 57-61.
24. Aureli F., van Schaik C. P., « Post-conflict behaviour in long-tailed macaques (*Macaca fascicularis*) », *Ethology*, 1991, 89, p. 101-114.
25. Adiseshan A., Adiseshan T., Isbell L. A., « Affiliative relationships and reciprocity among adult male bonnet macaques (*Macaca radiata*) at Arunachala Hill, India », *Am. J. Primatol.,* 2011, 73, p. 1107-1113.
26. Sinha A., « Not in their genes : Phenotypic flexibility, behavioural traditions and cultural evolution in wild bonnet macaques », *J. Biosci.*, 2005, 30, p. 51-64.
27. Lee P. C., *Comparative Primate Socioecology*, Cambridge University Press, 2009.
28. Gowans S., Würsig B., Karczmarski L., « The social structure and strategies of delphinids : Predictions based on an ecological framework », *Adv. Mar. Biol.*, 2007, 53, p. 195-294.
29. Benoit-Bird K. J., Au W. W., « Cooperative prey herding by the pelagic dolphin, *Stenella longirostris* », *J. Acoust. Soc. Am.,* 2009, 125, p. 125-137.
30. Wray J., Keen E., O'Mahony E. N., « Social survival : Humpback whales (*Megaptera novaeangliae*) use social structure to partition ecological niches within proposed critical habitat », *Plos One,* 2021, 16, e0245409.
31. Kutsukake N., Castles D. L., « Reconciliation and post-conflict third-party affiliation among wild chimpanzees in the Mahale Mountains, Tanzania », *Primates,* 2004, 45, p. 157-165.
32. Wittig R. M., Boesch C., « How to repair relationships : Reconciliation in wild chimpanzees (*Pan troglodytes*) », *Ethology*, 2005, 111, p. 736-763.
33. Seyfarth R. M., Cheney D. L., « The evolutionary origins of friendship », *Ann. Rev. Psychol.,* 2010, 63, p. 153-177.
34. Aureli F., Waal F. B. M. de, *Natural Conflict Resolution.* University California Press, 2000.

35. Waal, F. B. M. de, « Conflict as negotiation », *in* McGrew W. C., Marchant L. F., Nishida T. (dir.), *Great Ape Societies*, Cambridge University Press, 1996, p. 159-172.
36. Bshary R., Bergmüller R., « Distinguishing four fundamental approaches to the evolution of helping », *J. Evol. Biol.*, 2008, 21, p. 405-420.
37. Waal F. de, *The Age of Empathy : Nature's Lessons for a Kinder Society*, Crown, 2010.
38. Preston S. D., Waal F. B. M. de, « Empathy : Its ultimate and proximate bases », *Behav. Brain Sci.*, 2002, 25, p. 1-20.

ÉPILOGUE
Vers une écologie évolutive

1. Lodé T., *Tous les sexes sont dans la nature*, HumenSciences, 2022.
2. Lodé T., *La Biodiversité amoureuse. Sexe et évolution*, Odile Jacob, 2011.
3. Thompson J. N., « Coevolution, local adaptation, and ecological speciation », *Mol. Ecol.*, 2016, 25, p. 5608-5610.
4. Fernandes L., de Aquiar M. A. M., Lemos-Costa P., Guimarães P. R. *et al.*, « Coevolution creates complex mosaics across large landscapes », *Am. Nat.*, 2019, 191, p. 217-229.
5. Dawkins R., *The Extended Phenotype*, Oxford University Press, 1982.
6. Gregg C., Zhang J., Butle L. E., Haig J. E., Dulac C., « Sexspecific parent-of-origin allelic expression in the mouse brain », *Science*, 2010, 329, p. 682-685.
7. Laland K. N., Uller T., Feldman M. W., Sterelny K. *et al.*, « The extended evolutionary synthesis : Its structure, assumptions and predictions », *Proc. R. Soc. Lond. B, Biol. Sc.*, 2015, 282, p. 1019.
8. Gautier J.-Y., *Socioécologie. L'animal social et son univers*, Privat, 1982.
9. Todes D. P., « Darwin's Malthusian metaphor and Russian evolutionary thought, 1859-1917 », *Isis*, 1987, 78, p. 537-551.
10. Lodé, T., *Manifeste pour une écologie évolutive. Darwin et après ?*, Odile Jacob, 2014.

11. Thompson J. N., Schwind C., Guimarães P. R., Friberg M., « Divergence through multitrait evolution in coevolving interactions », *PNAS,* 2013, 110, p. 11487-11492.
12. Thompson J. N., « The coevolving web of life », *Am. Nat.,* 2009, 173, p. 125-150.
13. Madeiros L. P., Garcia G., Thompson J. N., Guimarães P. R., « The geographic mosaic of coevolution in mutualistic networks », *PNAS,* 2018, 115, p. 12017-12022.
14. Jain R., Rivera M. C., Moore J. E., Lake J. A., « Horizontal gene transfer accelerates genome innovation and evolution », *Biol Mol. Evol.,* 2003, p. 1598-1602.
15. Rutz C., Bluff L. A., Reed N., Troscianko J. *et al.*, « The ecological significance of tool use in New Caledonian crows », *Science*, 2010, 329, p. 1523-1526.

Remerciements

Je remercie particulièrement Marc Kirsch pour les suggestions qu'il a apportées tout au long de sa lecture. Et ma reconnaissance va à Dominique Le Jacques, ma complice de toujours.

Anolis vert

Table des illustrations

Page de titre : Lion d'Afrique. 5
Prologue à une dissidence : Loutre cendrée d'Asie 11
Chapitre 1 : Lion d'Afrique. 27
Chapitre 2 : Bubale roux 45
Chapitre 3 : *Temnothorax rugatulus* 63
Chapitre 4 : Grand fourmilier 81
Chapitre 5 : Putois d'Europe 97
Chapitre 6 : Fou de Bassan 113
Chapitre 7 : Mésange à longue queue 133
Chapitre 8 : Vampire d'Azara 151
Chapitre 9 : Cheval de Przewalski 165
Chapitre 10 : Paradisier de Raggi 183
Chapitre 11 : Suricate 201
Chapitre 12 : Pintade sauvage 217
Épilogue : Lémur catta 233
Remerciements : Anolis vert 284

DU MÊME AUTEUR
CHEZ ODILE JACOB

Histoire naturelle du plaisir amoureux, 2021.

Manifeste pour une écologie évolutive. Darwin et après ?, 2014.

Pourquoi les animaux trichent et se trompent. Les infidélités de l'évolution, 2013.

La Biodiversité amoureuse. Sexe et évolution, 2011.

La Guerre des sexes chez les animaux. Une histoire naturelle de la sexualité, 2007.

Inscrivez-vous à notre newsletter !

Vous serez ainsi régulièrement informé(e)
de nos nouvelles parutions et de nos actualités :

https://www.odilejacob.fr/newsletter

Cet ouvrage a été composé
en Electra et en Whitney
par FACOMPO
à Lisieux (Calvados).

N° d'édition : 4150-0870-X – N° d'impression : N25137240406
Dépôt légal : juin 2024

Imprimé en France

PEFC
10-31-3532